司法解释理解与适用丛书

《最高人民法院关于人民法院强制执行股权若干问题的规定》理解与适用

最高人民法院执行局　编著

人民法院出版社
PEOPLE'S COURT PRESS

图书在版编目（ＣＩＰ）数据

《最高人民法院关于人民法院强制执行股权若干问题的规定》理解与适用 / 最高人民法院执行局编著. -- 北京 : 人民法院出版社, 2023.10
（司法解释理解与适用丛书）
ISBN 978-7-5109-3926-6

Ⅰ. ①最… Ⅱ. ①最… Ⅲ. ①股权－执行(法律)－法律解释－中国②股权－执行(法律)－法律适用－中国
Ⅳ. ①D922.291.915

中国国家版本馆CIP数据核字(2023)第186301号

《最高人民法院关于人民法院强制执行股权若干问题的规定》理解与适用

最高人民法院执行局　编著

策划编辑	李安尼
责任编辑	张　艺　巩　雪　刘晓宁　周利航　张　怡
执行编辑	沈洁雯
出版发行	人民法院出版社
地　　址	北京市东城区东交民巷27号（100745）
电　　话	（010）67550667（责任编辑）　67550558（发行部查询） 　　　　　65223677（读者服务部）
客 服 QQ	2092078039
网　　址	http://www.courtbook.com.cn
E－mail	courtpress@sohu.com
印　　刷	三河市国英印务有限公司
经　　销	新华书店
开　　本	787毫米×1092毫米　1/16
字　　数	300千字
印　　张	21.5
版　　次	2023年10月第1版　2023年10月第1次印刷
书　　号	ISBN 978-7-5109-3926-6
定　　价	88.00元

前　言

　　随着我国经济社会发展和公司法律制度日益完善，利用股权进行投资越来越受到青睐，股权已经成为人们一项重要财产权利，人民法院执行被执行人股权的情况也比较多。但是在执行实践中，由于有关执行股权的法律规定非常少，加上执行股权与《公司法》等实体法律规定交织在一起，与执行其他财产相比，执行股权是个难点：一是冻结规则不明确。冻结股权应该向股权所在公司还是向公司登记机关送达冻结手续，抑或是向两个单位都要送达冻结手续，由于冻结规则不明确，实践中做法不一，尤其在不同法院向不同协助单位送达冻结手续时，如何确定冻结先后顺序，存在很大争议。二是评估难。由于公司和被执行股东拒不配合，或者股权所在公司本身缺乏评估所需的有关材料，导致实践中大量被冻结股权因未能评估而无法进行处置，造成司法和社会资源浪费。三是反规避执行难。股权被冻结后，被执行人为规避执行，会与其他股东恶意串通或者利用其对公司的控制地位，恶意贬损被冻结股权价值。比如，在金钱债权执行案件中，将公司名下仅有的土地使用权、房屋等低价转让，使公司成为空壳，股权价值大幅贬损。在交付股权案件中，公司恶意进行增资，大幅降低交付股权的比例，使债权人受让股权后丧失控股地位。对于这些问题，在现行的法律规则下，人民法院尚无有效的反制措施。

　　为统一执行股权的法律适用，解决实践中的相关争议，依法保障当事人、利害关系人合法权益，最高人民法院研究制定了《关于人民法院强制执行股权若干问题的规定》（以下简称《规定》），已于2022年1月1日起施行。《规定》共有19条，重点对四个方面的问题予以规范。

一是明确了股权冻结的规则。为有效解决因股权冻结规则产生的争议，《规定》第6条明确：冻结股权的，应当向公司登记机关送达裁定书和协助执行通知书，由公司登记机关在企业信用信息公示系统进行公示，股权冻结自在公示系统公示起发生法律效力。多个人民法院冻结同一股权的，在公示系统先办理公示的为在先冻结。

二是规定了解决股权评估难的应对措施。为有效解决股权评估难问题，《规定》明确：一是人民法院可以向公司登记机关等部门调取，也可以责令被执行人、公司提供。同时，为解决实践中有些公司高管、控股股东控制相关材料拒不提供的问题，明确人民法院可以责令他们予以提供。相关主体拒不提供的，不仅可以强制提取，而且还可以按照相关规定进行处罚。二是为确保评估机构准确评估公司价值并依此确定被执行人股权价值，实践中，法院需要委托审计机构对公司进行审计。三是在评估机构无法出具评估报告时，人民法院可以结合案件具体情况和股权实际情况进行"无底价拍卖"，但是确定起拍价时要适当高于执行费用。这样规定，一方面可以对拒不配合执行的被执行人形成有力震慑，敦促其配合人民法院的评估工作；另一方面也能够有力推动股权处置工作，依法保障债权人合法权益，避免股权长期冻结不处置造成的司法和社会资源浪费。

三是规定了防范股权价值被恶意贬损的应对措施。《规定》第8条第1款、第2款规定，冻结股权的，人民法院可以向股权所在公司送达协助执行通知书，要求公司在实施增资、减资、合并、分立等对股权价值产生重大影响的行为前，向人民法院报告；未报告即实施这些行为的，人民法院可以进行处罚。这在一定程度上可以起到抑制不法行为的功能。同时，在第3款规定，公司或者董事、高管故意通过这些行为导致被冻结股权价值严重贬损，规避执行的，申请执行人可以通过提起诉讼的方式进行救济。这种"事先报告"和"事后救济"的规则设计，既可以满足公司的正常经营需求，也为人民法院制裁不法行为和申请执行人寻求救济预留了规则空间。

四是明确了交付股权类案件执行的相关规则。其一，对于生效法律文书作出后公司增减资导致被执行人实际持股比例降低或者升高的问题，《规定》第16条明确：如果生效法律文书已经明确交付股权的出资额的，要按照该出资额交付股权；如果仅明确交付一定比例的股权的，则按照生效法律文书作出时该比例所对应出资额占当前公司注册资本总额的比例交付股权，以确保严格按照执行依据的本意交付相应数量的股权。其二，为解决股东资格确认判决中因无给付内容而无法申请人民法院强制变更登记的问题，《规定》第17条第1款明确，在审理股东资格确认纠纷等案件中，当事人未提出变更股权登记的诉讼请求的，人民法院可以根据案件具体情况向其释明，以便在其主张成立时人民法院在判决中予以明确。同时，在第2款重申，生效法律文书已经确认股权属于当事人所有的，当事人即可以持该生效法律文书自行向公司、公司登记机关申请变更登记，尽可能降低当事人的诉讼负担。

为进一步阐述《规定》的整体背景和精神，全面深入介绍《规定》具体条文出台的背景和含义，并对司法实践中可能遇到的问题提供参考意见，我们编写本书。希望对司法实务部门适用《规定》以及法学研究者和社会公众学习、理解《规定》，提供原始的资料，起到参考和启发的作用。

编　者
2023 年 10 月

凡 例

1. 本书中，法律文件名称中的"中华人民共和国"省略，其余一般不省略，例如《中华人民共和国民法典》简称为《民法典》。

2.《最高人民法院关于在执行工作中进一步强化善意文明执行理念的意见》，简称为《善意文明执行意见》。

3.《最高人民法院关于人民法院民事执行中查封、扣押、冻结财产的规定》，简称为《查扣冻规定》。

4.《最高人民法院、国家工商总局关于加强信息合作规范执行与协助执行的通知》，简称为《规范执行与协助执行通知》。

5.《最高人民法院关于冻结、拍卖上市公司国有股和社会法人股若干问题的规定》，简称为《冻结、拍卖股权规定》。

6.《最高人民法院关于人民法院执行工作若干问题的规定（试行）》，简称为《执行工作规定》。

7.《最高人民法院关于人民法院确定财产处置参考价若干问题的规定》，简称为《确定财产处置参考价规定》。

8.《最高人民法院关于人民法院民事执行中拍卖、变卖财产的规定》，简称为《拍卖、变卖规定》。

9.《最高人民法院关于适用〈中华人民共和国公司法〉若干问题的规定（三）》，简称为《公司法解释（三）》。

10.《最高人民法院关于人民法院网络司法拍卖若干问题的规定》，简称为《网拍规定》。

11.《最高人民法院关于人民法院办理执行异议和复议案件若干

问题的规定》，简称为《执行异议和复议规定》。

12.《最高人民法院关于民事执行中变更、追加当事人若干问题的规定》，简称为《变更追加规定》。

13.《最高人民法院关于适用〈中华人民共和国民事诉讼法〉的解释》，简称为《民诉法解释》。

14.《最高人民法院关于执行案件立案、结案若干问题的意见》，简称为《执行立结案意见》。

15.《最高人民法院关于适用〈中华人民共和国民法典〉时间效力的若干规定》，简称为《民法典时间效力司法解释》。

16.《最高人民法院关于公证债权文书执行若干问题的规定》，简称为《公证债权文书执行规定》。

目　录

　　本条是关于本解释适用范围的规定。

第一部分　司法解释条文

最高人民法院
关于人民法院强制执行股权若干问题的规定

法释〔2021〕20 号

（2021 年 11 月 15 日最高人民法院审判委员会第 1850 次会议通过
2021 年 12 月 20 日公布　自 2022 年 1 月 1 日起施行）

为了正确处理人民法院强制执行股权中的有关问题，维护当事人、利害关系人的合法权益，根据《中华人民共和国民事诉讼法》《中华人民共和国公司法》等法律规定，结合执行工作实际，制定本规定。

第一条　本规定所称股权，包括有限责任公司股权、股份有限公司股份，但是在依法设立的证券交易所上市交易以及在国务院批准的其他全国性证券交易场所交易的股份有限公司股份除外。

第二条　被执行人是公司股东的，人民法院可以强制执行其在公司持有的股权，不得直接执行公司的财产。

第三条　依照民事诉讼法第二百二十四条的规定以被执行股权所在地确定管辖法院的，股权所在地是指股权所在公司的住所地。

第四条　人民法院可以冻结下列资料或者信息之一载明的属于被执行人的股权：

（一）股权所在公司的章程、股东名册等资料；

（二）公司登记机关的登记、备案信息；

（三）国家企业信用信息公示系统的公示信息。

案外人基于实体权利对被冻结股权提出排除执行异议的，人民法院应当依照民事诉讼法第二百二十七条的规定进行审查。

第五条 人民法院冻结被执行人的股权，以其价额足以清偿生效法律文书确定的债权额及执行费用为限，不得明显超标的额冻结。股权价额无法确定的，可以根据申请执行人申请冻结的比例或者数量进行冻结。

被执行人认为冻结明显超标的额的，可以依照民事诉讼法第二百二十五条的规定提出书面异议，并附证明股权等查封、扣押、冻结财产价额的证据材料。人民法院审查后裁定异议成立的，应当自裁定生效之日起七日内解除对明显超标的额部分的冻结。

第六条 人民法院冻结被执行人的股权，应当向公司登记机关送达裁定书和协助执行通知书，要求其在国家企业信用信息公示系统进行公示。股权冻结自在公示系统公示时发生法律效力。多个人民法院冻结同一股权的，以在公示系统先办理公示的为在先冻结。

依照前款规定冻结被执行人股权的，应当及时向被执行人、申请执行人送达裁定书，并将股权冻结情况书面通知股权所在公司。

第七条 被执行人就被冻结股权所作的转让、出质或者其他有碍执行的行为，不得对抗申请执行人。

第八条 人民法院冻结被执行人股权的，可以向股权所在公司送达协助执行通知书，要求其在实施增资、减资、合并、分立等对被冻结股权所占比例、股权价值产生重大影响的行为前向人民法院书面报告有关情况。人民法院收到报告后，应当及时通知申请执行人，但是涉及国家秘密、商业秘密的除外。

股权所在公司未向人民法院报告即实施前款规定行为的，依照民事诉讼法第一百一十四条的规定处理。

股权所在公司或者公司董事、高级管理人员故意通过增资、减资、合并、分立、转让重大资产、对外提供担保等行为导致被冻结股权价值严重贬损，影响申请执行人债权实现的，申请执行人可以依法提起诉讼。

第九条 人民法院冻结被执行人基于股权享有的股息、红利等收益，应当向股权所在公司送达裁定书，并要求其在该收益到期时通知人民法院。人民法院对到期的股息、红利等收益，可以书面通知股权所在公司向申请执行人或者人民法院履行。

股息、红利等收益被冻结后，股权所在公司擅自向被执行人支付或者变相支付的，不影响人民法院要求股权所在公司支付该收益。

第十条 被执行人申请自行变价被冻结股权，经申请执行人及其他已知执行债权人同意或者变价款足以清偿执行债务的，人民法院可以准许，但是应当在能够控制变价款的情况下监督其在指定期限内完成，最长不超过三个月。

第十一条 拍卖被执行人的股权，人民法院应当依照《最高人民法院关于人民法院确定财产处置参考价若干问题的规定》规定的程序确定股权处置参考价，并参照参考价确定起拍价。

确定参考价需要相关材料的，人民法院可以向公司登记机关、税务机关等部门调取，也可以责令被执行人、股权所在公司以及控制相关材料的其他主体提供；拒不提供的，可以强制提取，并可以依照民事诉讼法第一百一十一条、第一百一十四条的规定处理。

为确定股权处置参考价，经当事人书面申请，人民法院可以委托审计机构对股权所在公司进行审计。

第十二条 委托评估被执行人的股权，评估机构因缺少评估所需完整材料无法进行评估或者认为影响评估结果，被执行人未能提供且人民法院无法调取补充材料的，人民法院应当通知评估机构根据现有材料进行评估，并告知当事人因缺乏材料可能产生的不利后果。

评估机构根据现有材料无法出具评估报告的，经申请执行人书面申请，人民法院可以根据具体情况以适当高于执行费用的金额确定起拍价，但是股权所在公司经营严重异常，股权明显没有价值的除外。

依照前款规定确定的起拍价拍卖的，竞买人应当预交的保证金数额由人民法院根据实际情况酌定。

第十三条 人民法院拍卖被执行人的股权，应当采取网络司法拍卖方式。

依据处置参考价并结合具体情况计算，拍卖被冻结股权所得价款可能明显高于债权额及执行费用的，人民法院应当对相应部分的股权进行拍卖。对相应部分的股权拍卖严重减损被冻结股权价值的，经被执行人书面申请，也可以对超出部分的被冻结股权一并拍卖。

第十四条 被执行人、利害关系人以具有下列情形之一为由请求不得强制拍卖股权的，人民法院不予支持：

（一）被执行人未依法履行或者未依法全面履行出资义务；

（二）被执行人认缴的出资未届履行期限；

（三）法律、行政法规、部门规章等对该股权自行转让有限制；

（四）公司章程、股东协议等对该股权自行转让有限制。

人民法院对具有前款第一、二项情形的股权进行拍卖时，应当在拍卖公告中载明被执行人认缴出资额、实缴出资额、出资期限等信息。股权处置后，相关主体依照有关规定履行出资义务。

第十五条 股权变更应当由相关部门批准的，人民法院应当在拍卖公告中载明法律、行政法规或者国务院决定规定的竞买人应当具备的资格或者条件。必要时，人民法院可以就竞买资格或者条件征询相关部门意见。

拍卖成交后，人民法院应当通知买受人持成交确认书向相关部门申请办理股权变更批准手续。买受人取得批准手续的，人民法院作出拍卖成交裁定书；买受人未在合理期限内取得批准手续的，应当重新对股权进行拍卖。重新拍卖的，原买受人不得参加竞买。

买受人明知不符合竞买资格或者条件依然参加竞买，且在成交后未能在合理期限内取得相关部门股权变更批准手续的，交纳的保证金不予退还。保证金不足以支付拍卖产生的费用损失、弥补重新拍卖价款低于原拍卖价款差价的，人民法院可以裁定原买受人补交；拒不补交的，强制执行。

第十六条 生效法律文书确定被执行人交付股权，因股权所在公司在生效法律文书作出后增资或者减资导致被执行人实际持股比例降低或者升高的，人民法院应当按照下列情形分别处理：

（一）生效法律文书已经明确交付股权的出资额的，按照该出资额交付股权；

（二）生效法律文书仅明确交付一定比例的股权的，按照生效法律文书作出时该比例所对应出资额占当前公司注册资本总额的比例交付股权。

第十七条 在审理股东资格确认纠纷案件中，当事人提出要求公司签发出资证明书、记载于股东名册并办理公司登记机关登记的诉讼请求且其主张成立的，人民法院应当予以支持；当事人未提出前述诉讼请求的，可以根据案件具体情况向其释明。

生效法律文书仅确认股权属于当事人所有，当事人可以持该生效法律文书自行向股权所在公司、公司登记机关申请办理股权变更手续；向人民法院申请强制执行的，不予受理。

第十八条 人民法院对被执行人在其他营利法人享有的投资权益强制执行的，参照适用本规定。

第十九条 本规定自 2022 年 1 月 1 日起施行。

施行前本院公布的司法解释与本规定不一致的，以本规定为准。

附件：主要文书参考样式

×××人民法院
协助执行通知书

（××××）……执……号

×××市场监督管理局：

根据本院（××××）……执……号执行裁定，依照《中华人民共和国民事诉讼法》第二百四十二条、《最高人民法院关于人民法院强制执行股权若干问题的规定》第六条的规定，请协助执行下列事项：

一、对下列情况进行公示：冻结被执行人×××（证件种类、号码：……）持有×××……（股权的数额），冻结期限自××××年××月××日起至××××年××月××日止；

二、冻结期间，未经本院许可，在你局职权范围内，不得为被冻结股权办理_____等有碍执行的事项（根据不同的公司类型、冻结需求，载明具体的协助执行事项）。

××××年××月××日
（院印）

经办人员：×××

联系电话：……

×××人民法院
协助执行通知书
（回执）

×××人民法院：

你院（××××）……执……号执行裁定书、（××××）……执……号协助执行通知书收悉，我局处理结果如下：

已于××××年××月××日在国家企业信用信息公示系统将你院冻结股权的情况进行公示，并将在我局职权范围内按照你院要求履行相关协助执行义务。

××××年××月××日
（公章）

经办人员：×××

联系电话：……

第二部分　新闻通稿及答记者问

全国法院执行领域突出问题集中整治建章立制成果新闻发布会及答记者问

2021 年 12 月 21 日上午 10：00，最高人民法院在全媒体新闻发布厅举行全国法院执行领域突出问题集中整治建章立制成果新闻发布会。最高人民法院执行局副局长何东宁、最高人民法院执行局副局长韩玉军、最高人民法院执行局综合室主任邵长茂出席发布会，发布《最高人民法院关于进一步完善执行权制约机制 加强执行监督的意见》《最高人民法院关于人民法院强制执行股权若干问题的规定》和一批涉执信访案例，并回答记者提问。发布会由最高人民法院新闻发言人李广宇主持。

……

二、《最高人民法院关于人民法院强制执行股权若干问题的规定》出台的背景和主要内容

随着我国经济社会发展和公司法律制度日益完善，利用股权进行投资越来越受到青睐，股权已经成为人们一项重要财产权利，人民法院执行被执行人股权的情况也比较多。但在执行实践中，由于有关执行股权的法律规定非常少，加上执行股权与《公司法》等实体法律规定交织在一起，与执行其他财产相比，执行股权是个难点：一是冻结规则不明确。冻结股权应该向股权所在公司还是向公司登记机关送达冻结手续，抑或是向两个单位都要送达冻结手续，由于冻结规则不明确，实践中做法不一，尤其在不同法院向不同协助单位送达冻结手续时，如何确定冻结先后顺序，存在很大争议。二是评估难。由于公司和被执行股东拒不配合，或者股权所在公司本身缺乏评估所需的有关

材料，导致实践中大量被冻结股权因未能评估而无法进行处置，造成司法和社会资源浪费。三是反规避执行难。股权被冻结后，被执行人为规避执行，会与其他股东恶意串通或者利用其对公司的控制地位，恶意贬损被冻结股权价值。比如，在金钱债权执行案件中，将公司名下仅有的土地使用权、房屋等低价转让，使公司成为空壳，股权价值大幅贬损。在交付股权案件中，公司恶意进行增资，大幅降低交付股权的比例，使债权人受让股权后丧失控股地位等。对于这些问题，在现行法律规则下，人民法院尚无有效反制措施。

为统一执行股权的法律适用，解决实践中的相关争议，依法保障当事人、利害关系人合法权益，研究制定了《最高人民法院关于人民法院强制执行股权若干问题的规定》（以下简称《规定》），《规定》共有19条，重点对四个方面的问题予以规范。

（一）明确了股权冻结的规则。为有效解决因股权冻结规则产生的争议，《规定》第6条明确：冻结股权的，应当向公司登记机关送达裁定书和协助执行通知书，由公司登记机关在企业信用信息公示系统进行公示，股权冻结自在公示系统公示时发生法律效力。多个人民法院冻结同一股权的，以在公示系统先办理公示的为在先冻结。

（二）规定了解决股权评估难的应对措施。为有效解决股权评估难问题，《规定》明确：一是人民法院可以向公司登记机关等部门调取相关材料，也可以责令被执行人、公司提供。同时，为解决实践中有些公司高管、控股股东控制相关材料拒不提供的问题，明确人民法院可以责令他们提供。相关主体拒不提供的，不仅可以强制提取，而且还可以按照相关规定进行处罚。二是为确保评估机构准确评估公司价值并依此确定被执行人股权价值，必要时，人民法院可以委托审计机构对公司进行审计。三是在评估机构无法出具评估报告时，人民法院可以结合案件具体情况和股权实际情况进行"无底价拍卖"，但起拍价要适当高于执行费用。这样规定，一方面可以对拒不配合执行的被执行人形成有力震慑，敦促其配合人民法院的评估工作；另一方面也能够有力推动股权处置工作，依法保障债权人合法权益，避免股权长期冻结不处置造成的司法和社会资源浪费。

（三）规定了防范股权价值被恶意贬损的应对措施。《规定》第8条第1款、第2款规定，冻结股权的，人民法院可以向股权所在公司送达协助执行通知书，要求公司在实施增资、减资、合并、分立等对股权价值产生重大影响的行为前，向人民法院报告；未报告即实施这些行为的，人民法院可以进行处罚。这在一定程度上可以起到抑制不法行为的功能。同时，在第3款规定，公司或者董事、高管故意通过这些行为导致被冻结股权价值严重贬损，规避执行的，申请执行人可以通过提起诉讼的方式进行救济。这种"事先报告"和"事后救济"的规则设计，既可以满足公司的正常经营需求，也为人民法院制裁不法行为和申请执行人寻求救济预留了规则空间。

（四）明确了交付股权类案件执行的相关规则。一是对于生效法律文书作出后公司增减资导致被执行人实际持股比例降低或者升高的问题，《规定》第16条明确：如果生效法律文书已经明确交付股权的出资额，要按照该出资额交付股权；如果仅明确交付一定比例的股权，则按照生效法律文书作出时出资额所对应的比例交付股权，以确保严格按照执行依据的本意交付相应数量的股权。二是为解决股东资格确认判决中因无给付内容而无法申请人民法院强制变更登记的问题，《规定》第17条第1款明确，在审理股东资格确认纠纷案件中，当事人未提出变更股权登记的诉讼请求的，人民法院可以根据案件具体情况向其释明，以便在其主张成立时人民法院在判决中予以确定。同时，在第2款还明确，生效法律文书已经确认股权属于当事人所有的，当事人可以持该生效法律文书自行向公司、公司登记机关申请变更登记，尽可能降低当事人的负担。

……

问：我们注意到，与之前的规则相比，《规定》对于人民法院冻结股权的程序有了较大调整。请介绍一下进行调整的背景和主要考虑，以及这些调整会带来哪些影响？

答：股权作为一种财产权利，在经济和社会生活中越来越常见，也越来越重要。对股权的冻结，牵涉面广，不仅涉及债权人和债务人之间的权利义务，而且间接甚至直接影响股权所在公司的经营活动，以及股权转让、出质等经济活动，牵一发而动全身。

正如这位记者朋友所说的，本司法解释对冻结股权程序作了"较大调整"，主要体现在第6条，对股权冻结的程序、生效时点、冻结顺位等问题予以明确。最根本的变化，就是把目前实践中选择到股权所在公司、股权托管机构、公司登记机关这三方主体中的一个、两个或者三个去办理冻结手续的做法，调整为统一到公司登记机关通过国家企业信用信息公示系统办理冻结手续的一元模式。这个调整主要是基于以下几个方面的考虑：

第一，化繁为简、明确规则、减少争议。调整为一元模式后，股权冻结的生效、顺位等情况，在公示系统中一目了然、非常明确。有助于解决长期困扰实践的难点和争议，提高生效法律文书的执行效率。

第二，尽可能"广而告之"，实现最好的冻结效果。查封方式是与社会发展阶段相适应的。传统的查封方式主要是占有、张贴封条的方式。财产登记制建立之后，发展为以登记为主。从演进过程可以看出，无论是占有、贴封条，还是办理查封登记，最关键的在于将查封情况"广而告之"，让相关主体知晓这一情况，防止债务人恶意转移财产，给债权人或者财产受让人造成损失。随着信息时代的到来，通过统一的公示平台进行查封已经成为可能。国家企业信用信息公示系统是涉企信息归集、公示、共享、应用的信息化平台，通过这个系统冻结股权，让利害相关方和不特定的市场主体都能及时、便捷地知晓相关情况，据此调整自己的行为，公信力强、权威性高、冻结效果好。公示冻结方式，具有一定的开创性，体现了我国的制度优势和科技优势，代表了发展趋势。

第三，保障交易安全、促进股权市场规范。建立一套统一、明确、公开的司法冻结规则，有助于市场主体在购买股权或者接受质押时提前排除风险，有助于规范和繁荣股权交易市场。这是落实党中央近日提出的建立高效规范、公平竞争、充分开放的全国统一大市场这一要求的实际行动和具体举措。

本司法解释自 2022 年 1 月 1 日起施行。准确适用调整后的股权冻结程序，需要注意这样几点：

第一，按照调整后的规则，一个生效的股权冻结需要且仅需要到公司登记机关办理手续，但执行法院仍应及时向被执行人、申请执行人送达裁定书，并将股权冻结情况书面通知股权所在公司。在执行股权时，应当审慎采取措施，严禁直接执行公司财产，并尽最大可能减少对公司经营的不利影响。

第二，配合法院执行股权，包括按照法院的要求提供股权评估所需材料，对相关事项进行报告，办理或者不予办理股权变更手续等，这是公司需要依法承担的协助义务。拒不配合，甚至恶意帮助被执行人规避执行的，将承担相应的法律后果。

第三，根据本司法解释第 6 条和第 7 条的规定，在公示系统公示后，冻结即产生法律效力，被执行人转让或者出质被冻结股权的，不能对抗执行。所以，被执行人、股权所在公司以及其他市场主体在交易股权或者接受股权质押时均应通过国家企业信用信息公示系统对冻结情况进行查询，以预判和规避可能出现的法律风险。

第三部分　理解与适用文章

《最高人民法院关于人民法院强制执行股权若干问题的规定》的理解与适用 [①]

何东宁　邵长茂　刘海伟　王赫

为了正确处理人民法院强制执行股权中的有关问题，维护当事人、利害关系人的合法权益，2021 年 11 月 15 日，最高人民法院审判委员会第 1850 次会议审议通过了《最高人民法院关于人民法院强制执行股权若干问题的规定》（以下简称《规定》），自 2022 年 1 月 1 日起施行。本文就《规定》的起草背景、基本原则及主要内容进行说明，便于实践中准确理解和适用。

一、《规定》的起草背景

随着我国经济社会发展和公司法律制度日益完善，利用股权进行投资越来越受到青睐，股权已经成为人们一项重要的财产权利。实践中，人民法院强制执行被执行人股权的情况也愈发多见。但由于有关强制执行股权的法律和司法解释规定非常少，存在许多规则空白，加上强制执行股权与《公司法》等实体法律规定交织在一起，与强制执行房产、车辆等其他财产相比，其专业性更强，法律关系也更复杂，执行人员往往对其望而却步。

执行实践中，人民法院强制执行股权的难点和争议点主要包括四个方面：

一是冻结规则不明确。根据民事强制执行理论，人民法院在执行

[①] 本文原载《中国应用法学》2022 年第 3 期。

程序中查封被执行人财产时，通常会遵循"权利外观"判断权属，即根据某种易于观察，又与真实权利状态高概率一致的事实去判断执行标的权属，以便满足执行程序的效率要求。一般来讲，动产以占有为权利外观，不动产以登记为权利外观，其权属较为容易判断。只要动产为被执行人占有，或者不动产登记在被执行人名下，人民法院即可以查封。但是，从《公司法》等法律规定看，股权的权利外观比较多元，包括股东名册、公司章程、公司登记机关登记信息以及国家企业信用信息公示系统公示信息等，以何种权利外观冻结股权，实践中争议较大。同时，由于股权的登记一般包括内部登记（公司股东名册或者公司章程记载）和外部登记（公司登记机关登记），相应地，人民法院在冻结股权时应当向公司还是公司登记机关送达冻结手续，或者两者都要送达。不同法院向不同协助单位送达冻结手续时，如何确定冻结先后顺序。对这些问题，由于缺乏明确的法律规定，实践中做法不一，争议较大。

二是评估难。强制执行股权难，最难在评估。股权与房产等不同，其没有为大家熟悉的市场行情价或者政府指导价，股权的价值取决于公司的经营状况和发展前景，通过当事人议价、定向询价、网络询价基本不可能确定其处置参考价，一般需要专业评估机构进行评估。但与房产评估相比，股权评估所需的材料更多，往往需要股权所在公司和被执行人的密切配合。实践中，或者由于公司和被执行股东拒不配合，或者公司本身缺乏评估所需的有关材料，导致实践中大量被冻结股权因缺乏相关材料而无法出具评估报告。

三是拍卖难。根据有关网络司法拍卖的规定，网络司法拍卖应当确定保留价，拍卖保留价即为起拍价，起拍价由人民法院参照评估价确定。如前所述，实践中大量股权因缺乏相关材料无法出具评估报告，导致无法确定起拍价并进行拍卖。但是，股权作为被执行人的责任财产，不能仅因为无法出具评估报告就不执行该股权，否则会形成反向激励。另外，在公司注册资本认缴制下，对于未届出资期限的股权能否强制变价；变价后，后续出资义务应该由谁来承担。对于法律、行政法规、部门规章等限制自行转让的股权，人民法院能否强制变价。对于变更登记需要行政审批的股权，应该如何协调强制执行程序与行政审批之间的关系。这些问题也亟待明确。

四是反规避执行难。股权被冻结后，有些被执行人为规避执行，会与其他股东恶意串通或者利用其对公司的控制地位，恶意贬损被冻结股权价值。比如，将公司名下仅有的土地使用权、机器设备低价转让，使公司成为空壳，或者通过增资扩股的方式，使被冻结股权比例大幅降低，损害被冻结股权的控制利益，等等。实践中，类似的案例已比较多见，但在现行的法律规则下，人民法院并无有效的反制措施。

二、《规定》的起草过程

鉴于强制执行股权存在的上述诸多问题，最高人民法院将其列入司法解释制定计划，由执行局负责起草。执行局相关同志在各地调研的基础上形成《规定》初稿，然后召集北京、上海、浙江、江苏、重庆等地法院的业务骨干反复讨论修改；邀请扈纪华、王亚新、肖建国、谭秋桂等程序法专家和甘培忠、叶林、邓峰、李建伟、张双根等实体法专家进行研究论证；与北京大学法学院联合举办了"股权执行司法解释逐条讨论会"，来自市场监管总局、银保监会、部分高校的实务工作者和专家学者提出了许多宝贵意见。中国行为法学会执行专业委员会还就股权执行问题专门召开研讨会，对其中的重点条文进行研讨。[1] 同时，还向市场监管总局、银保监会、国资委、资产评估协会以及最高人民法院相关业务部门、各地法院执行局书面征求意见，并多次征求全国人大常委会法工委的意见。因自 2019 年开始，最高

---

[1] 讨论情况可参见执行行为研究会：《股权强制执行理论与实务问题研讨会》，载微信公众号"赫法通言"2017 年 7 月 5 日。

人民法院执行局牵头起草《民事强制执行法（草案）》，强制执行股权是其中的一项重要内容。为确保《规定》与《民事强制执行法（草案）》相协调，在此期间，暂时中止了《规定》起草工作。此后，随着《民事强制执行法（草案）》起草工作接近尾声，就执行股权问题也已基本达成共识。所以，根据前期征求意见情况和《民事强制执行法（草案）》讨论的情况，又反复打磨修改，形成送审稿，并提交最高人民法院审判委员会讨论通过。

三、《规定》的基本原则

《规定》的起草，始终坚持以习近平新时代中国特色社会主义思想为指导，深入学习贯彻习近平法治思想，依照强制执行法律规定和理论，遵循公司法律制度和精神，紧扣执行工作实际，就实践中的难点、争议点问题提出应对解决方案，努力确保《规定》实用好用管用。在具体起草过程中，遵循了以下原则：

一是严格依照法律规定，切实符合司法规律。强制执行被执行人的股权，不仅涉及有关强制执行程序的法律规定，要符合强制执行的司法规律，确保依法高效实现申请执行人债权。同时，也要遵循《公司法》等相关法律规定和精神，对于一些金融、证券、保险等领域的公司，对其股权的强制执行还需要与《商业银行法》《证券法》《保险法》等法律规定保持协调。

二是坚持问题导向，注重解决实践中的突出问题。为做好与其他司法解释的衔接配合，《规定》并未追求"大而全"，将有关执行股权的规则全部囊括在内，而是坚持以问题为导向，对执行股权实践中的热点、难点和争议点问题进行梳理，并有针对性地提出司法解决方案。人民法院在强制执行股权过程中，对于《规定》未规定的，仍应适用其他有关司法解释的规定。

三是注重价值平衡，依法公正保护双方当事人合法权益。执行工作是依靠国家强制力实现胜诉裁判的重要手段，对双方当事人权益影响重大。人民法院在强制执行股权过程中，要加大执行力度，依法对被执行人的股权采取冻结、变价措施，保障申请执行人债权。同时，也要最大限度降低对被执行人的不利影响，更不得违法损害被执行人合法权益。为此，《规定》明确，人民法院可以对作为被执行人责任财产的股权进行冻结和变价。同时，在执行过程中，也要秉持公正善意文明执行理念，不得明显超标的额冻结和处置被执行人股权，在符合一定条件的情况下也可以允许被执行人自行变价股权。

四是依法保护企业产权，最大限度降低执行措施对公司正常经营的影响。强制执行股权不仅与申请执行人和被执行人的利益攸关，而且不可避免地会对股权所在公司造成影响。如何保障申请执行人债权和最大限度降低对股权所在公司的影响，一直是《规定》起草过程中重点考量的问题之一。一方面，持续加大执行力度，依法高效实现胜诉当事人债权，是当前和今后一个时期人民法院执行工作的主线。[①]股权作为被执行人的责任财产，人民法院有权对其采取执行措施，股权所在公司也应当积极协助和配合人民法院，包括对股权的冻结、评估、变价以及交付等各项工作。对于拒不配合，尤其是恶意串通帮助被执行人规避执行的，将依法严肃处理。另一方面，人民法院在强制执行股权过程中，也要尽最大可能降低对公司经营的影响。《规定》在第2条即开宗明义地指出，强制执行被执行人在公司持有的股权的，不得直接执行公司的财产。第8条设计的"事先报告"和"事后救济"规则，在努力防范被冻结股权价值被恶意贬损的同时，也对公司的正常经营行为保持了最大的司法克制。第15条规定，变更股权登记需要相关部门审批的，买受人竞得股权后，只有在取得审批手续的情况下，人民法院才会为其出具成交裁定，以防止不符合条件的股东进入公司而给公司后续经营造成不利影响，等等。

---

① 参见《善意文明执行意见》。

四、《规定》的主要内容

《规定》共 19 条，主要包括五大方面的内容。

（一）《规定》的适用范围

1.《规定》所称股权的范围。根据《公司法》的规定，我国的公司可以分为有限责任公司和股份有限公司。股份有限公司又可分为上市公司和非上市股份公司。从强制执行的角度看，有限责任公司股权和非上市且未在新三板交易的股份有限公司股份虽有差别，但对其冻结、变价的规则基本相同。与之相对，上市公司股份因具有专门的登记和交易场所，市场价格亦比较透明，冻结、变价等规则与前两者截然不同。在新三板交易的股份有限公司股份则介于有限责任公司股权和上市公司股份之间，对其的冻结、变价规则与上市公司股份类似。考虑不同公司类型的股权在执行规则上的差异，《规定》第 1 条明确本规定所称股权，包括有限责任公司股权、股份有限公司股份，但是在依法设立的证券交易所上市交易以及在国务院批准的其他全国性证券交易场所交易的股份有限公司股份除外。就目前来看，"国务院批准的其他全国性证券交易场所"仅包括"全国中小企业股份转让系统"（俗称"新三板"）。

2. 其他投资权益的参照适用。《规定》第 18 条规定，人民法院对被执行人在其他营利法人享有的投资权益强制执行的，参照适用本规定。依照《民法典》的规定，营利法人是以取得利润并分配给股东等出资人为目的成立的法人，包括有限责任公司、股份有限公司和其他企业法人等。公司是营利法人的一种，所以，对被执行人在其他营利法人享有的投资权益的执行，可以参照适用《规定》。

3. 保全执行是否适用《规定》。就人民法院查封、扣押、冻结行为来讲，保全执行与终局执行没有本质区别，所以，在财产保全过程中对被保全人的股权进行冻结的，当然也要适用《规定》。

（二）股权冻结的方法及效力

关于股权的冻结方法和效力等问题，司法实践一直存在争议。为解决上述争议，《规定》第4条至第9条作了较为系统的规定。

1.冻结时的权属判断规则。《查扣冻规定》第2条第1款规定，人民法院可以查封、扣押、冻结被执行人占有的动产、登记在被执行人名下的不动产、特定动产及其他财产权。股权作为财产权的一种，原则上应当适用上述规则。但根据《公司法》的有关规定，无论是有限责任公司还是股份公司的股权，均不采用登记生效主义，股东可以依据股东名册、公司章程或者股票等行使股东权利。[①]换言之，在公司登记机关的登记之外，还存在其他可以用来判断股权权属的书面材料。为此，《规定》第4条规定，对股权所在公司的章程和股东名册等资料、公司登记机关的登记及备案信息、国家企业信用信息公示系统的公示信息等资料或者信息之一载明属于被执行人的股权，人民法院均可以进行冻结。同时，案外人对冻结的股权主张排除执行的实体权利的，人民法院应当依照《民事诉讼法》第234条（现为第238条）的规定进行审查。

2.股权冻结的方法。如前所述，在强制执行股权过程中，冻结程序规则不清晰一直是个老大难问题。2014年，最高人民法院与原国家工商总局联合出台的《规范执行与协助执行通知》第11条规定，人民法院冻结股权时，应当向股权所在公司送达冻结裁定，并要求工商机关协助公示。虽然该规定的初衷是好的，但在实践中却产生了诸多争议。比如，人民法院仅向公司登记机关送达冻结手续的，或者仅向公司送达冻结手续的，该冻结是否生效？[②]再如，在两家法院均冻结同一股权的情况下，有的法院只向公司登记机关送达了冻结手续，有的法院却只向公司送达了冻结手续，哪家法院的冻结为在先冻结？

---

① 《公司法》第32条第2款、第102条第4款。

② 参见最高人民法院（2020）最高法执复60号执行裁定书。

或者，虽然两家法院均向公司登记机关和公司送达了冻结手续，但由于有的法院在先向公司登记机关送达，有的法院在先向公司送达，在这种情况下，哪家法院的冻结为在先冻结，也存在很大争议。① 为此，《规定》第6条明确冻结股权的，应当向公司登记机关送达裁定书和协助执行通知书，由公司登记机关在国家企业信用信息公示系统进行公示，股权冻结自在公示系统公示时发生法律效力。多个人民法院冻结同一股权的，以在公示系统先办理公示的为在先冻结。这就有效解决了实践中的各类争议。根据该条规定，公司在为其股东办理股权变更手续时，应当提前到公示系统查询该股东的股权是否已被人民法院冻结，如已经冻结不得为其办理；市场主体在购买股权时，不仅要到公示系统查询该股权是否已被质押，也要查询该股权是否已被人民法院冻结，否则将会有"钱财两空"的不利风险。同时，根据第6条第2款的规定，人民法院也要将冻结股权的情况及时书面通知股权所在公司。

起草过程中，有观点认为，按照《公司法》的相关规定，股权所在公司掌握着股权权属变动的节点，尤其对于股份有限公司而言，公司登记机关并不登记非发起人股东的信息，② 向公司送达冻结手续，才能最先实现对股权的控制，所以应该将向公司送达冻结手续作为股权冻结的方法。经研究，我们认为，由于国家企业信用信息公示系统良好的公示性能和广泛的社会认可度，股权冻结情况在该系统公示后，股权所在公司不仅能够及时知晓，而且对于可能购买股权的不特定第三人来讲，也可以通过该系统实时查询拟购股权是否被法院冻结。在多个法院冻结同一股权的情况下，各个法院的冻结顺位在系统中也一目了然，能够有效杜绝目前实践中的各类争议。并且，在公示系统公示后，冻结即产生法律效力，被执行人就被冻结股权所作的转让、出

---

① 参见最高人民法院（2020）最高法执监2号执行裁定书。
② 《市场主体登记管理条例》第8条。

质等有碍执行行为，并不能对抗人民法院的冻结措施。所以，在公示系统公示，也能够达到所谓"控制"股权的目的。

3.股权冻结的效力。《查扣冻规定》第24条第1款规定，被执行人就已经查封、扣押、冻结的财产所作的移转、设定权利负担或者其他有碍执行的行为，不得对抗申请执行人。该款明确了我国查封、扣押、冻结措施采用相对效规则。即人民法院查封、扣押、冻结的财产，被执行人并未丧失处分权，依然可以转让该财产或者用该财产设定权利负担进行融资。[①] 如转让款或者融资款清偿了执行债权，则人民法院应当解除查封、扣押、冻结措施。如未能清偿执行债权，由于查封、扣押、冻结之前已经进行了公示，受让人知道或者应当知道该财产上存在执行措施，故即便该财产已经转让到受让人名下，对于申请执行人而言依然属于被执行人的财产，人民法院可以进行处置变价。变价后，清偿执行债权仍有剩余的，则退还受让人。《规定》第7条的规定，是上述规则在强制执行股权程序中的体现。

4.冻结股权后，是否影响公司增资、减资、合并、分立等。对此，此前实践中存在不同观点。一方面，股权所在公司增资、减资、合并、分立，常常会影响冻结股权的价值。在生效法律文书确定的执行标的就是股权的情况下，增资、减资等引起的股权比例变化更是对申请执行人具有直接影响。[②] 另一方面，如果冻结股权后，一律对股权所在公司的上述行为予以限制，又会对公司的经营活动造成较大干扰。[③] 为此，《规定》第8条确立了以下规则：第一，冻结股权并不当然限制股权所在公司实施增资、减资、合并、分立等行为。第二，人

---

① 参见张静：《论处分查封之物的法律效力》，载《交大法学》2022年第2期；张尧：《以民事司法查封财产设定抵押的效力分析》，载《法学家》2022年第1期。

② 参见张元：《论股权冻结对有限责任公司增资扩股权利的限制》，载江必新、刘贵祥主编：《执行工作指导》（总第49辑），人民法院出版社2014年版。

③ 参见刘君博：《从"查封"到"诉讼"：无形财产执行的制度逻辑与立法选择》，载《华东政法大学学报》2021年第2期。

民法院可以根据案件具体情况，决定是否向股权所在公司送达协助执行通知书，要求其在实施增资、减资、合并、分立等行为前向人民法院报告有关情况。第三，人民法院收到报告后，并不进行审查，但除涉及国家秘密或者商业秘密外应当及时通知申请执行人，以便申请执行人根据具体情况，决定是否要提起损害赔偿之诉或者代位提起确认决议无效、撤销决议等诉讼。第四，股权所在公司接到协助执行通知书后，不履行报告义务的，人民法院可以依法追究其法律责任。这种"事先报告"结合"事后救济"的规则设计，既可以满足公司的正常经营需求，也为人民法院制裁不法行为和申请执行人寻求救济提供了制度支持。

5. 冻结股权的效力是否自动及于股息、红利等收益。《冻结、拍卖股权规定》第 7 条第 2 款规定，股权冻结的效力及于股权产生的股息以及红利、红股等孳息，此为有关冻结上市公司股权的规定。《规定》起草过程中，多数意见认为，股息、红利等收益属于股东对股权所在公司享有的债权，冻结股权并不当然及于收益。① 对收益的执行，应当按照债权执行的规则处理。② 因此，《规定》第 9 条明确规定，人民法院冻结被执行人基于股权享有的股息、红利等收益的，应当向股权所在公司送达冻结裁定；股息、红利等收益到期的，可以书面通知股权所在公司向申请执行人或者人民法院履行。

---

① 《查扣冻规定》第 20 条。

② 《执行工作规定》（2020 年修正）第 36 条虽然使用了"提取"的表述，但近年来，最高人民法院已在多个案例中对收入的范围从正反两方面进行了阐释。一方面，收入被界定为"公民基于劳务等非经营性原因所得和应得的财物，主要包括个人的工资、奖金、劳务报酬等"［（2016）最高法执监 354 号、（2017）最高法执监 215 号］。另一方面，工程款［（2016）最高法执监 25 号、（2016）最高法执监 286 号、（2017）最高法执监 215 号、（2020）最高法执监 28 号］、租金债权［（2018）最高法执监 664 号、（2018）最高法执监 487 号］、资产转让款［（2016）最高法执监 354 号］、合作办学收益［（2015）执申字第 46 号］则明确被认定为属于到期债权而非收入。因此，对于股息、红利亦应作为债权而非收入执行。

（三）股权的评估、变价程序

1. 股权自行变价程序。相比强制变价，被执行人自行变价财产，具有避免争议、减少争议等优点。《执行工作规定》第 33 条、《善意文明执行意见》第 9 条此前已对被执行人自行变价财产问题进行了规范。《规定》第 10 条在上述规范的基础上，坚持贯彻善意文明执行理念，明确了被执行人自行变价股权的两种情形：一是申请执行人以及其他已知的执行债权人同意；二是变价款足以清偿执行债务。所谓"已知的执行债权人"，包括已经向执行法院申请参与分配股权变价款和轮候冻结该股权的债权人。符合前述情形的，被执行人可以向人民法院提出申请，由人民法院根据案件情况决定是否准许。为防止被执行人通过自行变价程序拖延执行或者转移变价款，人民法院准许被执行人自行变价的，应当严格控制变价款并要求其在指定期限内完成。这个"指定期限"由人民法院根据具体情况酌定，但最长不得超过 3个月。在该期限内未能自行变价的，人民法院要及时强制变价。

2. 股权处置参考价和起拍价的确定。处置参考价难以确定一直是司法实践中影响股权变价的主要障碍。[①] 为解决该问题，《规定》第11 条、第 12 条从以下几个方面进行了规定：第一，人民法院应当依照《确定财产处置参考价规定》的有关规定确定股权处置参考价，并参照参考价确定起拍价。第二，确定处置参考价时，需要相关材料的，人民法院可以向公司登记机关、税务机关等部门调取，也可以责令被执行人、股权所在公司以及控制相关材料的主体提供。相关主体拒不提供的，不仅可以强制提取，而且还可以依照《民事诉讼法》追究其法律责任。第三，为确保评估机构准确评估公司价值进而准确评估股权价值，经当事人书面申请，人民法院可以委托审计机构对股权所在公司进行审计。第四，通过委托评估方式确定股权处置参考价

---

① 伍俊鹏：《强制执行阶段拍卖、变卖的股权定价问题》，载《法制博览》2021 年第16 期。

的，如果评估机构因为缺少相关材料无法进行评估或者认为影响评估结果，被执行人未能提供且人民法院也无法调取补充材料的，人民法院应当通知评估机构根据现有材料进行评估，同时告知当事人因缺少材料可能产生的处置参考价偏离股权真实价值乃至适用"无底价拍卖"的不利后果。第五，评估机构根据现有材料出具了评估报告的，则参照该评估价确定起拍价；评估机构根据现有材料无法出具评估报告的，经申请执行人书面申请，人民法院可以结合案件具体情况和股权实际情况进行"无底价拍卖"，但确定的起拍价要适当高于执行费用，以避免发生"无益拍卖"的情形。

适用"无底价拍卖"需要注意：第一，人民法院要严格依照《规定》第11条、第12条规定的程序调取或者责令有关主体提供评估所需有关材料，尽可能促成评估机构出具评估报告，不得任意适用"无底价拍卖"。第二，"评估机构根据现有材料无法出具评估报告"是指委托的三家评估机构均无法出具评估报告。第三，虽然三家评估机构均无法出具评估报告，但能够通过其他方式确定参考价的（比如，双方当事人达成议价一致意见），则参照该参考价确定起拍价。第四，对评估机构无法出具评估报告的，并非一律适用"无底价拍卖"，而要由人民法院根据具体情况来确定是否适用。第五，为避免浪费司法资源，防止扰乱市场秩序，依照《规定》第12条第2款的规定，对于公司经营严重异常，股权明显没有价值的，比如一些"空壳公司"的股权，则不能适用"无底价拍卖"。

（四）股权拍卖的几类特殊情形

1. 整体拍卖与分割拍卖股权。不得超标的处置被执行人的财产是执行程序中的一项重要规则。《拍卖、变卖规定》第14条规定，拍卖多项财产时，其中部分财产卖得的价款足以清偿债务和支付被执行人应当负担的费用的，对剩余的财产应当停止拍卖，但被执行人同意全部拍卖的除外。《规定》第13条第2款在此基础上进行了细化，明确在拍卖股权前，依据处置参考价并结合具体情况计算，拍卖被冻结股权所得价款可能明显高于债权额及执行费用的，应当对相应部分的股权进行拍卖，以避免超标的拍卖股权损害被执行人合法权益。此处的"结合具体情况"主要是指人民法院在拍卖前要根据公司经营状况、股价市场行情、拍卖溢价降价情况，以及分割拍卖与整体拍卖对股权价额的影响等因素综合考虑。同时，由于股权转让可能存在"控制权溢价"，如果对相应部分的股权拍卖严重减损被冻结股权价值，被执行人书面申请人民法院对全部被冻结股权进行拍卖的，人民法院也可以一并拍卖。

2. 瑕疵出资、未届出资期限股权的拍卖。对于被执行人瑕疵出资或者未届出资期限的股权，因其仍然具有价值，所以人民法院可以对其采取强制拍卖措施。对此，《规定》第 14 条第 1 款予以明确。问题在于，对于前述股权强制拍卖后，后续出资义务应该如何承担？为最大限度降低强制执行股权对公司、公司其他股东和公司债权人权益的影响，严格遵循有关公司法律制度，《规定》第 14 条第 2 款规定，前述股权处置后，相关主体依照有关规定履行出资义务。此处的"有关规定"，对于瑕疵出资的股权，主要是指《公司法解释（三）》第 18 条的规定。对于未届出资期限的股权，股权转让后，后续出资义务应该如何承担，现行法律、司法解释并未明确规定，实践中存在很大争议。[①] 起草过程中，有观点认为，人民法院强制执行此类股权时，原股东的出资义务尚未届期，股权被强制转让后，原股东不应再承担后续出资义务。也有观点认为，出资义务是股东对公司、其他股东的恒定义务，无论该出资义务是否已届期，都不因股权转让而消除，原股东仍应承担出资义务。还有观点认为，这一问题比较复杂，不宜在有关强制执行股权的司法解释中规定，而应该留待《公司法》及其司法解释予以明确，在《规定》中只要明确依照"有关规定"处理即可。

---

① 参见刘敏：《论未实缴出资股权转让后的出资责任》，载《法商研究》2019 年第 6 期；王建文：《再论股东未届期出资义务的履行》，载《法学》2017 年第 9 期。

《规定》最终采纳了最后一种意见。事实上，对于上述问题，《公司法（修订草案）》在第 89 条作出以下规定："股东转让已认缴出资但未届缴资期限的股权的，由受让人承担缴纳该出资的义务。股东未按期足额缴纳出资或者作为出资的非货币财产的实际价额显著低于所认缴的出资额，即转让股权的，受让人知道或者应当知道存在上述情形的，在出资不足的范围内与该股东承担连带责任。"[①]

3. 自行转让受限的股权的拍卖。依照《公司法》第 141 条的规定，股份有限公司发起人及董事、监事、高级管理人员持有的股份，在特定期限或特定比例内应当限制转让。该规定的立法目的在于防止前述人员投机牟利，损害其他股东利益。但是，在前述人员对外负有债务时，人民法院为保护债权人利益，将前述人员持有的股权强制变价清偿债务的，不存在投机牟利问题，并不违反《公司法》的立法目的。[②] 相应地，公司章程、股东协议对股权转让所作的限制，是公司股东之间的内部约定，同样也不能对抗人民法院的强制执行。基于上述考虑，《规定》第 14 条第 1 款第 3 项、第 4 项明确对于前述股权，人民法院可以强制拍卖。当然，为尽可能降低强制处置股权对公司和其他股东的影响，买受人竞得股权后仍应当继续遵守有关限制股权转让的法律规定或者约定。

4. 前置审批类股权的拍卖。根据《证券法》《保险法》《商业银行法》《企业国有资产法》等法律规定，证券公司、保险公司、商业银行、国有企业等转让一定比例的股权前须经相关部门审批。人民法院对这类股权进行拍卖的，竞买人也应当符合相应的资格或条件。问题在于，应该要求竞买人在参与竞拍前即获得审批，还是可以在竞买成功后再获得审批？如果是后者，竞买人在竞买成功后未获审批的，应

---

① 最新规定参见《公司法（修订草案三次审议稿）》第 88 条。

② 参见《最高人民法院执行办公室关于执行股份有限公司发起人股份问题的复函》（〔2000〕执他字第 1 号）。

该如何处理？在起草过程中主要有两种观点：一种观点认为，在拍卖前人民法院只要明示竞买人应有相应资格和条件即可，竞买人在竞买成功后自行办理审批手续。获得审批的，人民法院出具成交裁定书；未获审批的，人民法院对股权重新进行拍卖。此种方式的优势在于，可以提高拍卖效率，确保充分竞价，最大限度实现股权价值。劣势在于，此种方案会出现竞买人在竞买成功后因无法获得审批而导致重新拍卖的问题。另外一种观点认为，只有获得相关部门审批的竞买人才可以参加竞买，此种方式的优势在于，能够确保竞买成功的竞买人已获得审批资格，尽可能避免重新拍卖情形的出现。劣势在于：一是在竞买前即限定竞买人的资格，合理性存疑，且会导致股权拍卖竞价不充分，可能会存在暗箱操作；二是由审批部门对所有竞买人的资格进行审核，实际操作上并不可行，征求意见时，相关部门也提出这样的意见；三是即使在竞买前已获得审批，在竞买成功后办理变更登记时，也可能会因种种原因出现不能办理变更登记的情形。基于上述考虑，《规定》第 15 条最终采纳了第一种观点。

另外，根据《规定》第 15 条第 3 款的规定，对于买受人明知不符合竞买资格或者条件依然参加竞买，且在成交后未能在合理期限内取得相关部门股权变更批准手续的，要参照悔拍处理，交纳的保证金不予退还。如果保证金不足以支付拍卖费用损失和两次拍卖差价的，是否需要原买受人补交？依照《拍卖、变卖规定》第 22 条的规定，人民法院是可以责令买受人补交的。由于《拍卖、变卖规定》对此问题已有规定，所以之后出台的《网拍规定》第 24 条对此问题未再规定，由此在实践中产生了误解和争议。有人据此认为，保证金不足以支付费用损失和两次拍卖差价的，无须原买受人补交。① 对此，《规定》第 15 条第 3 款再次明确，保证金不足以支付的，可以裁定原买受人

---

① 夏从杰：《网络司法拍卖中保证金之适用——以不足弥补重拍差价为例》，载微信公众号"赫法通言"2016 年 9 月 20 日。

补交；拒不补交的，强制执行，以重申最高人民法院对于悔拍保证金问题一贯的态度。

（五）股权作为诉争标的物时的执行规则

1. 因公司增资或者减资导致被执行人实际持股比例降低或者升高时应该如何交付股权。《规定》第16条区分两种情形作出规定：一是对于生效法律文书明确要交付一定数量出资额的，此种情形比较容易处理，人民法院按照生效法律文书确定的出资额交付即可。二是对于生效法律文书仅明确要交付一定比例的股权，公司在生效法律文书作出后增资或减资的，会对被执行人的持股比例产生影响，相应地也会对应当交付的股权比例产生影响。为此，《规定》第16条明确，应当按照生效法律文书作出时该比例所对应出资额占当前公司注册资本总额的比例交付股权。也即，在此情况下，应当通过对生效法律文书的解释，来探究其本意，以保障各方当事人的合法权益。需要注意的是，如果人民法院在保全或者执行过程中已经冻结诉争股权并要求公司在增资、减资前向人民法院报告，公司未报告即增资、减资的，人民法院可依照《规定》第8条对公司进行处罚，申请执行人认为利益受损的，也可依照该条依法提起诉讼追究公司及相关责任人的法律责任。

2. 股东资格确认判决的执行。为解决司法实践中，股东资格确认判决因无给付内容而无法申请人民法院强制变更登记的问题，《规定》第17条第1款明确规定，在审理股东资格确认纠纷案件中，当事人提出要求公司签发出资证明书、记载于股东名册并办理公司登记机关登记的诉讼请求且其主张成立的，人民法院应当予以支持；当事人未提出前述诉讼请求的，可以根据案件具体情况向其释明，以确保其主张成立时，判决能够体现此项给付内容。同时，《规定》第17条第2款重申，生效法律文书仅确认股权属于当事人所有的，因该文书缺乏给付内容，向人民法院申请强制执行的不予受理，但当事人可以持该生效法律文书自行向公司、公司登记机关申请办理股权变更手续。

第四部分　司法解释理解与适用

第一条　本规定所称股权，包括有限责任公司股权、股份有限公司股份，但是在依法设立的证券交易所上市交易以及在国务院批准的其他全国性证券交易场所交易的股份有限公司股份除外。

【条文主旨】

本条是关于本解释适用范围的规定。

【理解与适用】

股权又称为股东权，系股东通过向公司出资取得，可凭此依法享有资产收益、参与重大决策和选择管理者等权利[①]。股权一般被认为是作为股东转让出资财产所有权的对价的民事权利，具有资本性和流转性，作为公司资合性的体现，股权所具备的财产价值和可转让性，也正是股权可以被强制执行的法理基础。

根据《民法典》《公司法》相关规定，在我国可依法设立有限责任公司和股份有限公司。故此，我国《公司法》对股东享有的投资性权利使用了不同的概念，对于有限责任公司而言，称之为股权[②]；对于股份有限公司而言，称之为股份[③]。鉴于有限责任公司股权和股份有限公司股份均属于广义上的股东权，从便于行文以及与之前法

---

① 参见《公司法》第 4 条。
② 参见《公司法》第 71 条。
③ 参见《公司法》第 137 条、第 141 条。

律规定[1]衔接的角度考量，本司法解释不区分"股权"和"股份"，同时明确所称"股权"包括前述两种投资权益，以避免误解。

对于股份有限公司而言，根据其是否在证券交易所上市交易，可以分为上市公司和非上市公司，对上市公司股份的执行，与对有限责任公司股权的执行，存在较大区别；有限责任公司股权和非上市且未在"全国中小企业股份转让系统"（又称新三板）挂牌交易的股份有限公司股份虽有差别，但对其冻结、变价的规则基本相同。就冻结而言，由于上市公司股份在证券交易所交易，并通过证券登记结算机构结算交收，因此对其控制的协助执行端在证券公司或者登记结算机构，而冻结有限责任公司股权的协助执行端则在公司或者公司登记机关。就变价而言，由于上市公司股份有公开交易市场和公允价格，因此一般不像有限责任公司股权一样，需要评估和拍卖。而对于非上市公司而言，尽管对于其中的一些非上市公众公司，有相应的监管规则，但由于其一般没有公开的市场交易场所和公允的参照价格，对其的执行与对有限责任公司股权的执行，在实质意义上并无太大差别，完全可以适用对有限责任公司股权执行的规定。在新三板挂牌的非上市公司，跟上市公司有一定的类似性，故本解释将其与上市公司股份一并排除在规定之外。

股权相较于其他纯粹财产权，具有一定的综合性，既包括"人合性"——"股东身份"的人身属性，又包含"资合性"——资本性和流转性。因此，在准予股权强制执行的同时，《公司法》[2]及相关司法解释[3]保障了股东的优先购买权，相关部门亦出台规定[4]，为强制执行

---

① 参见《规范执行与协助执行通知》第 11 条、《执行异议和复议规定》第 25 条。

② 参见《公司法》第 72 条。

③ 参见《最高人民法院关于适用〈中华人民共和国公司法〉若干问题的规定（四）》（2020 年修正）第 22 条。

④ 参见《执行工作规定》《规范执行与协助执行通知》《网拍规定》《人民法院委托评估工作规范》等。

股权提供了具体的操作指引。但即便如此，涉及非上市公司股权强制执行仍然存在大量实践难题，致使无法有效保护债权人利益，同时平衡兼顾被执行人、公司和公众利益。故经认真调研，本解释专门对股权执行问题进行规定。

【实践中应注意的问题】

目前来看，根据《非上市公众公司监督管理办法》等规定，"国务院批准的其他全国性证券交易场所"仅包括"全国中小企业股份转让系统"，但今后如有新的政策调整与变化，如引入新的交易市场或转让平台，本解释适用范围也将有所改变。此外，就人民法院查封、扣押、冻结行为来讲，保全执行与终局执行没有本质区别，所以，在财产保全过程中对被保全人的股权进行冻结的，也要适用本解释。

【相关案例】

深圳金安集团公司、深圳市鹏金安实业发展有限公司执行申诉案[①]

建邦公司与深圳金安集团公司（以下简称金安公司）合作开发房地产合同纠纷及房屋买卖合同纠纷两案，深圳市中级人民法院（以下简称深圳中院）和广东省高级人民法院（以下简称广东高院）分别作出（1997）深中法房初字第 75 号民事判决和（1998）粤法民终字第 28 号民事判决。该两案判决生效后，建邦公司向深圳中院申请强制执行。金安公司向广东高院申请再审。在广东高院的主持下，双方当事人一致同意协商解决该两起案件，根据已经发生法律效力的

---

① 参见《最高人民法院执行工作办公室关于深圳金安集团公司和深圳市鹏金安实业发展有限公司执行申诉案的复函》（〔2001〕执监字第 188 号）。

（1997）深中法房初字第 75 号民事判决和（1998）粤法民终字第 28 号民事判决，双方经协商，同意就判决书确定的内容达成和解协议，该院于 1999 年 9 月 28 日作出（1999）粤高法审监民再字第 7、8 号民事调解书。内容如下：（1）金安公司将其位于深圳市龙岗区布吉镇南岭村黄金坑的 8725.7 平方米住宅用地及其在该地上建造的住宅楼抵还给建邦公司；（2）金安公司同意将其位于深圳市龙岗区沙背坜村的别墅用地约 21 000 平方米的全部权益及 9000 平方米商住用地抵偿给建邦公司；（3）金安公司同意将奔驰 560 型小轿车 1 台退还给建邦公司；（4）金安公司负责协助建邦公司办理上述 1、2 项所指土地的转名手续及支付转名费用；（5）金安公司在本调解书发出后的 3 个月内履行完其在本调解协议约定应承担的义务，建邦公司不再对上述两案的其他经济责任提出请求。若金安公司超过上述时间未依约履行上述各项义务，则应继续履行（1998）粤法民终字第 28 号民事判决及（1997）深中法房初字第 75 号民事判决等。

建邦公司依上述调解书第 5 项的规定，于 2000 年 5 月 18 日向深圳中院申请恢复执行，深圳中院于 2000 年 7 月 11 日恢复对（1998）粤法民终字第 28 号民事判决及（1997）深中法房初字第 75 号民事判决的执行。但深圳中院在 1 年多的时间内未能执结该两案，并以被执行人无可供执行财产为由拟中止执行。广东高院于 2001 年 5 月 14 日裁定将该两案指定给广州铁路运输中级法院执行。后金安公司和深圳市鹏金安实业发展有限公司（以下简称鹏金安公司）向最高人民法院反映：金安公司已全部履行了广东高院（1999）粤高法审监民再字第 7、8 号民事调解书规定的义务，而建邦公司不仅不按调解书约定履行自己的义务，反而向法院申请恢复原判决的执行。广东高院即错误作出（2001）粤高法执指字第 5 号民事裁定书，指令广州铁路运输中级法院执行原判决。广州铁路运输中级法院在执行金安公司的过程中，错误地查扣鹏金安公司公章、账册等大量财物，并查封了鹏金安公司下属深圳市金来顺饮食有限公司（以下简称金来顺公司）、深圳市京来顺饮食有限公司（以下简称京来顺公司）下属酒楼的银行账号，两公司请求最高人民法院监督纠正。最高人民法院召集相关当事人进行了听证，又到深圳市龙岗区国土局进行了调查。

最高人民法院认为：（1）金安公司提供的证据材料，虽能证明其曾向深圳市龙岗区国土局申报过要求转让相关土地给建邦公司，但国土局已以"资金不落实""与龙东村非农建设用地有冲突，不同意选址"为由，退回金安公司有关办文资料。因土地转让存有瑕疵，建邦公司的权利无法实现，所以不能认定金安公司已全面履行了民事调解书所确定的义务。

（2）根据《最高人民法院关于适用〈中华人民共和国民事诉讼法〉若干问题的意见》（现已失效）第201条的规定，广东高院（1999）粤高法审监民再字第7、8号民事调解书发生法律效力后，原生效判决即（1997）深中法房初字第75号民事判决和（1998）粤法民终字第28号民事判决即已被撤销，故广东高院据两份判决作出（2001）粤高法执指字第5号民事裁定，指令广州铁路运输中级法院执行原判决错误，而应依法执行（1999）粤高法审监民再字第7、8号民事调解书所确定的金安公司应承担的债务。

（3）请广东高院监督执行法院进一步核实此三公司的注册资本投入和鹏金安公司受让金来顺公司和京来顺公司各90%股权的情况，如三公司确系金安公司全部或部分投资，现有其他股东全部或部分为名义股东，可依据《执行工作规定》第53条、第54条（现为第38条、第39条）的规定，执行金安公司在三公司享有的投资权益。但不应在执行程序中直接裁定否定三公司的法人资格。

【相关规定】

1.《中华人民共和国民法典》（2020年5月28日）

第一百二十五条 民事主体依法享有股权和其他投资性权利。

2.《中华人民共和国公司法》（2018 年 10 月 26 日修正）

第二条 本法所称公司是指依照本法在中国境内设立的有限责任公司和股份有限公司。

第七十二条 人民法院依照法律规定的强制执行程序转让股东的股权时，应当通知公司及全体股东，其他股东在同等条件下有优先购买权。其他股东自人民法院通知之日起满二十日不行使优先购买权的，视为放弃优先购买权。

第一百三十一条 国务院可以对公司发行本法规定以外的其他种类的股份，另行作出规定。

第一百三十八条 股东转让其股份，应当在依法设立的证券交易场所进行或者按照国务院规定的其他方式进行。

3.《中华人民共和国民事诉讼法》（2023 年 9 月 1 日修正）

第二百五十三条 被执行人未按执行通知履行法律文书确定的义务，人民法院有权向有关单位查询被执行人的存款、债券、股票、基金份额等财产情况。人民法院有权根据不同情形扣押、冻结、划拨、变价被执行人的财产。人民法院查询、扣押、冻结、划拨、变价的财产不得超出被执行人应当履行义务的范围。

人民法院决定扣押、冻结、划拨、变价财产，应当作出裁定，并发出协助执行通知书，有关单位必须办理。

4.《最高人民法院关于人民法院执行工作若干问题的规定（试行）》（2020 年 12 月 29 日修正）

38. 对被执行人在有限责任公司、其他法人企业中的投资权益或股权，人民法院可以采取冻结措施。

冻结投资权益或股权的，应当通知有关企业不得办理被冻结投资权益或股权的转移手续，不得向被执行人支付股息或红利。被冻结的投资权益或股权，被执行人不得自行转让。

39. 被执行人在其独资开办的法人企业中拥有的投资权益被冻结后，人民法院可以直接裁定予以转让，以转让所得清偿其对申请执行人的债务。

对被执行人在有限责任公司中被冻结的投资权益或股权，人民法院可以依据《中华人民共和国公司法》第七十一条、第七十二条、第七十三条的规定，征得全体股东过半数同意后，予以拍卖、变卖或以其他方式转让。不同意转让的股东，应当购买该转让的投资权益或股权，不购买的，视为同意转让，不影响执行。

人民法院也可允许并监督被执行人自行转让其投资权益或股权，将转让所得收益用于清偿对申请执行人的债务。

5.《最高人民法院关于人民法院民事执行中查封、扣押、冻结财产的规定》（2020 年 12 月 29 日修正）

第二条 人民法院可以查封、扣押、冻结被执行人占有的动产、登记在被执行人名下的不动产、特定动产及其他财产权。

未登记的建筑物和土地使用权，依据土地使用权的审批文件和其他相关证据确定权属。

对于第三人占有的动产或者登记在第三人名下的不动产、特定动产及其他财产权，第三人书面确认该财产属于被执行人的，人民法院可以查封、扣押、冻结。

6.《非上市公众公司监督管理办法》（2023 年 2 月 17 日修订）

第四条 公众公司公开转让股票应当在全国中小企业股份转让系统（以下简称全国股转系统）进行，公开转让的公众公司股票应当在中国证券登记结算公司集中登记存管。

7.《最高人民法院、最高人民检察院、公安部、中国证券监督管理委员会关于查询、冻结、扣划证券和证券交易结算资金有关问题的通知》（2008 年 1 月 10 日，法发〔2008〕4 号）

一、人民法院、人民检察院、公安机关在办理案件过程中，按照法定权限需要通过证券登记结算机构或者证券公司查询、冻结、扣划证券和证券交易结算资金的，证券登记结算机构或者证券公司应当依法予以协助。

十七、本通知中所规定的证券登记结算机构，是指中国证券登记结算有限责任公司及其分公司。

8.《最高人民法院关于冻结、扣划证券交易结算资金有关问题的通知》（2004 年 11 月 9 日，法〔2004〕239 号）

一、人民法院办理涉及证券交易结算资金的案件，应当根据资金的不同性质区别对待。证券交易结算资金，包括客户交易结算资金和证券公司从事自营证券业务的自有资金。证券公司将客户交易结算资金全额存放于客户交易结算资金专用存款账户和结算备付金账户，将自营证券业务的自有资金存放于自有资金专用存款账户，而上述账户均应报中国证券监督管理委员会备案。因此，对证券市场主体为被执行人的案件，要区别处理：

当证券公司为被执行人时，人民法院可以冻结、扣划该证券公司开设的自有资金存款账户中的资金，但不得冻结、扣划该证券公司开设的客户交易结算资金专用存款账户中的资金。

当客户为被执行人时，人民法院可以冻结、扣划该客户在证券公司营业部开设的资金账户中的资金，证券公司应当协助执行。但对于证券公司在存管银行开设的客户交易结算资金专用存款账户中属于所有客户共有的资金，人民法院不得冻结、扣划。

第二条　被执行人是公司股东的，人民法院可以强制执行其在公司持有的股权，不得直接执行公司的财产。

【条文主旨】

本条是关于禁止执行股东被执行人所在公司财产的规定。

【理解与适用】

一、条文背景

被执行人以其所有的一般财产作为承担债务的总担保，公司与公司股东，显而易见分属两个不同的主体，如后者成为被执行人，则执行公司财产即属于执行案外人财产。对案外人财产强制执行，程序严苛，条件限定，情形、方式均需法律、司法解释的明确规定。主要包括：违反交付财物或票证义务的拒不协助执行人（《执行工作规定》第42条）、履行到期债务第三人（《执行工作规定》第49条）、代持产权人（《查扣冻规定》第2条第3款）、共有权人（《查扣冻规定》第12条）、未完成登记过户人（《查扣冻规定》第17条）、被执行人出资的个人独资企业（《变更追加规定》第13条第1款）、个体工商户的经营者（《变更追加规定》第13条第2款）、法人分支机构（《变更追加规定》第15条）、执行担保人（《民诉法解释》第469条）等。由上可见，对案外人财产强制执行均系极其特殊的情形，法律、司法解释并未赋予执行机构突破原有架构的权力。但是，与之相对应的是，在执行实务中，当公司或自然人成为被执行人后，却时有出现执行机构对直接执行该被执行人持有股份的公司之财产视为理所当然的情况，以至不断引起社会公众特别是市场主体对损害法律预期的不满，因此，有必要通过司法解释再次予以强调，以进一步厘清实务分歧，彰显人民法院保护企业产权和企业家合法权益的坚强决心。本条自初稿设置之后，历经多次征求意见、最高人民法院审委会两次讨论程序，基本未发生变化。

二、基本法理

如被执行人与案外人毫无关联，则执行机构亦不会试图径行执行该案外人财产，毕竟案外人大多不在执行依据所列的当事人之中，但长久以来，不少执行实务人士一直有一个疑问：公司的股东持有公司的股权，股权对应的财产利益部分应该就是公司的财产，那么去执行公司的财产似乎是没有障碍的。故分析法人、公司、股东及股权的关系与区别仍有现实必要。

（一）法人与公司

一般认为，现代法人理论始于 19 世纪，由萨维尼开创。德国民法理论认为，只要能够成为权利义务的承受者，即足以成为法律上的人。法人可被定义为：法律认可其主体资格的团体。[①]公司作为最典型的法人，自然具有法人的基本功用，即节省交易资本和降低交往风险。[②]与此同时，法人资格使公司享有独立于其成员的法律人格。公司作为民事主体，具有自己的权利能力和行为能力。这就意味着公司本身可以自己名义拥有财产、订立合同、起诉和应诉，并以自己的财产承担民事责任，包括违约责任、侵权责任。此外，法人资格的意义还在于，公司财产与其成员财产相区隔。公司财产属于公司，成员无

---

① 朱庆育：《民法总论》（第 2 版），北京大学出版社 2016 年版，第 417 页。
② 朱庆育：《民法总论》（第 2 版），北京大学出版社 2016 年版，第 418~419 页。

权直接支配，公司财产亦不应用于清偿其成员的个人债务。由此产生的好处是企业债务融资的成本和破产清算成本降低，企业的稳定性增强以及股权有可能自由交易，进而，公司才有可能永续存在。这是因为公司的运行不受成员变更、退出、死亡或丧失行为能力的影响，事业发展具有稳定性。①

（二）公司财产的独立性

《民法典》第60条规定："法人以其全部财产独立承担民事责任。"该条规定是以原《民法通则》第37条和第48条的规定为蓝本，在总结多年来民法学界研究共识的基础上，对法人的独立责任所作出的规定，其核心要义是法人的全部财产为法人所拥有的独立财产。学界认为，此处所谓的独立财产包括三层含义：（1）法人的财产独立于其他法人和自然人的财产，彼此不相混同；（2）法人的财产独立于法人成员的财产；（3）法人的财产独立于其创始人（包括国家）的其他财产。② 质言之，法人的独立财产，是指法人拥有的、独立于其创设人或成员的财产。③ 除惯常理解的法人财产责任的范围实质上是法人对外偿还债务的最大限度之外，另一层需要被认知的理解为，法人独立承担的责任，原则上必须是其自身的民事责任，因此，在法人为其成员、股东或他人提供担保、承担债务等例外场合，必须依法履行法律或法人章程规定的批准程序。④

（三）股权

股权，是指民事主体因投资于公司成为公司股东而享有的权利。股权根据行使目的和方式的不同可分为自益权和共益权两部分。自益权是指股东基于自身利益诉求而享有的权利，可以单独行使，包括资

---

① 王军：《中国公司法》（第2版），高等教育出版社2017年版，第43页。
② 彭万林主编：《民法学》，中国政法大学出版社1994年版，第74页。
③ 江平主编：《法人制度论》，中国政法大学出版社1996年版，第206页。
④ 最高人民法院民法典贯彻实施工作领导小组主编：《中华人民共和国民法典总则编理解与适用》，人民法院出版社2020年版，第314页。

产收益权、剩余财产分配请求权、股份转让权、新股优先认购权等；共益权是指股东基于全体股东或者公司的利益诉求而享有的权利，包括股东会表决权、股东会召集权、提案权、质询权、公司章程及账册的查阅权、股东会决议撤销请求权等。民事主体通过投资于公司成为公司股东后依法享有股权，因此，从本质上来说，股权来源于股东投资财产的所有权，股东通过将自身财产的所有权让渡于公司，从而获得让渡财产的对价，这部分对价及由此而衍生出来的权利就成为股东的股权。

由上可知，股权虽然与所让渡的权利密切相关，但让渡之后，所让渡的权利（无论是有体物还是无体物）的所有权均已经归属于公司，股东享有的只是对公司的"股权"。虽然在学理上，有股权是"物权""债权"，还是一种独立的民事权利之争，但并不妨碍分析股权的性质，即股权具有目的权利与手段权利有机结合、团体权利和个体权利辩证统一的特征，兼有请求权和支配权的属性，具有资本性和流转性。[①]而公司财产所有权在本质上是法人所有权。它是公司以法人名义享有的所有权，即公司作为所有人在法律规定的范围内独占性地支配其财产（所有物）的权利，公司可以对其财产（所有物）进行占有、使用、收益、处分，并可排除他人对于其财产（所有物）违背其意志的干涉。公司财产所有权的主体是公司法人，公司的出资者（股东）及公司其他成员对于公司财产均不享有所有权。[②]

换言之，股权是独立于公司财产的一种财产权。从成立之日起，公司即成为有独立权利能力和行为能力的民事主体，公司对法人财产享有所有权，股东则对自己的股权享有所有权（当然股东也可以占有股权的物质形式——股票）。股东与公司之间对于对方所拥有的财产

[①] 最高人民法院民法典贯彻实施工作领导小组主编：《中华人民共和国民法典总则编理解与适用》，人民法院出版社2020年版，第643页。

[②] 钱明星：《论公司财产与公司财产所有权、股东股权》，载《中国人民大学学报》1998年第2期。

均不能染指。同时，公司对法人财产享有所有权，是公司维持统一意志，从事经营活动的前提。在全体出资者出资形成公司财产后，不再区分各个出资者的财产部分，即使作为非货币出资的实物在具体物质形态上仍然不变也是如此。公司根据公司的经营目标和性质，将出资财产集合起来，使之成为一个统一的有机整体，依公司的统一意志在生产经营中加以运用。如果公司中的各项财产的所有权分别属于其投资者而不让渡给公司，公司就无法作为一个有生命力的主体从事正常的经营运作。[①]

【实践中应注意的问题】

一、刺穿公司面纱（法人人格否认）

《公司法》第 63 条规定："一人有限责任公司的股东不能证明公司财产独立于股东自己的财产的，应当对公司债务承担连带责任。"《变更追加规定》通过第 20 条"作为被执行人的一人有限责任公司，财产不足以清偿生效法律文书确定的债务，股东不能证明公司财产独立于自己的财产，申请执行人申请变更、追加该股东为被执行人，对公司债务承担连带责任的，人民法院应予支持"的规定，将对公司债权人的保护从审判领域延伸至执行领域，据此，债权人即使没有在诉讼中要求股东承担连带责任，还可以在执行阶段提出追加被执行人的申请，维护自身合法权益。

此规定的合理性在于：公司股东对公司债务承担有限责任是公司法的基本原则，但在现实生活中确实存在有的股东利用公司独立法人地位和自己的有限责任滥用权利，采用将公司财产与本人财产混同等

[①] 林广海、张学军：《股东转让股权不得处分公司财产》，载《人民司法》2007 年第 14 期。

手段，逃避债务，造成公司可以用于履行债务的财产大量减少，严重损害公司债权人的利益。针对此情况，该条引入了公司"法人人格否认"制度。法人人格否认是指公司不具有独立于股东的实体时，限于公司与特定的第三人之间存在问题的法律关系中，不承认公司的法人格，将公司与股东视为一人，从而向股东追究公司的责任。《公司法》第20条第3款规定，公司股东滥用公司法人独立地位和股东有限责任，逃避债务，严重损害公司债权人利益的，应当对公司债务承担连带责任。这是对公司"人格否认"的一般规定。一人有限责任公司使原本普通有限责任公司所拥有的复数股东之间相互制约、相互监督的关系不复存在，也让复数股东之共同意思形成公司意思的机能形同虚设。这是由一人有限责任公司股东的唯一性决定的，既然唯一股东之意思便是公司的意思，则容易造成一人有限责任公司业务与股东其他业务的多方面混同，诸如经营业务的完全一致、公司资本与股东财产的混杂使用、公司营业场所与股东居所合一等。由此使公司相对人难以分清与之交易的对象是公司还是股东个人，也无法保证公司之财产的完整性，最终导致公司债权人承担较大的交易风险。同时，由于一人有限责任公司生产经营的混同性，导致企业所得税与个人所得税的混乱，势必影响国家税收收入，而且公司员工的利益也无法切实得到保障。因此，要求股东的财产应当与公司的财产相分离，且产权清晰，这样双方的权责明确，既有利于市场经济的稳健发展，也有利于相对债权人利益的保障。针对一人有限责任公司的特殊情况，为了更好地保护公司债权人的利益，降低交易风险，这一规定是完全必要的，其根本目的就在于强化要求一人有限责任公司的股东必须将公司财产与本人财产严格分离。

二、反向刺穿公司面纱

刺穿公司面纱是要拿股东的财产去支付公司债务；而倒刺穿（反向刺穿）则是要拿公司的财产去支付股东的债务，或者填补股东的财产。① 在具体情形下，可能包括：（1）股东滥用公司独立人格，向公司转移财产，以逃避股东个人债务；（2）关联公司之间相互转移财产，以逃避其中一个或几个公司的债务；（3）股东利用公司的组织形式规避其他法定义务。如将来我国开始对自然人征收房产税以后，必然会有人将其房产转移至由其实际控制的公司名下以逃避征税，此时就应反向刺破公司面纱，判令公司对股东的纳税义务承担连带还款责任。②

目前我国的司法实务中，常见的反向刺穿情形为《最高人民法院关于审理与企业改制相关的民事纠纷案件若干问题的规定》第 6 条、第 7 条规定的情形。有人认为，反向刺破公司面纱的适用对象与传统人格否认制度是一致的，均是人格被滥用的公司，但由于外部人反向刺破公司面纱意味着公司全体股东以其出资来清偿个别股东的债务，盲目地以人格混同为由加以适用可能会损害公司中善意股东的利益。此时，我们需要在善意股东的利益和股东债权人利益之间进行权衡，从而决定对哪一种利益优先保护。③ 只有诉求人证明了公司与内部控制人互为化身，公平正义要求将这种关系的实质内容置于形式之上以达成公平的目的，那么就可以反向刺穿公司面纱；如果反向刺穿损害了善意股东或债权人的利益，公平目的就没有达到。此外，只要有能充分达成公平目的的其他救济手段存在，法院就不应该反向刺穿。④

当然，审执分离原则下，反向刺穿公司面纱的认定多需经过审判程序。除此之外，如果申请执行人认为被执行人利用公司股东身份向所在公司转移财产规避执行，那么还可以通过行使债权人撤销权

---

① 朱锦清：《公司法学（修订本）》，清华大学出版社 2019 年版，第 208 页。
② 杜麒麟：《反向刺破公司面纱制度的类型构建》，载《河南财经政法大学学报》2016 年第 1 期。
③ 杜麒麟：《反向刺破公司面纱制度的类型构建》，载《河南财经政法大学学报》2016 年第 1 期。
④ 朱锦清：《公司法学（修订本）》，清华大学出版社 2019 年版，第 209 页。

（《民法典》第 538 条）撤销转让行为，或者通过《民法典》第 154 条规定的情形（恶意串通损害第三人利益）来确认转让行为无效，使得相关财产重新回到被执行人名下后，继续对其执行。

【相关案例】

攀枝花市国债服务部与重庆市涪陵财政国债服务部证券回购纠纷执行请示案

《最高人民法院执行工作办公室关于攀枝花市国债服务部与重庆市涪陵财政国债服务部证券回购纠纷执行请示案的复函》（〔2003〕执他字第 7 号）内容如下："四川省高级人民法院：你院〔2001〕川执督字第 100 号《关于攀枝花市国债服务部申请执行重庆市涪陵财政国债服务部证券回购纠纷案件的请示报告》收悉。经研究，答复如下：同意你院第一种意见。根据《公司法》第四条第二款规定：'公司享有由股东投资形成的全部法人财产权，依法享有民事权利，承担民事责任。'因此，具有独立法人资格的重庆市涪陵国有资产经营公司（以下简称经营公司）对其持有的'长丰通信'国家股股票享有全部的财产权。被执行人重庆涪陵区财政局虽然投资开办了经营公司，并占有其 100% 的股权，但其无权直接支配经营公司的资产，其权力只能通过处分其股权或者收取投资权益来实现。因此，执行法院只能执行涪陵区财政局在经营公司的股权或投资权益，而不能直接执行经营公司所有的股票。"

1. 本复函的制作背景。

1999 年 6 月，攀枝花市中级人民法院（以下简称攀枝花中院）依据〔1998〕攀经初第 70 号、第 71 号民事判决书，受理攀枝花市国债服务部申请执行重庆市涪陵财政国债服务部证券回购纠纷一案。根据该判决，涪陵财政国债服务部应向攀枝花市国债服务部支付款项 776 余万元及利息。攀枝花中院在执行中查明，涪陵财政国债服务部是由重庆市涪陵区财政局申报开办的具有法人资格的企业，注册资金为1000万元，实际到位30万元。故以〔1999〕攀法执字第40、41号民事裁定追加重庆市涪陵区财政局为该案的被执行人，在970万元注册资金不实范围内承担连带清偿责任。攀枝花中院还认定，被执行人涪陵区财政局系涪陵区政府的工作机构，无独立承担民事责任的主体资格，其民事责任依法由区政府承担。因此，裁定涪陵区政府对涪陵区财政局承担的连带清偿责任承担给付义务。

2001年9月7日，攀枝花中院认定涪陵区财政局在重庆市涪陵国有资产经营公司（以下简称涪陵国资公司）占有股权，立即冻结了涪陵国资公司持有的"长丰通信"国有股1140万股，并于9月27日以1254万元的价值拍卖给了深圳市渝洋电脑系统有限公司。案外人涪陵国资公司不服，认为攀枝花中院错误执行其财产，提出异议被攀枝花中院驳回，即向四川省高级人民法院（以下简称四川高院）申请执行救济。四川高院依照最高人民法院《执行工作规定》第129条（现为第71条）的规定，于2001年11月6日对该案立案督办。

经查，"长丰通信"股票（证券代码：000892）于1999年1月15日在深交所上市至今，第一大股东为涪陵国资公司，持有国家股8481.76万股，占国家股总数的30.74%。"长丰通信"股票上市资料显示，涪陵区财政局不是"长丰通信"的股东。涪陵区财政局不持有"长丰通信"国家股。即"长丰通信"国家股不属于涪陵区财政局的资产。另查明，涪陵区财政局在涪陵国资公司占有100%的股权，即涪陵国资公司为财政投资的国有独资企业。

2. 四川高院的意见。

四川高院审判委员会讨论该案后，形成两种意见，并请示最高人民法院。

第一种意见认为，该案的案外人涪陵国资公司是具有独立法人资格的企业，虽然被执行人涪陵区财政局持有涪陵国资公司100%的股权，但只能执行涪陵区财政局在涪陵国资公司的投资收益。涪陵国资公司持有的"长丰通信"国家股是该公司的合法财产。涪陵国资公司不是该案的被执行人，攀枝花中院执行"长丰通信"国家股是执行了案外人涪陵国资公司的财产，不符合最高人民法院《执行工作规定》第52条（现为第37条）的规定。

第二种意见认为，涪陵国资公司是财政投资的国有独资公司，涪陵区财政局占有其100%的股权，具体表现为持有其他公司（包括上市公司）的股权，涪陵国资公司持有的"长丰通信"国家股的所有权人应该是涪陵区财政局，因此，依照最高人民法院《执行工作规定》第52条（现为第37条）的规定，执行"长丰通信"国家股是正确的。攀枝花中院〔1999〕攀法执字第40、41号民事裁定书是正确的。

该院倾向于第二种意见。

3. 对本复函的解读。

本请示案的焦点问题是能否直接执行被执行人投资开办的公司所持有的股票。1999年修正的《公司法》第4条第2款规定："公司享有由股东投资形成的全部法人财产权，依法享有民事权利，承担民事责任。"因此，具有独立法人资格的涪陵国资公司虽然是财政投资的国有独资公司，涪陵区财政局占有其100%的股权，但其对自己所持有的"长丰通信"股票享有全部的财产权，即涪陵国资公司持有的"长丰通信"国家股是该公司的合法财产。由于该公司不是被执行人，因此，直接执行其股票是侵犯了案外人的合法财产，应予纠正。

《执行工作规定》第52条（现为第37条）规定："对被执行人在其他股份有限公司中持有的股份凭证（股票），人民法院可以扣押，并强制被执行人按照公司法的有关规定转让，也可以直接采取拍卖、变卖的方式进行处分，或直接将股票抵偿给债权人，用于清偿被执行人的债务。"这条规定是指"被执行人在其他股份有限公司中持有的"，而不是指"被执行人投资开办的公司所持有的"，因此，本案不适用该条规定，而应适用第53条、第54条（现为第38条、第39条）的规定。

【相关规定】

1.《中华人民共和国民法典》(2020 年 5 月 28 日)

第六十条 法人以其全部财产独立承担民事责任。

第八十三条 营利法人的出资人不得滥用出资人权利损害法人或者其他出资人的利益;滥用出资人权利造成法人或者其他出资人损失的,应当依法承担民事责任。

营利法人的出资人不得滥用法人独立地位和出资人有限责任损害法人债权人的利益;滥用法人独立地位和出资人有限责任,逃避债务,严重损害法人债权人的利益的,应当对法人债务承担连带责任。

2.《中华人民共和国公司法》(2018 年 10 月 26 日修正)

第三条 公司是企业法人,有独立的法人财产,享有法人财产权。公司以其全部财产对公司的债务承担责任。

有限责任公司的股东以其认缴的出资额为限对公司承担责任;股份有限公司的股东以其认购的股份为限对公司承担责任。

第二十条 公司股东应当遵守法律、行政法规和公司章程,依法行使股东权利,不得滥用股东权利损害公司或者其他股东的利益;不得滥用公司法人独立地位和股东有限责任损害公司债权人的利益。

公司股东滥用股东权利给公司或者其他股东造成损失的,应当依法承担赔偿责任。

公司股东滥用公司法人独立地位和股东有限责任,逃避债务,严重损害公司债权人利益的,应当对公司债务承担连带责任。

第六十三条 一人有限责任公司的股东不能证明公司财产独立于股东自己的财产的,应当对公司债务承担连带责任。

3.《最高人民法院关于适用〈中华人民共和国民法典〉有关担保制度的解释》(2020 年 12 月 31 日,法释〔2020〕28 号)

第十条 一人有限责任公司为其股东提供担保,公司以违反公司法关于公司对外担保决议程序的规定为由主张不承担担保责任的,人民法院不予支持。公司因承担担保责任导致无法清偿其他债务，提供担保时的股东不能证明公司财产独立于自己的财产，其他债权人请求该股东承担连带责任的，人民法院应予支持。

4.《最高人民法院关于人民法院民事执行中查封、扣押、冻结财产的规定》（2020 年 12 月 29 日修正）

第二条 人民法院可以查封、扣押、冻结被执行人占有的动产、登记在被执行人名下的不动产、特定动产及其他财产权。

未登记的建筑物和土地使用权，依据土地使用权的审批文件和其他相关证据确定权属。

对于第三人占有的动产或者登记在第三人名下的不动产、特定动产及其他财产权，第三人书面确认该财产属于被执行人的，人民法院可以查封、扣押、冻结。

5.《最高人民法院关于民事执行中变更、追加当事人若干问题的规定》（2020 年 12 月 29 日修正）

第十三条 作为被执行人的个人独资企业，不能清偿生效法律文书确定的债务，申请执行人申请变更、追加其出资人为被执行人的，人民法院应予支持。个人独资企业出资人作为被执行人的，人民法院可以直接执行该个人独资企业的财产。

个体工商户的字号为被执行人的，人民法院可以直接执行该字号经营者的财产。

第二十条 作为被执行人的一人有限责任公司，财产不足以清偿生效法律文书确定的债务，股东不能证明公司财产独立于自己的财产，申请执行人申请变更、追加该股东为被执行人，对公司债务承担连带责任的，人民法院应予支持。

6.《最高人民法院关于审理与企业改制相关的民事纠纷案件若干问题的规定》（2020 年 12 月 29 日修正）

第六条 企业以其部分财产和相应债务与他人组建新公司，对所转移的债务债权人认可的，由新组建的公司承担民事责任；对所转移的债务未通知债权人或者虽通知债权人，而债权人不予认可的，由原企业承担民事责任。原企业无力偿还债务，债权人就此向新设公司主张债权的，新设公司在所接收的财产范围内与原企业承担连带民事责任。

第七条　企业以其优质财产与他人组建新公司，而将债务留在原企业，债权人以新设公司和原企业作为共同被告提起诉讼主张债权的，新设公司应当在所接收的财产范围内与原企业共同承担连带责任。

7.《最高人民法院关于在执行工作中进一步强化善意文明执行理念的意见》（2019 年 12 月 16 日，法发〔2019〕35 号）

3.……要严格按照中央有关产权保护的精神，严格区分企业法人财产与股东个人财产，严禁违法查封案外人财产，严禁对不得查封的财产采取执行措施，切实保护民营企业等企业法人、企业家和各类市场主体合法权益……

> 　　**第三条**　依照民事诉讼法第二百二十四条的规定以被执行股权所在地确定管辖法院的，股权所在地是指股权所在公司的住所地。

【条文主旨】

本条是关于确定股权所在地并据此确定股权执行管辖法院的规定。

【理解与适用】

2017 年修正的《民事诉讼法》第 224 条规定，发生法律效力的民事判决、裁定，以及刑事判决、裁定中的财产部分，由第一审人民法院或者与第一审人民法院同级的被执行的财产所在地人民法院执行。法律规定由人民法院执行的其他法律文书，由被执行人住所地或者被执行的财产所在地人民法院执行。2021 年、2023 年《民事诉讼法》修正时该条的条文内容均未发生变化，条文次序分别变为第 231 条、第 235 条。该条规定确定了执行案件管辖法院的基本规则，即根据执行依据作出机构的不同，分别为第一审人民法院或与其同级的被执行财产所在地法院，或者被执行人住所地或被执行财产所在地法院。其中之所以将被执行财产所在地法院作为执行案件的管辖法院，是因为该法院在财产查封、变价、交付等方面较为便利，可以降低执行成本，省去异地执行的麻烦，符合执行高效原则。当然，在被执行的财产为不动产、动产等有体物时，其所在地较容易判断，但如果为股权、债权、知识产权等无形财产权时，如何判断和确定财产所在地，则更为复杂，需要根据各类财产权利的性质、特点、有无相对人或权利凭证、是否登记以及如何更便于执行等因素综合考量、分类确定。本条即是在股权作为被执行财产时，对股权所在地进行了明确界定，并以此作为确定股权执行管辖法院的依据之一。

一、在执行管辖中确定股权所在地的基本规则

实践中，当以股权确定"被执行的财产所在地"时，对于何为股权所在地，主要有两种观点：一是以彰显股东资格的股东名册所在地为股权所在地；二是以公司住所地为股权所在地。我们认为，股权是股东因投资于公司而形成的权利，与公司有密切关系，应以股权所在公司的住所地作为股权所在地，而且公司住所地的法院对该公司股权进行冻结、从公司提取相关资料进行审计、评估以及司法拍卖等也更为便利，符合民事诉讼法将被执行财产所在地作为管辖法院之一的规范目的。而股东名册仅仅是股东享有股权的凭证，如同不能以房屋所有权证存放地确定房屋所在地一样，我们也不能以股权凭证所在地确定股权所在地。况且，实践中公司置备股东名册的也较为少见，以股东名册确定股权所在地不具有实践操作性。此外，《最高人民法院执行局关于法院能否以公司证券登记结算地为财产所在地获得管辖权问题的复函》中也认为，在确定上市公司的股权所在地时，证券登记结算机构是为证券交易提供集中登记、存管与结算服务的机构，但证券登记结算机构存管的仅是股权凭证，不能将股权凭证所在地视为股权所在地。由于股权与其发行公司具有密切的联系，因此，应当将股权的发行公司住所地认定为该类财产所在地。本条规定与最高人民法院复函的意见保持一致，也进一步统一了不同类型公司股权作为被执行财产时如何确定股权所在地的规则。

二、在执行管辖中确定股权所在地的具体标准

关于实践中如何具体判断"股权所在公司的住所地"，在司法解

释起草过程中也曾有不同的观点：一是认为应以公司登记机关登记的公司住所地作为判断标准，这样容易审查判断也利于后续操作；二是认为应以公司主要办事机构所在地或者实际经营地作为判断标准，理由是实践中有些情况下公司为了获得某些优惠政策，在特定地区进行登记并将住所地登记为当地，但是主要业务不在当地开展或实际经营，或者在当地根本也没有办事机构，这种情况下由主要办事机构所在地或实际经营地法院进行执行更符合客观实际情况。在最终出台的司法解释中并未对此予以明确，而是将"公司的住所地"的判断标准引致到相关实体法和程序法的规定，对此需要进一步进行体系解释和目的解释。

首先，《民法典》第 63 条规定，法人以其主要办事机构所在地为住所。依法需要办理法人登记的，应当将主要办事机构所在地登记为住所。根据该规定，一方面，公司作为最为重要的一类营利法人，应以主要办事机构，即统率和执行法人业务活动，决定和处理组织事务的机构所在地作为住所地；① 另一方面，考虑到法人尤其是营利法人的登记对相对人利益十分重要，商事登记具有公示公信效力，为更好地规范法人登记，维护交易安全以及保护相对人利益，该条还特别规定法人应将其主要办事机构所在地登记为住所。另外，《公司法》第 10 条虽然只规定，公司以其主要办事机构所在地为住所，但相配套的原《公司登记管理条例》第 9 条和第 12 条② 则进一步明确，公司的住所是公司设立时的法定登记事项。经公司登记机关登记的公司的住所只能有一个，且公司的住所应当在其公司登记机关辖区内。结合上述相关规定，公司登记机关登记的住所地、公司主要办事机构所在地、公司登记注册地等应为同一地点，否则即存在违法或违规登记的情形。故在判断股权所在地时，原则上亦应遵循上述规则，将在公司登记机

---

① 最高人民法院民法典贯彻实施工作领导小组主编：《中华人民共和国民法典总则编理解与适用》，人民法院出版社 2020 年版，第 329~330 页。

② 该两条现分别对应《市场主体登记管理条例》第 8 条和第 11 条。

关登记的住所地作为主要判断标准，这也便于执行法院与当地的公司登记机关协作联动，促进后者对股权的协助执行。

其次，除了考虑普遍规则和应然状态外，也要注意实践中因种种原因，确实存在一些公司的主要办事机构所在地或实际经营地与其登记的住所地不一致的情形，或者公司的主要办事机构所在地迁入新址但尚未来得及进行变更登记的情形，因为股权执行须涉及向股权所在公司送达协助执行通知书、责令股权所在公司提供确定处置参考价的相关资料、委托审计以及其他调查询问、信用惩戒等相关事宜，这种情况下由公司实际的主要办事机构所在地法院进行执行更有利于提高股权处置效率、方便信息沟通、降低异地执行成本等。故根据《最高人民法院关于适用〈中华人民共和国民事诉讼法〉执行程序若干问题的解释》第1条关于"申请执行人向被执行的财产所在地人民法院申请执行的，应当提供该人民法院辖区有可供执行财产的证明材料"的规定，在申请执行人提交的证据足以证明公司主要办事机构所在地与登记住所地不一致时，也可以前者作为执行管辖法院，这与《民诉法解释》第3条关于"公民的住所地是指公民的户籍所在地，法人或者其他组织的住所地是指法人或者其他组织的主要办事机构所在地。法人或者其他组织的主要办事机构所在地不能确定的，法人或者其他组织的注册地或者登记地为住所地"的规定也是基本一致的。

三、管辖冲突和管辖异议的处理

首先，根据《民事诉讼法》第235条的规定，在被执行人有可供执行的股权时，可能存在多个有执行管辖权的法院。这包括股权所在公司的住所地与一审法院所在地或被执行人住所地不一致，或者被执行人有包括股权在内的多项财产时，各财产的所在地不一致等情形，这就有可能发生债权人向多个法院申请执行而导致管辖冲突的情况。对此，应当根据《最高人民法院关于适用〈中华人民共和国民事诉讼法〉执行程序若干问题的解释》第2条的规定予以处理。一是法院在立案前发现其他有管辖权的法院已经立案的，不得重复立案；二是立案后发现其他有管辖权的法院已经立案的，应当撤销案件，即以"销案"方式结案，但已经采取执行措施的，为保障债权人利益，不应立即解除相应措施，而是应当先行与先立案的执行法院联系，将控制的财产交其处理。

其次，在债权人向股权所在公司的住所地法院申请执行，且法院立案后，若债务人认为该法院没有管辖权，应通过管辖权异议程序予以救济。与民事诉讼案件的管辖权异议程序不同，该程序属于执行程序内部的救济路径，与执行异议较为类似，应纳入执行裁判权的范畴，故应由执行裁判机构审查判断。在具体的程序构造上，根据《最高人民法院关于适用〈中华人民共和国民事诉讼法〉执行程序若干问题的解释》第3条的规定，一是该异议应在债务人自收到执行通知书之日起10日内提出，超过该期限提出的，执行法院应不予受理。二是经审查该异议不成立的，应裁定驳回；经审查异议成立的，应当撤销案件，结案方式采取"销案"方式，这与《民事诉讼法》第130条第1款关于"异议成立的，裁定将案件移送有管辖权的人民法院"的处理方式并不一致。当然，《执行立结案意见》第18条第1项还规定，经审查管辖权异议成立，将案件移送有管辖权的法院，这也为实践操作中"销案"后再将案件依职权移送提供了依据。结合上述条文，执行案件管辖权异议成立的处理方式：案件移送有管辖权的法院并撤销案件，或告知申请执行人撤回执行申请，向有管辖权的法院申请执行。[1] 在已受理法院已经采取相应执行措施的情况下，依职权移送可以防止在债权人另行向有管辖权法院申请这段空档中被执行人转移隐匿财产规避执行的情况发生。三是当事人对法院作出的管辖权异议裁定不服的，可以向上一级人民法院申请复议，这与民事案件管辖

---

[1] 最高人民法院执行局编著：《最高人民法院执行司法解释条文适用编注》，人民法院出版社2019年版，第64页。

权异议裁定可以上诉也不同。四是为了提高执行效率，防止债务人利用管辖权异议拖延或规避执行，上述司法解释还明确了管辖权异议审查和复议期间，不停止执行。

【实践中应注意的问题】

1. 根据《民法典》《公司法》等实体法的规定，本条中"股权所在公司的住所地"是指该公司的主要办事机构所在地，应理解为统率法人业务的机构所在地。当法人只设一个办事机构时，该办事机构所在地即为住所，当法人设有多个办事机构时，则以其主要办事机构所在地为住所，如总公司所在地、总厂所在地、总行所在地等。需要注意，公司的主要办事机构所在地不同于公司的场所。场所是指公司从事业务活动或生产经营活动的处所，既包括公司的机关所在地，也包括生产经营场所和其他分支机构所在地。公司的住所只有一个，而场所包括营业场所、生产车间、销售网点等，则可以有多个。

2. 公司登记的住所地具有唯一性，原则上公司的主要办事机构所在地应当与其登记的住所地相一致。虽然在实践中，公司可能设有多处生产和经营的场所，有时甚至很难区分主次，但是公司的住所只有一个，而且应当是在为其登记的公司登记机关的辖区内。债务人以公司主要办事机构所在地与登记的住所地不一致提出管辖权异议的，根据举证责任规则，应当由债务人提交充分证据证明，并防止其通过管辖权异议的手段拖延执行。

【相关案例】

1. 宁波中百股份有限公司与中国建筑第四工程局有限公司民事执行监督案 ①

中国建筑第四工程局有限公司（以下简称中建四局）与宁波中百股份有限公司（以下简称中百公司）仲裁纠纷一案，广州仲裁委员会作出（2016）穗仲案字第 5753 号裁决已生效。北京市第一中级人民法院（以下简称北京一中院）于 2020 年 7 月 23 日立案执行。在执行过程中，中百公司就北京一中院执行管辖权提出异议，认为中百公司住所地为浙江省宁波市海曙区，其被执行财产所在地不在北京，被执行人住所地、被执行的财产所在地均不在北京一中院所管辖的范围。北京一中院认为，本案执行依据为仲裁裁决，依据《民事诉讼法》规定，应由被执行人住所地或者被执行的财产所在地人民法院执行。本案中，被执行人中百公司持有的北京首创信息技术有限公司（以下简称首创公司）500 万元的股权所在地在北京一中院辖区，中建四局向该院申请执行符合上述法律规定。中百公司所提异议无事实及法律依据，该院不予支持。北京一中院于 2020 年 9 月 24 日作出（2020）京01 执异 205 号执行裁定，驳回中百公司提出的管辖权异议。中百公司不服，向北京市高级人民法院（以下简称北京高院）申请复议，请求撤销北京一中院（2020）京 01 执异 205 号执行裁定。北京高院认为，被执行人中百公司持有首创公司 33.33% 的股权，首创公司在工商行政管理机关登记的住所地位于北京市，在北京一中院的辖区范围内。北京一中院以（2020）京 01 执 749 号案件立案执行，符合法律关于执行管辖的规定。中百公司所提案涉股权实际价值应当认定为零，不是可供执行的财产，不应作为管辖权确立的依据，执行案件由浙江省宁波市中级人民法院（以下简称宁波中院）执行管辖更为合适的复议

---

① 参见最高人民法院（2021）最高法执监 337 号执行裁定书。

理由，缺乏事实根据和法律依据，北京高院不予支持。北京高院于
2020 年 12 月 24 日作出（2020）京执复 189 号执行裁定，驳回中百公
司的复议申请，维持北京一中院（2020）京 01 执异 205 号执行裁定。

中百公司向最高人民法院提出申诉，请求撤销异议和复议裁定。
主要理由：（1）首创公司已经破产，中百公司所持股权价值为零，北
京一中院不是合适的执行法院。尽管首创公司注册地为北京，但其已
不是法律规定的财产所在地，北京一中院不是有管辖权的执行法院。
（2）作为原审法院受理连系点的首创公司股权事实上已无任何价值，
不属于财产。中建四局明知首创公司营业期限届满且严重资不抵债，
故意扩大其股权价值并以此为连系点在北京一中院申请执行。（3）原
审法院机械套用《民事诉讼法》第 224 条（现为第 235 条）规定驳回
申诉人的管辖权异议，无视该条的立法本意和目的。（4）中建四局对
中百公司的强制执行违反法定执行顺序，属于滥用民事权利，不应受
理。（5）本案中被查封的股权，在首创公司已经接受破产清算的情况
下，应当予以解封。（6）鉴于被执行人在北京没有可供实际执行的财
产，而从被执行人所在地法院确定执行管辖出发，本案由宁波中院执
行管辖更为合适。

最高人民法院认为，本案争议的焦点问题为中百公司所提执行管
辖权异议是否成立，即北京一中院对本案执行是否具有管辖权。根据
《民事诉讼法》第 224 条第 2 款（现为第 235 条第 2 款）规定，法律
规定由人民法院执行的其他法律文书，由被执行人住所地或者被执行
的财产所在地人民法院执行。被执行的财产为股权的，该股权的发行
公司住所地为被执行的财产所在地。本案中，被执行人中百公司持有
首创公司 33.33% 的股权，首创公司在工商行政管理机关登记的住所
地位于北京市，在北京一中院的辖区范围内，故北京一中院受理中建
四局执行申请立案符合法律关于执行管辖的规定。而被执行人财产的
具体状况，其价值多少，是否需与其他执行案件协调，系进入执行后
审查的内容。中百公司仅以首创公司进入破产清算程序，股权价值为

零，不可作为执行财产为由，认为北京一中院不具备管辖权，缺乏事实和法律依据，且与其主张解封股权相互矛盾，不予支持。中百公司申诉时所提本案执行违反法定执行顺序，不应受理的诉求和理由，不属于管辖权异议的审查范围。至于首创公司进入破产清算程序，是否中止执行或者解封冻结的首创公司股权，亦可另行主张。另外，如果申诉人为了确保有效执行裁决，充分保障广大股民的合法权益，认为有其他地方的财产可供执行，可向执行法院另行提出并积极履行生效法律文书确定的义务，与本案执行管辖并不冲突。

据此，最高人民法院作出（2021）最高法执监337号执行裁定，驳回中百公司的申诉请求。

2. 鸿达兴业集团有限公司与江苏琼花集团有限公司、第三人鸿达兴业股份有限公司民事执行监督案 ①

鸿达兴业集团有限公司（以下简称鸿达集团）因其与江苏琼花集团有限公司（以下简称琼花集团）、第三人鸿达兴业股份有限公司（以下简称鸿达股份公司）股权转让纠纷一案，经广东省广州市中级人民法院（以下简称广州中院）一审、广东省高级人民法院（以下简称广东高院）二审，于2017年5月12日作出（2016）粤民终924号民事判决：（1）撤销广州中院（2015）穗中法民二初字第66号民事判决；（2）确认琼花集团在2014年12月19日享有按2014年12月18日收市价计算市值1亿元的鸿达股份公司自由流通股股票；（3）在判决生效之日起10个交易日内，鸿达集团向琼花集团交付以2014年12月18日收市价计算的市值1亿元的鸿达股份公司自由流通股股票。2017年6月13日，琼花集团向江苏省扬州市中级人民法院（以下简称扬州中院）申请执行，要求鸿达集团交付26 012 552股鸿达股份公司股票并支付现金分红6 800 530.56元。扬州中院立案后，于2017年6月27日向鸿达集团发出执行通知书、报告财产令等，并

---

① 参见最高人民法院（2017）最高法执监453号执行裁定书。

作出查封、冻结的执行裁定。后鸿达集团对扬州中院执行管辖提出书面异议，被扬州中院驳回，其又向江苏省高级人民法院（以下简称江苏高院）申请复议，亦被驳回。

鸿达集团不服，向最高人民法院申诉称：（1）江苏高院认为被执行的财产所在地在扬州是错误的。本案的一审法院是广州中院，鸿达集团的注册地和主要办事机构所在地均在广州，财产所在地为广州。因此，与一审法院同级的被执行人财产所在地也在广州。本案执行的股票是鸿达集团持有的鸿达股份公司的股票，而不能简单理解为鸿达股份公司的股票。鸿达集团持有的股票托管地均在广东，股票的实际扣划地也是广东，故本案不应由江苏管辖。（2）一般情况下，营业执照登记的地址为法人住所地，但是工商登记地与实际办事机构所在地相分离的情况下，应以最终确认的实际办事机构所在地作为法人住所地。鸿达股份公司注册地虽然在扬州，但是其主要办事机构所在地在广州市荔湾区，因此鸿达股份公司的财产所在地应该在广州。江苏高院以《公司登记管理条例》（现已失效）的规定，将法人的住所地片面理解为法人的工商登记地，认为鸿达股份公司的财产所在地在扬州，违背了《民诉法解释》第3条的规定。（3）琼花集团故意规避向有管辖权的法院申请执行的规定，应当驳回执行申请。琼花集团2015年3月向扬州中院诉讼，因管辖权异议案件移送广州中院审理。执行阶段琼花集团又向扬州中院申请执行，该院未进行任何实质性审查就完全按照琼花集团的请求发出执行通知。因该案件涉及上市公司鸿达股份公司股票，鸿达股份公司是公众公司，在全国范围有较大影响，需要考虑其在全国的影响，避免错误执行措施给上市公司造成难以弥补的重大损害。（4）江苏高院以《最高人民法院执行局关于法院能否以公司证券登记结算地为财产所在地获得管辖权问题的复函》（〔2010〕执监字第16号）为依据，认为鸿达股份公司股票所在地在扬州，是错误的。该复函是针对个案作出的不具有普遍适用性的复函，我国并非判例法国家。

最高人民法院认为，根据《民事诉讼法》第 224 条（现为第 235 条）的规定，当事人选择向第一审法院以外的人民法院申请执行的，确定管辖的连结点是被执行的财产所在地，而非该财产的权利主体即被执行人的住所地。鸿达集团主张，本案执行的是鸿达集团持有的股票，鸿达集团的住所地在广州，因此财产所在地应为广州。该主张实际是以被执行人的住所地为连结点确定管辖法院，不符合法律规定。关于股票财产所在地问题，目前并无法律或司法解释明文规定。因证券登记结算机构或者从事证券经纪业务的机构所登记、结算、托管的仅是作为股权凭证的股票，而股票所代表的股权财产价值需要通过该股权的发行公司实现，故《最高人民法院关于法院能否以公司证券登记结算地为财产所在地获得管辖权问题的复函》（〔2010〕执监字第 16 号）认为，股票所代表的股权财产所在地应当是该股票发行公司的住所地。该函虽是个案答复，但在无相反法律解释的情况下，其他案件可以参照处理。鸿达集团关于以股票的托管地和实际扣划地为连结点确定管辖权的主张，并非法律或司法解释所确认的观点。因此，本案扬州中院参照该复函意见，以发行案涉股票的鸿达股份公司的住所地为被执行的股权财产所在地，并无不当。关于鸿达股份公司的住所地认定问题，鸿达集团主张，依照《民诉法解释》第 3 条的规定，应当以鸿达股份公司的主要办事机构所在地确定住所地。但鸿达集团在本案中并未提供充分证据证明鸿达股份公司主要办事机构所在地在广州。而工商登记资料显示，鸿达股份公司登记的住所地是江苏省扬州市，根据《公司法》以及《公司登记管理条例》（现已失效）的相关规定，公司应当将其主要办事机构所在地登记为住所地，即公司的主要办事机构所在地应当与其工商登记的住所地一致。因此，扬州中院认定鸿达股份公司登记的住所地在扬州，并据此行使执行管辖权，并不违反法律及司法解释的规定。

据此，最高人民法院作出（2017）最高法执监 453 号执行裁定，驳回鸿达集团的申诉请求。

【相关规定】

1.《中华人民共和国民法典》(2020 年 5 月 28 日)

第六十三条　法人以其主要办事机构所在地为住所。依法需要办理法人登记的，应当将主要办事机构所在地登记为住所。

2.《中华人民共和国公司法》(2018 年 10 月 26 日修正)

第十条　公司以其主要办事机构所在地为住所。

3.《中华人民共和国民事诉讼法》(2023 年 9 月 1 日修正)

第二百三十五条　发生法律效力的民事判决、裁定，以及刑事判决、裁定中的财产部分，由第一审人民法院或者与第一审人民法院同级的被执行的财产所在地人民法院执行。

法律规定由人民法院执行的其他法律文书，由被执行人住所地或者被执行的财产所在地人民法院执行。

4.《最高人民法院关于适用〈中华人民共和国民事诉讼法〉的解释》(2022 年 4 月 1 日修正，法释〔2022〕11 号)

第三条　公民的住所地是指公民的户籍所在地，法人或者其他组织的住所地是指法人或者其他组织的主要办事机构所在地。

法人或者其他组织的主要办事机构所在地不能确定的，法人或者其他组织的注册地或者登记地为住所地。

5.《最高人民法院关于适用〈中华人民共和国民事诉讼法〉执行程序若干问题的解释》(2020 年 12 月 29 日修正)

第一条　申请执行人向被执行的财产所在地人民法院申请执行的，应当提供该人民法院辖区有可供执行财产的证明材料。

第二条　对两个以上人民法院都有管辖权的执行案件，人民法院在立案前发现其他有管辖权的人民法院已经立案的，不得重复立案。

立案后发现其他有管辖权的人民法院已经立案的，应当撤销案件；已经采取执行措施的，应当将控制的财产交先立案的执行法院处理。

第三条 人民法院受理执行申请后，当事人对管辖权有异议的，应当自收到执行通知书之日起十日内提出。

人民法院对当事人提出的异议，应当审查。异议成立的，应当撤销执行案件，并告知当事人向有管辖权的人民法院申请执行；异议不成立的，裁定驳回。当事人对裁定不服的，可以向上一级人民法院申请复议。

管辖权异议审查和复议期间，不停止执行。

6.《**最高人民法院执行局关于法院能否以公司证券登记结算地为财产所在地获得管辖权问题的复函**》（2010 年 7 月 15 日，〔2010〕执监字第 16 号）

广东省高级人民法院：

……本院认为，证券登记结算机构是为证券交易提供集中登记、存管与结算服务的机构，但证券登记结算机构存管的仅是股权凭证，不能将股权凭证所在地视为股权所在地。由于股权与其发行公司具有最密切的联系，因此，应当将股权的发行公司住所地认定为该类财产所在地。深圳中院将证券登记结算机构所在地认定为上市公司的财产所在地予以立案执行不当。

……

第四条 人民法院可以冻结下列资料或者信息之一载明的属于被执行人的股权：

（一）股权所在公司的章程、股东名册等资料；

（二）公司登记机关的登记、备案信息；

（三）国家企业信用信息公示系统的公示信息。

案外人基于实体权利对被冻结股权提出排除执行异议的，人民法院应当依照民事诉讼法第二百二十七条的规定进行审查。

【条文主旨】

本条是关于执行法院冻结股权时对于股权归属的形式判断标准以及案外人救济途径的规定。

【理解与适用】

在金钱债权执行过程中，与对不动产、动产等有体物的执行程序类似，人民法院对股权的强制执行一般也要经过从采取查封、扣押、冻结等控制性措施，到司法拍卖、变卖等变价措施，再到股权交付和变更登记，最后进行价款分配，各阶段应环环相扣、持续不间断地进行。本解释也基本上是按照上述程序步骤来对股权执行中的一系列复杂疑难问题进行具体阐明。其中第 4 条到第 9 条即主要针对股权冻结规则不明确的问题，规定了冻结的权属判断标准、操作程序、生效时间、法律效力等。本条首先要解决的便是执行法院在对某项特定股权采取冻结措施时，应如何判断其是否属于被执行人，案外人不服时又应通过何种途径救济。

根据民事强制执行理论，人民法院在执行程序中查封、冻结被执行人财产时，通常会遵循"权利外观"判断权属，即根据某种易于观察、与真实权利状态高概率一致的事实去判断执行标的权属，以便满足执行程序的效率要求，并避免损害案外人的合法利益，此即所谓执行查控中的形式审查规则或表面证据规则。一般来讲，动产以占有为权利外观，不动产以登记为权利外观，其权属较为容易判断。只要动产为被执行人占有，或者不动产登记在被执行人名下，执行法院即可以查封。但是，从公司法等法律规定来看，股权的权利外观比较多元，包括股东名册、公司章程、公司登记机关登记信息以及国家企业信用信息公示系统公示信息等，依据何种标准冻结股权，实践中争议较大。因为不同的解释路径对人民法院可以冻结股权的范围以及冻结措施是否违法、案外人应适用哪种救济途径、法院是否应承担国家赔偿责任等都有实质性影响，在司法解释中确有必要予以明确。

一、冻结股权时对股权归属判断标准的争议观点

执行法院可以冻结的股权必须是被执行人的财产，执行法院在实施冻结时首先面临的一个问题，是如何判断某项股权是否属于被执行人。在司法解释起草过程中，对该问题存在一定争议，大致有三种观点。

（一）仅以外部登记为标准的狭义说

该观点认为执行法院仅能冻结公司登记机关的登记及备案信息或国家企业信用信息公示系统的公示信息中显示在被执行人名下的股权，股权所在公司章程、股东名册等资料均非可以冻结的外观依据。对此，相关司法解释或规范性文件已经作出了明确规定。如《查扣冻规定》第2条第1款规定，人民法院可以查封、扣押、冻结被执行人占有的动产、登记在被执行人名下的不动产、特定动产及其他财

产权。股权作为财产权的一种，原则上应当适用上述规则。此外《执行异议和复议规定》第 25 条第 4 项更是明确规定，在案外人异议中，股权应按照工商行政管理机关的登记和企业信用信息公示系统公示的信息判断其是否系权利人。主要理由：首先，根据商法公示主义与外观主义原则，公司的工商登记对社会具有公示公信效力，善意第三人有权信赖公司登记机关的登记文件，执行法官也应当以工商登记表现的权利外观作出股权权属的判断。其次，股东名册是公司的内部文件，其公示性弱于工商登记，在与工商登记不一致时，应当优先依据工商登记形成的权利表象。因此，在股权强制执行中，对有限责任公司股权的权利判断首先以工商登记为依据。① 本条虽然系对案外人异议程序中权属判断标准的规定，但案外人异议仍然遵循以形式审查为原则、实质审查为例外的审查规则，且"举重以明轻"，执行实施机构冻结时更应遵循该标准。

（二）以外部登记加内部记载为标准的广义说

该观点认为对股权所在公司的章程和股东名册等资料、公司登记机关的登记及备案信息、国家企业信用信息公示系统的公示信息等资料或者信息之一载明属于被执行人的股权，执行法院均可以进行冻结。主要理由：根据《公司法》第 32 条第 2 款关于"记载于股东名册的股东，可以依股东名册主张行使股东权利"及第 102 条第 4 款关于"无记名股票持有人出席股东大会会议的，应当于会议召开五日前至股东大会闭会时将股票交存于公司"等规定，无论有限责任公司还是股份公司的股权，均不采用登记生效主义，股东可以依据股东名册、公司章程或者股票等行使股东权利。换言之，在公司登记机关的登记之外，还存在其他可以用来判断股权权属的书面材料。将公司章程或股东名册也作为冻结依据，既符合《公司法》等实体法的规定，

---

① 江必新、刘贵祥主编：《最高人民法院关于人民法院办理执行异议和复议案件若干问题规定理解与适用》，人民法院出版社 2015 年版，第 361 页。

也有利于扩大可以执行的股权的范围，防止被执行人通过虚假转让股权或拖延办理股权变更登记等方式恶意规避执行，更有力地保障申请执行人的胜诉权益，提高执行效率。此外，《规范执行与协助执行通知》第 10 条更明确地规定，人民法院对从工商行政管理机关业务系统、企业信用信息公示系统以及公司章程中查明属于被执行人名下的股权、其他投资权益，可以冻结。可见该观点系人民法院与工商行政管理部门形成的共识，并符合目前的实践操作规程。

（三）在广义说基础上设置例外情形的折中说

该观点认为可以依据上述四种权利外观中的任意一种冻结股权，但冻结时应结合公示或登记系统来看，如发现拟冻结的股权在公示系统或登记系统中已由被执行人变更给他人的，不得冻结。具体而言，公司登记机关的登记信息或者国家企业信用信息公示系统的公示信息载明被执行人持有的股权，执行法院可以冻结。公示信息载明被执行人持有股权，但登记信息显示该股权已经由被执行人变更给他人的，或者登记信息载明被执行人持有股权，但公示信息显示该股权已经由被执行人变更给他人的，执行法院不得冻结。对公司章程、股东名册或者出资证明书载明被执行人持有的股权，执行法院可以冻结，但公示信息或者登记信息显示该股权已经由被执行人变更给他人的，执行法院不得冻结。主要理由：根据《公司法》第 32 条第 3 款关于"公司应当将股东的姓名或者名称向公司登记机关登记；登记事项发生变更的，应当办理变更登记。未经登记或者变更登记的，不得对抗第三人"的规定，股权的变更登记或相关信息的公示有对外公示作用，股权转让已登记或公示的，即使尚未在股东名册或公司章程中进行变更，也可以对抗申请执行人。设置该项例外可以防止被执行人已经对外转让的股权被无故冻结，保护善意受让人的合法权益。

二、冻结股权的多元化判断标准及主要理由

根据现行法律、司法解释的规定，股东资格的证明文件或公示信

息具有多样性，股权的外部表征形式也具有多元性，而每一类文件或信息又具有不同的法律效力，且实践中股东实际出资或受让股权的事实、股东名册记载、公司登记机关登记三者不一致，从而导致公司事实股东与登记股东、股东名册等记载的股东与外部登记的股东不一致的问题也比较突出，这引发了在股东资格确认纠纷中究竟应以何者为标准、采取唯一标准还是多个标准的争议。该争议延伸到股权执行领域即形成以上三种观点，且都有一定的理由和依据。经充分调研，本条选择了第二种方案即"广义说"，主要是其既不违反《公司法》等实体法的规定，也符合执行程序自身的规律和特点，又通过程序设计尽可能在申请执行人、被执行人和案外人三者之间达成利益平衡。具体理由包括以下几点。

（一）从《公司法》及相关司法解释等实体法规定的角度

首先，根据《公司法》第 32 条第 2 款的规定，股东名册在处理各股东关系上具有确定的效力，即记载于股东名册的股东，才可以依股东名册的记载主张行使股东权利。[1] 从域外立法例来看，英国、美国等国家和地区均认为股东名册具有认定股东资格的法律效力。故将股东名册之记载作为股权变动的标准在理论上是可行的。而且股东名册之记载也具有外在表征性和客观性，适宜成为股权转让所需的形式要件。[2] 有基于此，《全国法院民商事审判工作会议纪要》第 8 条明确规定："当事人之间转让有限责任公司股权，受让人以其姓名或者名称已记载于股东名册为由主张其已经取得股权的，人民法院依法予以支持，但法律、行政法规规定应当办理批准手续生效的股权转让除外。"所以，股东名册以及同样记载股东身份信息的公司章程也是被执行人享有股权的权利外观，执行法院可以据此冻结。

---

① 安建主编：《中华人民共和国公司法释义》，法律出版社 2005 年版，第 60 页。

② 刘贵祥：《从公司诉讼视角对公司法修改的几点思考》，载《中国政法大学学报》2022 年第 5 期。

其次，从《公司法》第 31 条、第 32 条、第 73 条的相关规定来看，有限责任公司股权采登记对抗主义，向公司登记机关登记并非股东取得股权的生效要件。对于适用本解释的股份有限公司而言，虽然《市场主体登记管理条例》规定公司应当将发起人的姓名或名称向公司登记机关登记，但从《公司法》第 130 条、第 139 条、第 140 条的规定来看，股东取得股份有限公司的股权也不以外部登记为生效要件，执行法院可以依照公司章程、股东名册、股票等相关资料冻结被执行人在股份有限公司的股权。

最后，依照《公司法》第 32 条第 3 款、《全国法院民商事审判工作会议纪要》第 8 条和《企业信息公示暂行条例》第 10 条第 1 款规定，公司应当将股权情况向公司登记机关登记，公司、公司登记机关也应当将股权情况通过企业信用信息公示系统进行公示，否则不能对抗善意相对人。工商登记不仅是公司取得法人主体资格、获得营业资格的前提，也是确认股东资格的最重要程序，且是唯一具有对外效力、亦即具有能够对抗所有第三人的效力的程序。由于国家公权力的介入，使得工商登记这种公示方式具有了公信的效力，也为任何第三人包括执行法院查询和知悉权利状况提供了有效途径。[①] 执行法院当然可以据此冻结。

（二）从强制执行程序基本理念和运行机制的角度

首先，由于执行程序的目的在于实现生效法律文书确定的权利义务，而非对双方当事人之间的实体法律关系再进行审查判断，因此对效率有更高的追求，贵在迅速、及时。基于此不能要求执行法院先调查核实清楚财产权属再实施查封行为，这样很容易造成执行拖延。所以查封时判断财产权属的标准与民事确权时的标准是不同的，这个标准是明确的、外在的、容易把握和具可操作性的，只能根据表面证据

---

① 参见刘凯湘：《股东资格认定规则的反思与重构》，载《国家检察官学院学报》2019 年第 1 期。

进行判断。① 如上所述，股权与不动产、动产等有体物不同，存在多个权利外观，在对股权归属或者股东资格产生纠纷时应通过诉讼或仲裁程序解决，但在执行程序中无须进行实质审查，只需以多个权利外观中的一种为依据进行冻结即可，如此"一网打尽"方能提高执行效率，防止给被执行人转移股权规避执行造成可乘之机，充分保障申请执行人合法权益。

其次，遵循执行查控时的财产权属判断规则极为重要。一方面，可以防止对该查控的财产不查控，以做到应执尽执，确保有条件的胜诉债权得到实现。另一方面，可以防止任意查控案外人财产，以确保公民和法人的财产权不受侵害。② 本条确立了冻结股权时多元化的权属判断标准，一方面扩大了可以冻结的股权范围，真正做到了应冻尽冻；另一方面则严格遵守权利外观主义和表面证据规则，考虑到不管是公司内部股东名册、公司章程的记载，还是公司外部登记机关登记或公示的信息，均在不同层面、不同阶段彰显着被执行人享有股权的全部或部分权能，可被推定为股权的持有人，且即使内部记载和外部登记不一致，也往往系案外人与被执行人自身原因导致，对其冻结就不会构成违法损害案外人权益的情形。当然，若尚无任何权利外观，如仅有被执行人向公司的出资协议、增资协议，或者被执行人与登记股东签订的股权转让协议，均不符合本条规定的要件，不宜作为股权进行冻结，否则容易过度损害案外人的权益。

最后，较有争议的是能否以被执行人系实际出资人为由直接冻结名义出资人名下股权。在本解释起草过程中，有一种观点认为虽然登记公示信息及股东名册均未载明被执行人持有股权，但是申请执行人提交证据证明或者依据申请执行人提供的线索查明被执行人系案外人

---

① 王飞鸿：《〈关于人民法院民事执行中查封、扣押、冻结财产的规定〉的理解与适用》，载《人民司法》2004 年第 12 期。

② 禹明逸、雷运龙：《执行查控时的财产权属判断规则》，载《执行法院报》2018 年 4 月 11 日，第 8 版。

名下股权的实际出资人，执行法院可以对案外人名下股权予以冻结。在调研过程中，大部分观点认为这并不符合《公司法解释（三）》第24条的规定，也不符合财产查控的形式审查规则与审执分离原则，故最终否认了上述观点。当然，对于实际出资人享有的权益以及投资收益等能否以债权执行或者信托权益执行的方式予以查控，值得进一步探讨。

（三）从各方当事人利益平衡的角度

首先，在肯定多元化的权属判断标准后，执行法院根据任一权利外观进行冻结均不属于违法的执行行为，案外人认为法院错误冻结的，不能作为利害关系人根据《民事诉讼法》第236条提出执行行为异议。但其认为被冻结股权归其所有的，属于主张排除执行的实体权利，可根据《民事诉讼法》第238条在股权执行终结前提出案外人异议及案外人异议之诉，以排除执行并解除股权冻结。为此本条第2款即明确指引了案外人的救济途径，以此构建了扩大股权冻结范围的同时辅之以案外人异议救济的程序机制，来平衡申请执行人和案外人的利益。

其次，上述"折中说"虽然也立足于利益平衡，将股权内部记载与外部登记，或外部登记与公示信息不一致的部分情形排除在可以冻结的范围之外，防止损害善意受让人的利益，但其缺点是一旦确立这种规则后，被执行人可能会在法院冻结前，通过公示或登记系统，尤其是公示系统虚假对外转让股权。两权相较取其重，为更有力保障申请执行人利益，本条亦未采取该观点，但受让人可通过案外人异议程序获得救济。当然，需要注意的是，本条第1款规定的是"人民法院可以冻结下列资料或者信息之一载明的属于被执行人的股权"而非"应当"，故执行法院并非没有任何自由裁量权，若有充分且确切的证据证明特定股权已经转让，或者申请执行人对此认可，也可以不进行冻结，以更好平衡各方利益。

最后，本条不允许执行法院冻结没有任何权利外观的股权，主要是为了防止损害案外人合法权益，但如果案外人同意法院冻结或相关生效法律文书等能够证明特定股权归属于被执行人，则法院也可以冻结。对此，根据体系解释和目的解释，本条规定并不排除《查扣冻规定》第2条第3款关于"对于第三人占有的动产或者登记在第三人名下的不动产、特定动产及其他财产权，第三人书面确认该财产属于被执行人的，人民法院可以查封、扣押、冻结"规定的适用，当然在股权冻结中的"第三人"应包括登记或公示股东以及股东名册等记载的股东，典型情形是第三人将股权转让给被执行人，尚未变更股东名册及工商登记的，但该第三人书面确认其已属于被执行人，则可以冻结。另外，参照《民法典》第229条"因人民法院、仲裁机构的法律文书或者人民政府的征收决定等，导致物权设立、变更、转让或者消灭的，自法律文书或者征收决定等生效时发生效力"以及《最高人民法院关于适用〈中华人民共和国民法典〉物权编的解释（一）》第7条的规定，执行法院、仲裁机构在分割股权案件中作出的改变原有股权关系的形成性判决书、裁决书、调解书，以及执行法院在执行程序中作出的股权拍卖成交裁定书、变卖成交裁定书、以股抵债裁定书等，无须公示即发生股权变动的效力，亦可作为股权冻结的依据之一。

三、股权冻结后可能产生的权利冲突及解决路径的初步探讨

确立冻结股权的多元化判断标准后，虽然有利于统一执行法院的操作流程，扩大可以冻结的股权范围，但确实后续可能引发更多的案外人异议和案外人异议之诉，尤其是在对确认股东资格及股权归属的实体法标准并不十分明确、股权变动规则较为模糊、公司内部记载与外部工商登记时常发生冲突的情况下，更是增加了确定查控标准与后续实体裁判的复杂性。现主要以有限责任公司的股权为例，结合实践中可能出现的典型情形，就相关权利冲突及解决路径作一类型化的初

步探讨。

（一）被执行人原始取得股权的情形

根据《公司法解释（三）》第 22 条的规定，当事人可通过依法向公司出资或者认缴出资，以及依法受让或者以其他形式继受他人股权两种方式取得股权，其中前者为原始取得，后者为继受取得。在原始取得的情形下，如果被执行人签署了出资协议，实际上也履行完毕了出资义务，但股东名册或公司章程中没有记载其股东身份，在工商登记或公示系统中也未有相关股东信息的，则执行法院原则上不能径行冻结，这是财产查控应遵循形式审查规则以及审执分离原则所决定的，即执行法院无权也无须审查判断股东取得股东资格基础法关系的真实性与合法性。只有在被执行人提起或申请执行人代位提起股东资格确认之诉并胜诉后，才能作为股权进行执行。

（二）被执行人继受取得股权的情形

股权的继受取得，主要是指因转让、继承、合并而取得公司股份，其中以受让股权为典型形态。大致分为四种情形：一是被执行人已与转让人签订股权转让协议，且已记载于股东名册但尚未在公司登记机关进行变更登记。本解释起草过程中，曾有一种观点认为这种情形下只有有证据证明被执行人已实际行使股东权利的，执行法院才可以对案外人名下股权予以冻结。本条则取消了实际行使股权的限制，即只要被执行人已记载于股东名册即可冻结。至于转让人提出案外人异议或异议之诉的，似应依据其理由具体判断。如转让人仅以工商登记未变更为由请求排除执行的，原则上不予支持；但是若其已另诉股权转让协议无效或应当解除，且另案生效裁判已判决返还股权的，则参照《全国法院民商事审判工作会议纪要》第 124 条第 2 款的规定，在转让人已经返还价款的情况下，可以排除执行。二是被执行人已与转让人签订股权转让协议，并已进行变更登记但尚未在股东名册记载。执行法院可根据登记信息进行冻结，案外人提出异议的，亦应适用上述同样的规则。三是执行人已与转让人签订股权转让协议，内部记载和外部变更登记均已完成的，当然可以冻结，转让人亦只能以合同无效或已解除为由提出案外人异议。四是执行人已与转让人签订股权转让协议，但内部记载和外部变更登记均未完成的，此时缺乏明确的权利外观，法院不能直接冻结。但根据《公司法解释（三）》第23条的规定，这种情形下当事人可以请求公司履行签发出资证明书、记载于股东名册并办理公司登记机关登记的义务，故申请执行人可通过代位诉讼或对到期债权执行的方式实现自身权益。

实践中还有一种特殊情形是"一股二卖"，即转让人将同一股权先后转让给被执行人和第三人，又可根据各方是否签订书面的股权转让协议、有无记载在股东名册、是否变更登记或公示、是否支付转让价款以及相互间的先后顺序等区分为多种复杂的情形。根据本条规定，仍然是被执行人只要有任一权利外观即可冻结，另一受让人提出案外人异议时，一般要根据工商登记与股东名册的各自效力、对抗范围以及申请执行人是否有值得保护的信赖利益、是否存在恶意规避执行等多种因素，综合判断权利的优先次序及能否排除执行。

（三）被执行人转让股权的情形

被执行人转让股权也大致分为四种情形：

一是被执行人与受让人签订股权转让协议后已完成内部记载与外部工商登记的变更，执行法院一般无权冻结。申请执行人认为被执行人有低价转让等恶意规避执行行为的，可通过提起撤销权诉讼等实现权益。

二是内部记载与外部登记均未完成变更手续，执行法院当然冻结，案外人提出异议的，根据《全国法院民商事审判工作会议纪要》第8条的规定，股权转让协议虽然生效，但这不会使受让人自动取得股权，还至少需要完成股东名册的变更，故受让人仅取得了请求转让人或公司变更股东名册及工商登记的债权，一般不能排除执行。

三是已完成工商变更登记，但尚未变更内部记载，执行法院可以冻结，但案外人提出异议的，考虑到工商登记的公示和对抗效力较强，若不存在恶意转让规避执行的情形，且已支付全部转让款或将剩余转让款交给法院的，我们倾向于可排除执行。

四是签订转让协议后已完成股东名册等内部记载的变更，但尚未进行工商变更登记，虽然执行法院可以根据登记或公示信息冻结，但当受让人提出异议时应如何处理，在司法解释过程也多次讨论，并在相关条文中曾规定，同时符合下列条件的，执行法院应予支持：（1）案外人与被执行人在股权冻结前已签订合法有效的股权转让协议；（2）案外人提交公司章程、股东名册、出资证明书或者其他相关资料，证明其在冻结前已经获得股东资格或者实际行使股东权利；（3）提起异议前，案外人已按照协议约定交付了全部股权转让价款，或者已按照协议约定支付部分价款且将剩余价款按照执行法院的要求交付执行；（4）案外人提交证据证明未办理股权变更登记非因其自身原因造成。当然也有不同观点认为，未经登记的股权受让人不能对抗包括对该股权具有强制执行利益的申请执行人在内的善意第三人，"物权期待权"或"股权期待权"理论应慎重对待。另有观点认为，在受让股东已及时督促公司申请办理变更股权登记，债权人也是依法申请冻结股权的情况下，既不能简单地以没有登记不能对抗，也不能机械地以物权高于债权为由，推导出未办理登记的股权优先于扣押债权，正确的做法应当是全面精细化的具体考察。[①] 因目前最高人民法院正在起草专门的案外人异议之诉司法解释，故本解释未对此作出规定。在现行规范背景下，我们倾向于认为可适用《查扣冻规定》第15条关于"被执行人将其所有的需要办理过户登记的财产出卖给第三人，第三人已经支付部分或者全部价款并实际占有该财产，但尚未办理产权过户登记手续的，人民法院可以查封、扣押、冻结；第三人已经支付全部价款并实际占有，但未办理过户登记手续的，如果第三人对此没有过错，人民法院不得查封、扣押、冻结"的规定进行审

---

① 陈克：《论股权冻结与变更登记冲突诸问题》，载《法律适用》2021年第6期。

查处理。

以上仅是对实践中可能出现的一些典型的权利冲突形态进行了初步梳理和探讨，因股权权利表征的多样性，还可能出现更复杂的局面，如公司章程与股东名册不一致，工商登记与公示信息不一致，或相互不一致，这导致法院在审判执行中适用法律和平衡利益更加困难。因此应该在立法论上正本清源，趁目前正在修改《公司法》的契机，强化股权内部记载与外部登记的统一，将有限公司股东名册作为登记事项，将《公司法》第 32 条第 3 款的登记明确为股东名册登记，未经登记的，不得对抗善意相对人。①同时建议进一步明确对抗的效力范围，比如该善意相对人是否包括已冻结股权的申请执行人等。

【实践中应注意的问题】

1. 冻结股权时权属判断标准的多元化决定了执行法院可以采取多种方式调查被执行人的股权情况，具体包括通过企业信用信息公示系统查询被执行人所在公司相关公示信息；向公司登记机关查询被执行人所在公司相关登记信息；要求被执行人所在公司提供股东名册、公司章程及企业资产状况等相关资料；法律、司法解释规定的其他财产调查方式等。被执行人、股权所在公司以及公司登记机关等都有协助和配合调查的义务，否则应承担相应责任。

2. 本条第 1 款第 1 项中强调"股权所在公司的章程、股东名册等资料"，其中的"等"应具有兜底作用，即实践中并不限于公司章程和股东名册两种权利外观，如根据《公司法》第 31 条，有限责任公司成立后，应当向股东签发出资证明书，出资证明书应载明股东的姓名或者名称、缴纳的出资额和出资日期等；第 73 条规定，原股东依

---

① 刘贵祥：《从公司诉讼视角对公司法修改的几点思考》，载《中国政法大学学报》2022年第 5 期。

照《公司法》第71条、第72条转让股权后，公司应当注销其出资证明书，向新股东签发出资证明书，并相应修改公司章程和股东名册中有关股东及其出资额的记载。故执行法院也可在个案中根据实际情况以出资证明书为依据进行冻结。另外，股份有限公司发行的记名或无记名股票，或者在相关法定托管机构的登记等，也可根据个案情况作为冻结依据。

3. 根据本条规定，股权所在公司的章程、股东名册等资料记载股东为被执行人时，即使与公示系统显示的内容不符，执行法院仍然可以进行冻结。但问题是本解释第6条还规定，"股权冻结自在公示系统公示时发生法律效力"，如此在公示系统未显示被执行人为股东的情况下，实践中能否以及如何在公示系统进行冻结操作？对此，在本解释制定过程中，起草人曾与工商行政管理机关专门就此问题进行过沟通，后者表示只要执行法院依法定程序送达冻结裁定及协助执行通知书等，即使被执行人未在其公示系统中登记，也不影响其对相应的股权冻结信息进行公示，这就为本条与第6条协调一致，以及以在公示系统登记作为股权冻结生效的唯一标准提供了实践依据。

4. 执行法院依据本条第1款规定的任一权利外观冻结股权的，一般不属于违法或错误的执行行为，即使案外人提出异议后获得支持并解除冻结，根据《最高人民法院关于审理涉执行司法赔偿案件适用法律若干问题的解释》第8条第3项的规定，属于根据依法认定的基本事实作出的执行行为，不承担国家赔偿责任。

【相关案例】

庹某1与刘某2等案外人异议之诉纠纷案[①]

龙腾小贷公司注册资本为1亿元，验资报告显示邓某某出资1900

[①] 参见最高人民法院（2019）最高法民再46号民事判决书。

万元。2011 年 3 月 6 日龙腾小贷公司作出股东会决议，新增刘某 1 等 13 人为股东，新增注册资本 1 亿元，验资报告显示邓某某新增资本 500 万元，核准登记时间为 2014 年 5 月 16 日。2013 年 7 月 8 日，刘某 2、李某 1、李某 2 与邓某某、张某某民间借贷纠纷一案，四川省成都市中级人民法院（以下简称成都中院）作出（2013）成民保字第 274 号民事裁定，冻结被执行人邓某某持有的龙腾小贷公司 12% 的股份。四川省高级人民法院作出的（2014）川民终字第 392 号民事调解书生效后，因邓某某、张某某未履行调解协议约定的还款义务，刘某 2、李某 1、李某 2 申请执行。执行过程中，成都中院于 2015 年 6 月 10 日作出（2014）成执字第1328-1 号执行裁定：续冻邓某某所有的龙腾小贷公司 12% 的股份至 2018 年 7 月 6 日，裁定作出后向工商登记机关送达了协助执行通知书。2013 年 7 月 10 日，庹某 1 向成都仲裁委员会提出仲裁申请，该仲裁委于 2013 年 9 月 27 日作出（2013）成仲裁字第 239 号裁决书，认定两份案涉《代为持股协议》合法有效，裁决邓某某所持有的龙腾小贷公司 2100 股（占龙腾小贷公司股份总额 10.5%）股份属庹某 1 所有。后庹某 1 对成都中院（2014）成执字第 1328 号执行案件中冻结邓某某所有的龙腾小贷公司 10.5% 的股份提出异议，成都中院作出（2015）成执异字第 227 号执行裁定书，裁定驳回庹某 1 的异议。庹某 1 提起案外人异议之诉，一、二审法院均判决驳回其诉讼请求，其不服向最高人民法院申请再审。

最高人民法院认为，从本案认定的事实来看，庹某 1 与邓某某签订了两份《代为持股协议》，邓某某持有的龙腾小贷公司 10.5% 股份对应的 2100 万元出资款是由庹某 1 的父亲庹某 2 或者庹某 2 直接或间接持股的华伟公司、福林公司代庹某 1 出资，登记在邓某某名下的股份对应的分红权益均由庹某 1 的父亲庹某 2 代为收取，邓某某并未实际享有案涉股份分红的权益，因此，可以认定庹某 1 与邓某某之间形成了股份代持关系。

对于庹某 1 与邓某某之间形成了股份代持关系，以及庹某 1 对于邓某某所代持的案涉股份享有何种权益，成都仲裁委员会基于 2013 年 7 月 10 日庹某 1 提出的仲裁申请，于 2013 年 9 月 27 日作出（2013）成仲裁字第 239 号裁决书，裁决邓某某所持有的龙腾小贷公司 2100 股（占龙腾小贷公司股份总额 10.5%）股份属庹某 1 所有。但从案涉股份被采取强制执行的时间来看，庹某 1 所欲排除的强制执行系依据（2014）川民终字第 392 号民事调解书而为，该强制执行中的保全措施源自该案一审中法院采取的诉讼保全，即该案一审法院于 2013 年 7 月 8 日作出的（2013）成民保字第 274 号民事裁定，冻结被执行人邓某某持有的龙腾小贷公司 12% 的股份。根据 2004 年《查扣冻规定》第 4 条"诉讼前、诉讼中及仲裁中采取财产保全措施的，进入执行程序后，自动转为执行中的查封、扣押、冻结措施，并适用本规定第二十九条关于查封、扣押、冻结期限的规定"之规定，案涉股份被采取强制执行措施的时间应认定为 2013 年 7 月 8 日。这一时间早于庹某 1 提出仲裁申请以及仲裁裁决作出的时间。《执行异议和复议规定》第 26 条第 2 款规定："金钱债权执行中，案外人依据执行标的被查封、扣押、冻结后作出的另案生效法律文书提出排除执行异议的，人民法院不予支持。"故（2013）成仲裁字第 239 号裁决书虽然对案涉股份的权属作出了裁决，但并不能因此而当然排除对案涉股份的强制执行。而对庹某 1 就案涉股份是否享有足以排除强制执行的民事权益的评判，实际上涉及的是对作为邓某某债权人的刘某 2、李某 1、李某 2 的民事权益与作为邓某某所代持股份实际出资人的庹某 1 的民事权益在案涉强制执行程序中何者更应优先保护的问题，对此，尚需综合相关法律规范对于股份代持关系的规定以及相关当事人权利的形成时间、股份登记名义人与实际权利人相分离的原因乃至于法律对于市场秩序的价值追求等因素加以考量。

首先，从实际出资人与名义股东之间的股份代持法律关系来看，股份代持关系本质上是实际出资人和名义股东之间的债权债务关系，从合同相对性原则出发，代持协议仅在实际出资人和名义股东之间发生债权请求权的效力，对合同当事人以外的第三人不产生效力。对于实际出资人与名义股东之间的内部关系，《公司法解释（三）》（2014年修正）第24条规定："有限责任公司的实际出资人与名义出资人订立合同，约定由实际出资人出资并享有投资权益，以名义出资人为名义股东，实际出资人与名义股东对该合同效力发生争议的，如无合同法第五十二条规定的情形，人民法院应当认定该合同有效。前款规定的实际出资人与名义股东因投资权益的归属发生争议，实际出资人以其实际履行了出资义务为由向名义股东主张权利的，人民法院应予支持。名义股东以公司股东名册记载、公司登记机关登记为由否认实际出资人权利的，人民法院不予支持。实际出资人未经公司其他股东半数以上同意，请求公司变更股东、签发出资证明书、记载于股东名册、记载于公司章程并办理公司登记机关登记的，人民法院不予支持。"上述条款在有限责任公司领域承认了股权代持的法律效力。对于代持协议的外部关系，《公司法》第32条第3款规定，公司应当将股东的姓名或者名称向公司登记机关登记；登记事项发生变更的，应当办理变更登记。未经登记或者变更登记的，不得对抗第三人。《公司法解释（三）》（2014年修正）第26条第1款规定："公司债权人以登记于公司登记机关的股东未履行出资义务为由，请求其对公司债务不能清偿的部分在未出资本息范围内承担补充赔偿责任，股东以其仅为名义股东而非实际出资人为由进行抗辩的，人民法院不予支持。"由上述规定可知，就外部关系而言，名义股东是其名义上所持股权的责任承担者，根据权利义务对等的原则，在名义股东作为被执行人时，同样应当是登记在其名下股权的权利享有者，即登记在其名下的股权应当作为其责任财产而对外承担责任。实际出资人的身份未经登记的，不能对抗公司或名义股东的债权人。上述法律和司法解释规定虽是针对有限责任公司的规定，但考虑到公司登记事项公示的重要性对于有限责任公司而言，较之于股份有限公司更弱，故在股份有限公司的股份代持关系的效力问题上，亦可参照适用上述规定处理。据此，庹某1基于股份代持关系形成的对案涉股份的财产权益，并不能当然对抗名义股东的债权人。

其次，从信赖利益保护角度来看，法定事项一经登记，即产生公信力，登记事项被推定为真实、准确、有效，善意第三人基于对登记的信赖而实施的行为，受到法律保护，即使登记事项不真实、不准确，与第三人的信赖不符，善意第三人也可依照登记簿的记载主张权利。只要第三人的信赖合理，第三人的信赖利益就应当受到法律的优先保护。前述《公司法》第32条第3款的规定体现了在商事领域应遵循的外观主义原则。虽然一般而言，外观主义是为保护交易安全设置的例外规定，一般适用于因合理信赖权利外观或意思表示外观的交易行为，但这并不意味着对交易之外领域适用的绝对排除。尤其是在涉及强制执行程序中对名义权利人所代持的股份进行强制执行时，就更应当注意到申请执行人对于执行标的的信赖利益，并着眼于整个商事交易的安全与效率予以考量。一方面，执行债权人与被执行人发生交易行为时，本身也存在信赖利益的保护问题。因为执行债权人在与被执行人发生交易时，基于对被执行人的总体财产能力进行衡量后与之进行交易，被执行人未履行生效法律文书确定的义务进入执行程序后，被执行人名下的所有财产均是对外承担债务的一般责任财产与总体担保手段。另一方面，即使执行债权形成于股份登记信息公示之前，债权人不是基于股份登记信息与债务人进行交易，在执行阶段，仍存在债权人的信赖利益保护问题。由于法律规定明确否定了超标的查封，申请执行人为实现对某项特定财产的查封，必须放弃对其他财产的查封申请，如果对该查封信赖利益不予保护，不仅对申请执行人有失公允，同时也损害了司法执行机构的信赖利益。因此，在案涉股份的实际出资人与公示的名义股东不符的情况下，不应将善意第三人的保护范围仅限于就特定标的从事交易的第三人，将其扩张到名义股东的执行债权人，具有正当性与合理性。

再次，从案涉股份未登记到实际权利人名下的原因来看，《公司法》第 129 条规定，股份有限公司发起人的股份不能由他人记名。《公司登记管理条例》第 2 条规定："有限责任公司和股份有限公司（以下统称公司）设立、变更、终止，应当依照本条例办理公司登记。申请办理公司登记，申请人应当对申请文件、材料的真实性负责。"第 9 条规定："公司的登记事项包括：……（八）有限责任公司股东或者股份有限公司发起人的姓名或者名称。"第 26 条规定："公司变更登记事项，应当向原公司登记机关申请变更登记。未经变更登记，公司不得擅自改变登记事项。"① 由上可知，股份有限公司的发起人及认购股份数系公司登记机关应当登记的事项之一，且不得由他人记名，在登记后即具有公示公信力。本案中，庹某 1 称公司成立前邓某某作为发起人认购股份 1600 股，但在金融主管部门批复后实际只能出资 300 万元，为了公司的顺利成立，庹某 1 和邓某某才达成代为持股协议。庹某 1 与邓某某约定股份代持的行为显然违反了上述法律、行政法规的规定。而且，邓某某于 2009 年以前即对刘某 2 等人负有 1500 万元的债务，庹某 1 在选择由邓某某代持股份前，疏于对邓某某资信的考察，并在 2011 年继续委托邓某某代为持股 500 股，最终在邓某某不能偿还债务时导致案涉股份被冻结的后果。此外，龙腾小贷公司成立于 2010 年 3 月 1 日，庹某 1 向成都仲裁委员会提出仲裁申请的时间为 2013 年 7 月 10 日。根据双方签订的第一份《代为持股协议》的约定，庹某 1 在龙腾小贷公司成立两年后，有权随时要求将邓某某所代持的股份过户到庹某 1 名下，邓某某须无条件配合。而根据《四川省小额贷款公司管理暂行办法》的相关规定，发起人的股份于公司成立之日起 3 年内不得转让。庹某 1 称其在 2013 年 3 月 1 日后，曾向邓某某催促，让其将股份转让至庹某 1 名下，但邓某某因其

---

① 《公司登记管理条例》第 2 条、第 9 条、第 26 条现分别对应《市场主体登记管理条例》第 3 条、第 8 条、第 24 条。

他事宜耽误，双方未能及时办理。在符合变更登记的情况下，庹某1并未采取仲裁、诉讼等有效措施将相应股份及时变更登记到自己名下，而是在刘某2等人于2013年7月8日提起针对邓某某的民间借贷纠纷案后两天向成都仲裁委申请仲裁，其显然对于放任股份代持状态持续并导致自身财产权益处于风险状态存在重大过失。另外，《四川省小额贷款公司管理暂行办法》第7条规定，单一自然人、企业法人、其他社会组织及其关联方持有的股份，原则上不得超过小额贷款公司注册资本总额的30%。本案中，庹某1的父亲庹某2通过其控股的华伟公司持有龙腾小贷公司29.5%的股份，庹某1则委托邓某某代持10.5%的股份，也不能排除其存在规避监管的意图。因此，案涉股份未能及时变更登记到庹某1名下，其自身亦难逃干系。

最后，从名义股东的债权人和实际出资人的权责与利益分配上衡量，国家设立公司登记制度的原因在于公司的股东、经营状况等信息具有隐蔽性，公众无法知晓，将公司的必要信息通过登记的方式公之于众，有利于保护交易安全、降低交易成本。国家鼓励、引导公司以外的第三人通过登记信息了解公司股东情况和经营情况，对名义股东与实际出资人之间的代持关系，名义股东的债权人却难以知悉，属于其难以预见的风险，不能苛求其尽此查询义务，风险分担上应向保护债权人倾斜，制度以此运行则产生的社会成本更小。而实际出资人的权利享有相应的法律救济机制，即使名义股东代持的股份被法院强制执行，实际出资人依然可以依据其与名义股东之间的股份代持协议的约定，请求名义股东赔偿自己遭受的损失。从风险与利益一致性的角度来看，实际出资人选择隐名，固有其商业利益考虑，既然通过代持关系，获得了这种利益，或其他在显名情况下不能或者无法获得的利益，则其也必须承担因为此种代持关系所带来的固有风险，承担因此可能出现的不利益。因此，由庹某1承担因股份代持产生的相应风险和不利益，更为公平合理。

此外，从法律制度的价值追求及司法政策的价值导向角度来看，代持关系本身不是一种正常的持股关系，与公司登记制度、社会诚信体系等制度相背离，股东之间恣意创造权利外观，导致登记权利人和实际权利人不一致，在给实际出资人提供便利的同时，放任显名股东对外释放资产虚假繁荣信号，给公司的法律关系、登记信息带来混乱，增加社会的整体商业风险和成本，该风险和成本应当由实际出资人自行承担。本案中，庹某 1 并非龙腾小贷公司的发起人，其以股份代持方式获得股东地位，享受股东投资利益，故应当对代持的风险承担相应责任。如果侧重承认和保护实际出资人的权利从而阻却执行，客观上会产生鼓励通过代持股份方式逃避监管、逃避债务的法律效果，原因在于"代持协议"是一种隐蔽关系，代持双方通常具有特殊的身份或利益关系，很容易通过对即将面临的外部风险的判断选择是否以"代持"规避法律风险。因此，认定实际出资人的权利不能排除强制执行，有利于实现法律在商事领域所注重和追求的安全、秩序与效率等价值。故庹某 1 的再审请求不成立，不予支持。

【相关规定】

1.《中华人民共和国公司法》（2018 年 10 月 26 日修正）

第三十一条 有限责任公司成立后，应当向股东签发出资证明书。

出资证明书应当载明下列事项：

（一）公司名称；

（二）公司成立日期；

（三）公司注册资本；

（四）股东的姓名或者名称、缴纳的出资额和出资日期；

（五）出资证明书的编号和核发日期。

出资证明书由公司盖章。

第三十二条 有限责任公司应当置备股东名册，记载下列事项：

（一）股东的姓名或者名称及住所；

（二）股东的出资额；

（三）出资证明书编号。

记载于股东名册的股东，可以依股东名册主张行使股东权利。

公司应当将股东的姓名或者名称向公司登记机关登记；登记事项发生变更的，应当办理变更登记。未经登记或者变更登记的，不得对抗第三人。

第七十三条 依照本法第七十一条、第七十二条转让股权后，公司应当注销原股东的出资证明书，向新股东签发出资证明书，并相应修改公司章程和股东名册中有关股东及其出资额的记载。对公司章程的该项修改不需再由股东会表决。

第八十一条第五项 股份有限公司章程应当载明下列事项：

（五）发起人的姓名或者名称、认购的股份数、出资方式和出资时间。

第一百三十条 公司发行记名股票的，应当置备股东名册，记载下列事项：

（一）股东的姓名或者名称及住所；

（二）各股东所持股份数；

（三）各股东所持股票的编号；

（四）各股东取得股份的日期。

发行无记名股票的，公司应当记载其股票数量、编号及发行日期。

第一百三十九条 记名股票，由股东以背书方式或者法律、行政法规规定的其他方式转让；转让后由公司将受让人的姓名或者名称及住所记载于股东名册。

股东大会召开前二十日内或者公司决定分配股利的基准日前五日内，不得进行前款规定的股东名册的变更登记。但是，法律对上市公司股东名册变更登记另有规定的，从其规定。

第一百四十条 无记名股票的转让，由股东将该股票交付给受让人后即发生转让的效力。

2.《最高人民法院关于人民法院民事执行中查封、扣押、冻结财产的规定》(2020 年 12 月 29 日修正)

第二条 人民法院可以查封、扣押、冻结被执行人占有的动产、登记在被执行人名下的不动产、特定动产及其他财产权。

未登记的建筑物和土地使用权,依据土地使用权的审批文件和其他相关证据确定权属。

对于第三人占有的动产或者登记在第三人名下的不动产、特定动产及其他财产权,第三人书面确认该财产属于被执行人的,人民法院可以查封、扣押、冻结。

3.《最高人民法院关于人民法院办理执行异议和复议案件若干问题的规定》(2020 年 12 月 29 日修正)

第二十五条第一款第四项 对案外人的异议,人民法院应当按照下列标准判断其是否系权利人:

(四)股权按照工商行政管理机关的登记和企业信用信息公示系统公示的信息判断。

4.《最高人民法院、国家工商总局关于加强信息合作规范执行与协助执行的通知》(2014 年 10 月 10 日,法〔2014〕251 号)

10.人民法院对从工商行政管理机关业务系统、企业信用信息公示系统以及公司章程中查明属于被执行人名下的股权、其他投资权益,可以冻结。

第五条　人民法院冻结被执行人的股权，以其价额足以清偿生效法律文书确定的债权额及执行费用为限，不得明显超标的额冻结。股权价额无法确定的，可以根据申请执行人申请冻结的比例或者数量进行冻结。

被执行人认为冻结明显超标的额的，可以依照民事诉讼法第二百二十五条的规定提出书面异议，并附证明股权等查封、扣押、冻结财产价额的证据材料。人民法院审查后裁定异议成立的，应当自裁定生效之日起七日内解除对明显超标的额部分的冻结。

【条文主旨】

本条是关于禁止明显超标的额冻结股权的规定。

【理解与适用】

禁止明显超标的额冻结是依法规范执行和善意文明执行的重要体现，[①] 在股权执行中亦应得到贯彻。

一、禁止明显超标的额冻结

《民事诉讼法》第 253 条第 1 款和第 255 条第 1 款规定，被执

---

① "善意文明执行的底线是严禁超标的查封、乱查封。"本报评论员：《强化善意文明执行 严禁超标的查封、乱查封》，载《人民法院报》2020 年 1 月 24 日，第 1 版。

人未按执行通知履行法律文书确定的义务，人民法院查询、扣押、冻结、划拨、变价的财产限于被执行人应当履行义务部分的财产，不得超出被执行人应当履行义务的范围。这是我国禁止超标的额冻结的法律依据，[①] 禁止超标的额冻结，一方面旨在保护被执行人的合法权益，另一方面也是规范和约束人民法院的执行权。但在金钱债权执行中，由于除银行存款等资金以外的财产需要变价后才能用于清偿被执行人的债务，而变价程序涉及参考价的确定、依照参考价打折确定第一次拍卖保留价以及流拍后再次打折确定第二次拍卖保留价等，在冻结时要求严格意义上仅限于被执行人应当履行义务部分的财产不具有可操作性。除执行依据确定的债务外，被执行人还需要承担执行申请费、[②] 网络询价费、委托评估费、[③] 拍卖辅助费[④] 以及被执行人在财产变价过程中应当承担的税款等执行费用。[⑤] 因此，《查扣冻规定》第 19 条第 1 款规定："查封、扣押、冻结被执行人的财产，以其价额足以清偿法律文书确定的债权额及执行费用为限，不得明显超标的额查封、扣押、冻结。"据此，准确、全面理解禁止超标的额冻结需要注意以下两个方面：其一，标的额是指执行依据确定的债权额与由被执行人承担的执行费用之和；其二，超标的额冻结并非一律违法，只有当冻结

---

① 禁止超标的查封也是域外民事强制执行制度中的通行规则，如《德国民事诉讼法典》第 803 条第 1 款、《日本民事执行法》第 128 条第 1 款都作了类似的规定。

② 依照《诉讼费用交纳办法》第 20 条第 2 款和《最高人民法院关于适用〈诉讼费用交纳办法〉的通知》第 4 条规定，执行申请费执行后交纳，由人民法院在执行生效法律文书确定的内容之外直接向被执行人收取。

③ 《确定财产处置参考价规定》第 33 条第 1 款规定："网络询价费及委托评估费由申请执行人先行垫付，由被执行人负担。"

④ 《网拍规定》第 7 条第 2 款规定："社会机构或者组织承担网络司法拍卖辅助工作所支出的必要费用由被执行人承担。"

⑤ 变价所产生的税款在本质上属于执行费用，应当与评估费用、拍卖辅助费用等一起在变价所得价款中优先扣除。参见金殿军：《税收优先权在民事执行中的实现路径》，载《人民法院报》2021 年 9 月 8 日，第 7 版。

的财产明显超出标的额而有违执行比例原则时才属于违法执行行为。[1]

关于明显超出标的额的判断标准，从最高人民法院的裁判案例来看，由相对宽松逐渐趋向较为严格，进一步体现了执行比例原则和善意文明执行理念。最高人民法院（2015）执复字第 12 号执行裁定书认为："被查封的金福地花园及海运花园评估价值共计 2.528018 亿元，依据评估拍卖的相关规定，首次拍卖以评估价的 80% 作为保留价，每次拍卖可再降低 20%，如果对查封标的物实行三次拍卖，变现价值可低至 1.6 亿元左右。而王某某的债权本金 1 亿元及利息、迟延履行利息的总额，与查封的房地产、冻结的 100 万元股权价额基本相当，因此，本案不存在明显超标的查封、冻结。对于陈某某、金福地公司、海运公司认为对部分查封、冻结财产应予以解封的主张，本院不予支持。"最高人民法院（2020）最高法执复 66 号执行裁定书则认为："判断是否构成超标的查封，系对查封行为的评判，就法律逻辑而言，应以财产被查封时的客观价值作为判断基准，而不应以财产在未来被处置时的可能价格作为判断基准。进而言之，查封财产的目的当然是要尽可能确保财产的处置变价能够清偿债权，但是在查封财产时，该财产的未来处置变价情况是不确定的，其固然存在拍卖不顺、成交价下浮的可能，但也存在拍卖顺利、成交价上浮的可能，故在确定查封财产价值时，当然可以适当考虑市场行情和价格变化趋势，在不'明显'超过查封财产现时客观价值的幅度内，合理确定查封标的范围，但不宜只看到查封财产的未来处置价下浮这一种可能性，以'第一次拍卖起拍价可以为评估价或者市场价的百分之七十、第二次

---

[1] 比例原则可分为适当性原则、必要性原则与均衡性原则三个子原则，"适当性原则，又称为妥当性原则，它是指公权力行为的手段必须具有适当性，能够促进所追求的目的的实现；必要性原则，又称为最小损害原则，它要求公权力行为者所运用的手段是必要的，手段造成的损害应当最小；均衡性原则，又称为狭义比例原则，它要求公权力行为的手段所增进的公共利益与其所造成的损害成比例"。刘权：《目的正当性与比例原则的重构》，载《中国法学》2014年第 4 期。

拍卖起拍价可以为第一次起拍价的百分之八十'为由，将查封财产价值直接扣减百分之五十六之后，再与申请执行债权来比较是否构成超标的查封，这种做法对被执行人无疑是不公平的。"

二、冻结股权价额的确定

与不动产等其他财产不同的是，由于股权的价额与股权所在公司的资产负债情况、经营状况、盈利能力以及发展前景等密切相关，不同公司之间存在较大区别，对股权价额进行预估缺乏统一明确的标准，有些股权甚至无法预估其价额，在股权价额难以确定的情况下，如何在冻结时适用禁止明显超标的额冻结规则存在一定争议。一种观点认为，人民法院冻结股权时应当依简易方法先行预估股权价额，然后根据预估的结果冻结相应比例或者数量的股权；另一种观点则认为，由于股权价额缺乏较为明确的判断标准，加之冻结行为更强调效率性，因此在冻结时可以根据申请执行人的申请径予冻结，被执行人认为冻结股权价额明显超出执行标的额的，可以依据《民事诉讼法》第 236 条提出异议。就第一种观点而言，虽然在理论上站得住脚，但由于并没有可靠的简易方法能够在冻结前快速确定股权价额，因此在实践中不具有可行性。就第二种观点而言，在理论上则难以自洽，主要表现为执行行为异议审查的内容是执行行为是否合法，其审查标准与执行行为本身遵循的标准应当是一致的，在冻结时不适用禁止明显超标的额冻结规则，在执行行为异议审查中又予以适用，逻辑上存在矛盾。

综合以上考虑，本条在坚持基本原理的前提下，采用了更为灵活的做法。一方面，明确人民法院冻结股权时，适用禁止明显超标的额冻结规则，应当以执行债权额与执行费用之和作为上限，在相应价值范围内对股权价额予以冻结；另一方面，由于判断股权价额往往需要被执行人的配合，因此，可以将股权价额的证明责任分配给被执行人。换言之，冻结股权时，一时难以确定股权价额的，应当由被执行人承担不利后果，虽然被执行人主张冻结全部股权构成超标的额冻结的，人民法院也可以根据申请执行人的申请冻结被执行人在目标公司持有的全部股权。对于被执行人股权所在公司财务制度健全、会计报表完整的，被执行人能够提供有关会计报表等材料证明股权价额，或者被执行人提供具有评估资质的第三方作出股权价额评估报告的，人民法院应当对相关材料进行审查，必要时组织申请执行人和被执行人进行听证，确定应予冻结的股权数量。考虑到执行异议的审查期限较短，对于被执行人提供的由相应资质的评估公司按正当工作程序作出的股权价额评估报告，在申请执行人没有提出相反证据予以推翻的情况下，即使是被执行人单方委托的，也可以作为判断是否明显超标的额的参考。

三、明显超标的额冻结的救济

冻结股权后，随着执行工作的推进，股权价额经评估等方式确定后，发现明显超标的额冻结的，人民法院应当依照《查扣冻规定》第19条第2款之规定，根据被执行人的申请或者依职权及时解除对超出部分股权的冻结。对于尚未发现明显超标的额冻结的，被执行人认为冻结的股权明显超标的额的，可以依照《民事诉讼法》第236条的规定提出书面异议，并附证明股权等查封、扣押、冻结财产价额的证据材料。对于被执行人提出的书面异议，人民法院应当立"执异字"案号进行审查，经审查理由不成立的，裁定驳回异议，被执行人对裁定不服的，可以自收到裁定之日起10日内向上一级人民法院申请复议；经审查理由成立的，裁定异议成立，申请执行人对裁定不服的，可以自收到裁定之日起10日内向上一级人民法院申请复议。在审查的过程中当事人之间对股权价额争议较大且股权尚未确定处置参考价的，人民法院可以根据当事人的申请对股权价额委托评估，并根据评估结果认定是否超标的额冻结。被执行人明显超标的冻结异议成立，申请执行人未在法定期限内申请复议或者申请复议后被裁定驳回的，人民法院应当解除对明显超标的额部分股权的冻结。关于解除冻结的期限，第 2 款最初规定应当"及时解除"，但考虑到超标的额冻结对被执行人权益影响重大，有必要规定较为明确的解除期限，后参照《民诉法解释》第 314 条关于"人民法院对执行标的裁定中止执行后，申请执行人在法律规定的期间内未提起执行异议之诉的，人民法院应当自起诉期限届满之日起七日内解除对该执行标的采取的执行措施"的规定，将被执行人超标的冻结异议成立后人民法院解除对明显超标的额部分股权的冻结期限规定为裁定生效之日起 7 日内。

【实践中应注意的问题】

关于禁止明显超标的额冻结股权及其救济在执行实践中还需要注意以下五个具体问题：

第一，股权价额中应予扣除的部分价额。冻结股权上存在质押权等优先受偿权或者其他法院在先查封的，在计算股权的价额时，虽然相应部分的股权被冻结或者轮候冻结，但由于这部分股权的变价所得应当依法用于其他债权人的受偿，并不能用于清偿申请执行人的债务，应当将其他债权人依法可以优先受偿的金额在冻结总额中予以扣除后计算是否明显超标的额冻结。

第二，股东的出资不能作为股权价额的直接参考。依照《公司法》第 3 条第 2 款之规定，有限责任公司的股东以其认缴的出资额为限对公司承担责任，股份有限公司的股东以其认购的股份为限对公司承担责任，无论是认缴的出资额还是认购的股份都是股东在取得股权时的对价。但该对价经投入公司运营后，根据运营业绩和发展前景等情况的不同，股权价额有可能出现增长，也有可能出现下跌，股权价额与股东的出资往往没有直接的对应关系，不能直接以股东的出资作为其股权价额的参考。

第三，股权价额明显超标的额的判断比例。何为"明显超标的

99

额",现行法律和司法解释并无明确规定,这与被执行人的财产种类、价值大小、市场行情等因素密切相关,需要人民法院结合个案的实际情况予以综合判断。《善意文明执行意见》第7条规定,股票价值应当以冻结前一交易日收盘价为基准,结合股票市场行情,一般在不超过20%的幅度内合理确定。"20%的幅度"可以作为冻结股权价额时"明显超标的额"的参考,但由于股权相较于具有公开交易价格的股票而言,其价额更具有不确定性,而且受持股数量、被执行人持有的股权是否为控股股权等因素影响较大,在实践中更需要结合个案情况综合判断。

第四,被执行人明显超标的额冻结异议成立的裁决主文。从实践来看,经审查被执行人所提出的明显超标的额冻结异议成立的,就裁定主文而言主要有四种写法:第一种仅是裁定异议人的异议成立;[1] 第二种是在裁定异议人的异议成立的同时裁定采取措施消除明显超标的额查封的状态,[2] 或者解除对超标的部分财产的保全措施,但未明确解除查封的具体财产;[3] 第三种是在裁定异议人的异议成立的同时裁定解除对一定数量的特定财产的查封;[4] 第四种是仅裁定解除对一定数量的特定财产的查封,以变更查封的范围。[5] 从《民事诉讼法》第236条关于异议理由成立的,裁定撤销或者改正,以及《执行异议和复议规

---

[1] 参见河北省唐山市中级人民法院(2018)冀02执异802号河北华贸电力新材料有限公司申请执行邢台市辰隆物流有限公司、金某某、王某某买卖合同纠纷执行异议案执行裁定书。

[2] 参见北京市高级人民法院(2020)京执复80号成功(中国)大广场有限公司与北京天洋国际控股有限公司、天洋控股集团有限公司、周某仲裁保全异议案执行裁定书。

[3] 参见北京市第三中级人民法院(2021)京03执异988号北京倍乐优学教育咨询有限公司与郭某仲裁保全异议案执行裁定书。

[4] 参见四川省高级人民法院(2015)川执异字第1号华西银峰投资有限责任公司、华西金智投资有限责任公司与泸州鑫福矿业集团有限公司、四川鑫福产业集团有限公司、四川昊鑫融资担保有限公司诉前保全异议案执行裁定书。

[5] 参见上海市高级人民法院(2020)沪执异3号大连银行股份有限公司上海分行与中国民生投资股份有限公司、中民未来控股集团有限公司、中民新能投资集团有限公司、中民投租赁控股有限公司金融借款合同纠纷诉讼保全异议案执行裁定书。

定》第 17 条第 2 项关于异议成立的，裁定撤销相关执行行为的规定来看，第四种裁定主文的表述方法最符合法律和司法解释的规定，最能实现异议人就明显超标的额查封提出异议的目的，而且也可以较好解决该裁定对于正确查封部分的效力问题。[①] 至于异议人的异议是否成立可由"本院认为"部分加以阐述。也正因为裁定主文需要明确解除查封的具体对象，在异议人提出的书面异议中仅主张超标的额查封但未明确解除查封的具体内容的，人民法院在审查的过程中应当予以释明并由异议人加以补充，在属于超标的额查封的情况下就解除查封的对象及其数量或者比例作出认定。

第五，冻结股权不足额时的及时追加冻结。《善意文明执行意见》第 7 条规定，股票冻结后，其价值发生重大变化的，经当事人申请，人民法院可以追加冻结或者解除部分冻结。就股权而言，虽然没有公开的市场价格可资参考，但如果第一次或者第二次司法拍卖流拍，流拍的保留价低于法律文书确定的债权额及执行费用，申请执行人申请追加对其他股权冻结的，人民法院应当参照流拍价及时确定追加冻结的股权数量或者比例。

【相关案例】

1. 北京美融加投资有限公司与上海丰海投资股份有限公司等执行复议案 [②]

［基本案情］

上海金融法院在执行上海丰海投资股份有限公司（以下简称丰海公司）与北京漕运码头投资发展有限公司（以下简称漕运公司）、北京美融加投资有限公司（以下简称美融加公司）金融借款合同纠纷一

---

① 参见葛洪涛：《广夏（银川）贺兰山葡萄酿酒有限公司申请执行复议案评析》，载江必新、贺荣主编：《最高人民法院执行案例精选》，中国法制出版社 2014 年版，第 832 页。
② 参见上海市高级人民法院（2020）沪执复 126 号执行裁定书。

案过程中，美融加公司对拍卖、变卖其持有的鹏瑞利美融加四（北京）置业有限公司（以下简称鹏瑞利公司）出资额人民币 564 264 000 元的股权（以下简称涉案股权）提出书面执行异议，称其持有的涉案股权占鹏瑞利公司注册资本的 50%，据该公司开发的北京市通州区某地块价值计算其股权价值约为 4 471 575 000 元，远超执行标的额，请求终止并解除对涉案股权中出资额为 559 713 483.87 元股权的执行。上海金融法院经审查作出（2020）沪 74 执异 55 号执行异议裁定，认为美融加公司在鹏瑞利公司的实缴出资额为 564 264 000 元，但并不能就此认定涉案股权因此具有相同价值，美融加公司未提供充分证据证明涉案股权价值超过执行标的额。美融加公司不服异议裁定，向上海市高级人民法院（以下简称上海高院）申请复议。

［裁判结果］

驳回美融加公司复议申请，维持上海金融法院（2020）沪 74 执异 55 号异议裁定。

［裁判理由］

上海高院经复议审查认为，美融加公司以其持有股权的鹏瑞利公司开发的房地产项目预估价作为其股权价值的确定依据，申请解除部分被冻结的涉案股权，因该证据缺乏关联性而不具有证明效力，其主张难以成立。同时，美融加公司主张以其出资额为据确定股权价值，对此金融法院认为股本金与股权价值并非简单的等同，并据此认定美融加公司未提供充分证据证明被冻结股权价值明显超过执行标的并无不当。

2. 内蒙古地质矿产（集团）有限责任公司与华融昆仑青海资产管理股份有限公司等执行异议案[①]

［基本案情］

北京市第四中级人民法院（以下简称北京四中院）在执行华融昆

---

① 参见北京市第四中级人民法院（2020）京 04 执异 9 号执行裁定书。

仑青海资产管理股份有限公司（以下简称华融昆仑）与内蒙古地质矿产（集团）有限责任公司（以下简称内蒙古地矿集团）、内蒙古第九地质矿产勘查开发有限责任公司、内蒙古自治区第九地质矿产勘查开发院、锡林郭勒盟银泰矿业开发有限责任公司金融借款合同纠纷一案的诉讼保全过程中，异议人内蒙古地矿集团提出书面异议称，法院在执行过程中冻结了内蒙古地矿集团持有的内蒙古矿业集团的全部股权，持股比例100%，认缴出资为34.2858亿元，而华融昆仑起诉的诉讼标的额是2.6153亿元，加上另案查封的2.6153亿元，总计5.2306亿元，故该冻结属于严重超标的保全行为。

［裁判结果］

驳回内蒙古地矿集团的异议请求。

［裁判理由］

北京四中院经审查认为，根据《最高人民法院关于人民法院办理财产保全案件若干问题的规定》第15条第1款规定，"人民法院应当依据财产保全裁定采取相应的查封、扣押、冻结措施"。2004年《查扣冻规定》第21条（现为第19条）规定，"查封、扣押、冻结被执行人的财产，以其价额足以清偿法律文书确定的债权额及执行费用为限，不得明显超标的额查封、扣押、冻结"。认定被执行人被冻结的财产是否明显超标的额，应综合考虑各种影响财产价值的因素。首先，对案涉股权的冻结属于部分轮候冻结，轮候冻结在性质上不属于正式冻结，依法不产生真实冻结的效力，故在轮候冻结的财产转为首先冻结前，该部分财产不计入已保全数额。其次，本案在实施保全措施前，内蒙古地矿集团已对56 197万元的股权进行了出质，根据相关法律规定，被冻结财产被拍卖、变卖后所得价款，质押权人有优先受偿权，其余额部分才可用于清偿申请执行人的债权，故本案应当保全的财产价值总额应将上述优先权的债权包括在内。再次，内蒙古地矿集团持有内蒙古矿业集团100%股权，认缴出资额342 868万元仅体现在注册变更上，实缴资本仍为65 000万元，内蒙古地矿集团所提交的资本金入账单据不足以证明实缴出资额已全部到位。最后，结合内蒙古矿业集团的经营业绩及财务状况，认定案涉股权的实际价值为 342 868 万元的依据不足。综上，对案涉股权的冻结，不属于明显超标的额冻结，异议人所提该项主张，不予支持。

3. 民生养老股份有限公司与恒丰银行股份有限公司宁波分行等执行异议案[①]

［基本案情］

浙江省宁波市中级人民法院（以下简称宁波中院）在执行申请人恒丰银行股份有限公司宁波分行与被申请人民生养老股份有限公司（以下简称民生养老公司）等金融借款合同纠纷等六案中，冻结（续冻）了民生养老公司持有的宁波新湾头建设开发有限公司名下 33.3333% 的股权（出资额为 17 000 万元），民生养老公司持有的宁波超智房地产开发有限公司名下 33.3333% 的股权（出资额为 700 万元）及民生养老公司持有的宁波鸿益置业有限公司名下 33.3333% 的股权（出资额为 700 万元）。民生养老公司提出执行异议称，经过对宁波通益房地产开发有限公司的审计，该公司投入注册资本 7.8 亿元，利润 599 289 701.91 元，总资产 1 379 289 701.91 元，而宁波超智房地产开发有限公司持有宁波通益房地产开发有限公司 100% 股权，可见宁波超智房地产开发有限公司资产达 13 亿多，按民生养老公司 33% 股权计算已达 4.29 亿元，现执行标的尚不到 1 亿元，查封民生养老公司 33% 股权已超标，更何况还有其他财产查封，请求法院在继续保持对民生养老公司持有的宁波超智房地产开发有限公司 33% 股份查封情况下，解除对其他财产的查封。

［裁判结果］

驳回民生养老公司的异议请求。

---

① 参见浙江省宁波市中级人民法院（2020）浙 02 执异 45 号执行裁定书。

[裁判理由]

宁波中院经审查认为，有限公司的股权价值是动态变动的数额，它与公司资产、经营管理以及市场变化等多种因素密切相关。股权在变现的过程中，也可能存在降价拍卖或流拍的情况，其价值无法仅凭注册资本信息及出资证明书，或公司单方提供的资产负债表予以有效证明，须依法进行股权评估等方式方能相对确定。另外，母公司的股权价值也并不必然大于其投资的子公司的股权价值。本案中，一方面，民生养老公司提供的其参股公司的子公司宁波通益房地产开发有限公司的资产情况并不能说明其参股 33.3333% 的宁波超智房地产开发有限公司的资产也必然多于宁波通益房地产开发有限公司的资产。另一方面，在民生养老公司提供的审计报告不具有直接关联性，不具备参考价值的情况下，根据"谁主张，谁举证"的原则，以及股东理应掌握影响股权价值的各种因素的实际状况，民生养老公司主张超标的查封，应当对其持有的宁波新湾头建设开发有限公司股权、宁波超智房地产开发有限公司股权、宁波鸿益置业有限公司股权的股权价值明显超出执行金额承担举证责任。现民生养老公司既未申请对冻结股权的价值予以评估，经法庭传唤又不参与听证，自然应当承担对其不利的法律后果。故民生养老公司提出超过执行标的的金额查封，请求解除其持有的宁波超智房地产开发有限公司 33% 股份以外的财产查封的理由不足，不予支持。

【相关规定】

1.《中华人民共和国民事诉讼法》（2023 年 9 月 1 日修正）

第二百三十六条　当事人、利害关系人认为执行行为违反法律规定的，可以向负责执行的人民法院提出书面异议。当事人、利害关系人提出书面异议的，人民法院应当自收到书面异议之日起十五日内审查，理由成立的，裁定撤销或者改正；理由不成立的，裁定驳回。当事人、利害关系人对裁定不服的，可以自裁定送达之日起十日内向上一级人民法院申请复议。

第二百五十三条 被执行人未按执行通知履行法律文书确定的义务，人民法院有权向有关单位查询被执行人的存款、债券、股票、基金份额等财产情况。人民法院有权根据不同情形扣押、冻结、划拨、变价被执行人的财产。人民法院查询、扣押、冻结、划拨、变价的财产不得超出被执行人应当履行义务的范围。

人民法院决定扣押、冻结、划拨、变价财产，应当作出裁定，并发出协助执行通知书，有关单位必须办理。

第二百五十五条 被执行人未按执行通知履行法律文书确定的义务，人民法院有权查封、扣押、冻结、拍卖、变卖被执行人应当履行义务部分的财产。但应当保留被执行人及其所扶养家属的生活必需品。

采取前款措施，人民法院应当作出裁定。

2.《最高人民法院关于适用〈中华人民共和国民事诉讼法〉的解释》（2022 年 4 月 1 日修正，法释〔2022〕11 号）

第三百一十四条 人民法院对执行标的裁定中止执行后，申请执行人在法律规定的期间内未提起执行异议之诉的，人民法院应当自起诉期限届满之日起七日内解除对该执行标的采取的执行措施。

3.《最高人民法院关于人民法院民事执行中查封、扣押、冻结财产的规定》（2020 年 12 月 29 日修正）

第十九条 查封、扣押、冻结被执行人的财产，以其价额足以清偿法律文书确定的债权额及执行费用为限，不得明显超标的额查封、扣押、冻结。

发现超标的额查封、扣押、冻结的，人民法院应当根据被执行人的申请或者依职权，及时解除对超标的额部分财产的查封、扣押、冻结，但该财产为不可分物且被执行人无其他可供执行的财产或者其他财产不足以清偿债务的除外。

4.《最高人民法院关于人民法院办理执行异议和复议案件若干问题的规定》（2020 年 12 月 29 日修正）

第十七条　人民法院对执行行为异议，应当按照下列情形，分别处理：

（一）异议不成立的，裁定驳回异议；

（二）异议成立的，裁定撤销相关执行行为；

（三）异议部分成立的，裁定变更相关执行行为；

（四）异议成立或者部分成立，但执行行为无撤销、变更内容的，裁定异议成立或者相应部分异议成立。

> **第六条** 人民法院冻结被执行人的股权，应当向公司登记机关送达裁定书和协助执行通知书，要求其在国家企业信用信息公示系统进行公示。股权冻结自在公示系统公示时发生法律效力。多个人民法院冻结同一股权的，以在公示系统先办理公示的为在先冻结。
>
> 依照前款规定冻结被执行人股权的，应当及时向被执行人、申请执行人送达裁定书，并将股权冻结情况书面通知股权所在公司。

【条文主旨】

本条是关于股权冻结方法的规定。

【理解与适用】

一、股权冻结方法的制度变迁

股权是一个复杂的概念，《公司法》将其定义为"股东依法享有资产收益、参与重大决策和选择管理者等权利"，理论上将其定义为"股东基于其股东身份和地位而享有从公司获取经济利益并参与公司经营管理的权利"[①]。股权作为特殊的财产性权利，不同于一般财产可以通过其"权利外观"判断权属，股权的权利外观比较多元，包括股

[①] 施天涛：《公司法论》，法律出版社 2006 年版，第 237 页。

东名册、公司章程、公司登记机关登记信息以及国家企业信用信息公示系统公示信息等。同时，由于股权登记一般包括内部登记（公司股东名册或者公司章程记载）和外部登记（公司登记机关登记），导致人民法院在冻结股权时应当向公司还是公司登记机关送达冻结手续，或者两者都要送达做法不一，争议较大。

关于股权的冻结方式及冻结的效力的规定，可追溯到1998年的《执行工作规定》，其中第53条（现为第38条）规定："对被执行人在有限责任公司、其他法人企业中的投资权益或股权，人民法院可以采取冻结措施。冻结投资权益或股权的，应当通知有关企业不得办理被冻结投资权益或股权的转移手续，不得向被执行人支付股息或红利。被冻结的投资权益或股权，被执行人不得自行转让。"第56条（现为第40条）规定："有关企业收到人民法院发出的协助冻结通知后，擅自向被执行人支付股息或红利，或擅自为被执行人办理已冻结股权的转移手续，造成已转移的财产无法追回的，应当在所支付的股息或红利或转移的股权价值范围内向申请执行人承担责任。"上述规定仅要求向有关企业送达协助冻结通知，系典型的"一元制"协助机构模式。

尽管司法解释规定冻结股权应向有关企业送达协助冻结通知，但在司法实践中，由于企业不易查找或者其配合意愿差，人民法院往往无法向企业送达冻结裁定，而是直接向企业登记主管机关送达协助冻结的手续，要求其协助冻结股权，暂停办理被冻结股权的变更登记。原国家工商行政管理总局对此做法亦予以接受。1999年5月27日，原国家工商行政管理总局针对原北京市、浙江省工商行政管理局的请示，作出《国家工商行政管理局关于协助人民法院执行冻结或强制转让股权问题的答复》（工商企字〔1999〕第143号，现已失效），答复意见为："一、人民法院依照《中华人民共和国民事诉讼法》及《最高人民法院关于人民法院执行工作若干问题的规定（试行）》（法释〔1998〕15号），要求登记主管机关协助冻结或者转让股权的，登记主管机关应当协助执行。二、对股东或投资人在有限公司或非公司企业法人中的股权或投资，人民法院予以冻结的，登记主管机关在收到人民法院的协助执行通知书后，应暂停办理转让被冻结投资或股权的变更登记。"

在存在股权所在企业和企业登记主管机关两个协助执行主体的情况下，对于何为有效冻结产生了不同认识，一种观点认为根据司法解释的规定，只要向股权所在企业送达协助冻结通知即产生冻结的效力；第二种观点认为，向企业送达缺乏足够的公示效力，如果未向企业登记主管机关送达协助执行手续，则不能对抗已向登记机关送达协助执行通知的其他法院的冻结。对此，最高人民法院于2001年4月13日在（2001）执协字第16号复函中明确："根据《最高人民法院关于人民法院执行工作若干问题的规定（试行）》第53条的规定，人民法院冻结被执行人在有限责任公司、其他法人企业的投资权益或股权的，只要依法向相关有限责任公司、其他法人企业送达了冻结被执行人投资权益或股权的法律文书，即为合法有效。因此，本案中上海二中院、四川眉山中院实施的冻结重汽公司股权的措施是合法有效的。天津一中院、北京二中院关于既向联合公司送达冻结股权的法律文书，又到工商管理机关进行登记才发生冻结效力的主张，并无法律规定，故不能否定上海二中院、四川眉山中院冻结股权的效力。"该复函坚持了《执行工作规定》中规定的向相关企业送达了冻结股权的法律文书即为合法有效冻结的观点。

2014年出台的《规范执行与协助执行通知》第11条规定："人民法院冻结股权、其他投资权益时，应当向被执行人及其股权、其他投资权益所在市场主体送达冻结裁定，并要求工商行政管理机关协助公示。"自此，最高人民法院首次从规则层面明确了"二元制"协助执行机构模式，既要求送达股权所在企业，又要求企业登记主管机关协助冻结。

二、股权冻结方法的路径选择

股权冻结协助机构的"两元制"模式，给执行实践带来许多争议。比如，《规范执行与协助执行通知》第 11 条首先规定的是向被执行人及其股权、其他投资权益所在市场主体送达冻结裁定，而第 13 条又规定首先送达协助公示通知书的执行法院的冻结为生效冻结。如果法院仅向工商部门送达冻结手续的，或者仅向公司送达冻结手续的，该冻结是否生效？再如，在两家法院均冻结同一股权的情况下，有的法院只向工商部门送达了冻结手续，有的法院却只向公司送达了冻结手续，哪家法院的冻结为在先冻结？或者，虽然两家法院均向工商部门和公司送达了冻结手续，但由于有的法院在先向工商部门送达，有的法院在先向公司送达，在这种情况下，哪家法院的冻结为在先冻结，也存在很大争议。

而在"一元制"模式下，又有向股权所在公司送达协助冻结手续为有效冻结，还是向公司登记机关送达协助公示冻结的手续为有效冻结两种不同观点。有观点认为，向股权所在公司送达协助冻结手续构成有效冻结。其一，按照修订后的《公司登记管理条例》（现已失效），以及 2022 年 3 月 1 日起施行《市场主体登记管理条例》，工商机关对有限责任公司只保留了股东变更登记、增加注册资本登记等少量的登记事项。股东变更登记还不包括同一公司股东之间转让部分股权的情况，此时只需进行备案登记。有限责任公司股东认缴出资额、公司实收资本不再作为公司登记机关的登记事项。其二，根据《公司法》的规定，记载于有限责任公司股东名册的股东，可以依股东名册行使股东权利，未经工商登记，仅不得对抗第三人。股权所在公司掌握着股权变动的节点，通过向公司送达冻结裁定，才能真正实现对股权的控制。

经反复征求专家学者、地方法院、市场监管总局等部门的意见，最终确定了向公司登记机关送达协助公示冻结的手续构成有效冻结的"一元制"模式，明确了冻结股权的，应当向公司登记机关送达裁定书和协助执行通知书，由公司登记机关在国家企业信用信息公示系统进行公示，股权冻结自在公示系统公示时发生法律效力。主要理由如下：

第一，虽然根据《公司法》的规定，股权所在公司掌握着股权变动的节点。但是，财产权属变动节点和执行程序冻结节点并非完全一致。比如，根据《民法典》第224条，机动车的权属变动时点以交付为准，登记仅产生对抗效力。但是，人民法院查封机动车的，往往都是到车管所作查封登记，并不需要实际控制车辆。

第二，通过公司登记机关向社会公示股权冻结的方式，能够起到控制股权的目的。由于国家企业信用信息公示系统良好的公示性能和广泛的社会认可度，股权冻结情况在该系统公示后，股权所在公司不仅能够及时知晓，而且对于可能购买股权的不特定第三人来讲，也可以通过该系统实时查询拟购股权是否被法院冻结。公司登记机关公示后，冻结即产生法律效力，被执行人、公司即不得转让被冻结股权，第三人也不应受让被冻结股权。被执行人就被冻结股权所作的转让、出质等有碍执行行为，并不能对抗人民法院的冻结措施。所以，在公示系统公示，也能够起到所谓"控制"股权的目的。相比之下，很多公司并无股东名册，通过公司冻结股权很难起到冻结的公示效果。

第三，尽管公司登记机关不登记有限责任公司股东的出资额，也不登记股份有限公司的非发起人股东，但是以有限责任公司股权、股份有限公司股份出质的，仍然应当到公司登记机关办理出质登记。同理，对于公司登记机关不登记的股权，并不妨碍人民法院要求公司登记机关进行公示冻结。在征求市场监管总局意见时，其也正式回函认可这一规则。

第四，确定股权的协助冻结机构时，应当考虑执行成本。目前，我国公司治理尚不完善，很多公司并不在登记地进行经营，如果要求必须送达公司才能冻结股权，会使执行法院耗费大量精力，并且还会存在协助执行难的问题。相比之下，送达公司登记机关更加便利，这也为今后网络冻结股权预留了制度接口。

第五，在多个法院冻结同一股权的情况下，各个法院的冻结顺位在系统中也一目了然，能够有效杜绝目前实践中的各类争议。

三、冻结公示与冻结的效力

本条规定冻结股权应当向公司登记机关送达协助执行通知书，协助执行的内容是要求其在国家企业信用信息公示系统进行公示，而非协助冻结。协助公示的冻结方式，系延续了《规范执行与协助执行通知》的相关做法，主要原因是商事登记主要是服务功能，通过工商登记为社会公众提供经营者基本资料的公示服务和信息查询服务，强调工商登记的公示作用。信息公示、信用监管对市场主体而言是釜底抽薪之举，能促使市场主体诚实守信，合法经营。公司登记机关协助人民法院公示执行措施的制度，相对于传统的协助执行模式，是质的进步。从法律效果上讲，能满足执行措施应尽可能向全社会公示的需要，实现法律效果的最大化。《查扣冻规定》第 24 条规定，人民法院的查封、扣押、冻结没有公示的，其效力不得对抗善意第三人。执行措施公示的范围越广，效力范围越广。[1]

关于公示与冻结的关系，本条进一步明确了"股权冻结自在公示系统公示时发生法律效力"。冻结的效力不再强调通过对股权的实际控制限制其处分，而是聚焦于冻结公示产生的对抗效力，即根据本解释第 7 条规定，被执行人就被冻结股权所作的转让、出质或者其他有碍执行的行为，不得对抗申请执行人。因股权冻结在公示系统公示后，被执行人就被冻结股权所作的处分行为均不得对抗申请执行人，故在公示时自然产生了股权冻结的法律效力。

---

[1] 刘贵祥、黄文艺：《〈关于加强信息合作规范执行与协助执行的通知〉的理解与适用》，载《人民司法》2015 年第 3 期。

如前所述，在采取股权冻结"二元制"模式下，如果甲、乙法院均冻结同一股权，甲法院先向股权所在公司送达冻结手续，乙法院后向公司登记机关送达冻结手续；或者甲、乙法院均向股权所在公司和公司登记机关送达了冻结手续，但甲法院在先向公司送达，乙法院在先向公司登记机关送达，哪家法院的冻结为在先冻结，一直困扰着司法实践，并因此产生了很多执行争议案件。对此，《规范执行与协助执行通知》第13条第2款规定："工商行政管理机关在多家法院要求冻结同一股权、其他投资权益的情况下，应当将所有冻结要求全部公示。首先送达协助公示通知书的执行法院的冻结为生效冻结。送达在后的冻结为轮候冻结。有效的冻结解除的，轮候的冻结中，送达在先的自动生效。"该规定一定程度上解决了多家法院冻结同一股权的顺位问题。而本条规定采取"一元化"的模式，使冻结的顺位问题再无争议。股权冻结只有在公示系统公示才发生法律效力，多个人民法院冻结同一股权的，自然以在公示系统先办理公示的为在先冻结。

四、送达当事人及通知股权所在公司

本条第2款从规范执行的角度规定："依照前款规定冻结被执行人股权的，应当及时向被执行人、申请执行人送达裁定书，并将股权冻结情况书面通知股权所在公司。"

关于向被执行人、申请执行人送达股权冻结裁定，《查扣冻规定》第1条第1款已有明确规定："人民法院查封、扣押、冻结被执行人的动产、不动产及其他财产权，应当作出裁定，并送达被执行人和申请执行人。"本条再次予以重审，重在保障申请执行人、被执行人的知情权，送达本身并不影响股权冻结的效力。

关于通知股权所在公司，主要考虑是冻结股权后，在评估、处置环节需要公司配合，而且通知股权所在公司，有助于公司协助法院控制股权，停止办理股权变更手续。需要注意的是，通知股权所在公司并非效力性规定，即使未通知股权所在公司，亦不影响股权冻结的效力。股权所在公司即便未收到冻结通知，公司在为其股东办理股权变更手续时，亦应当提前到公示系统查询该股东的股权是否已被人民法院冻结，如已经冻结不得为其办理。此外，根据本解释第 8 条规定，人民法院冻结被执行人股权的，可以向股权所在公司送达协助执行通知书，要求其在实施增资、减资、合并、分立等对被冻结股权所占比例、股权价值产生重大影响的行为前向人民法院书面报告有关情况。

五、关于非上市股份有限公司股权的冻结

关于非上市股份有限公司的股权，有其特殊性。2022 年 3 月 1 日起施行的《市场主体登记管理条例》第 8 条规定："市场主体的一般登记事项包括：（一）名称；（二）主体类型；（三）经营范围；（四）住所或者主要经营场所；（五）注册资本或者出资额；（六）法定代表人、执行事务合伙人或者负责人姓名。除前款规定外，还应当根据市场主体类型登记下列事项：（一）有限责任公司股东、股份有限公司发起人、非公司企业法人出资人的姓名或者名称；（二）个人独资企业的投资人姓名及居所；（三）合伙企业的合伙人名称或者姓名、住所、承担责任方式；（四）个体工商户的经营者姓名、住所、经营场所；（五）法律、行政法规规定的其他事项。"根据上述规定，股份有限公司除发起人外，公司登记机关并不登记其他股东及其持有的股份。最高人民法院与 18 部门联合会签的《关于建立和完善执行联动机制若干问题的意见》（法发〔2010〕15 号）第 17 条规定："工商行政管理部门应当协助人民法院查询有关企业的设立、变更、注销登记等情况；依照有关规定，协助人民法院办理被执行人持有的有限责任公司股权的冻结、转让登记手续。"上述规定仅规定了工商行政管理部门有义务配合法院办理被执行人持有的有限责任公司股权的冻结，但并不承担配合法院办理非上市股份有限公司股权冻结的义务。《规范执行与协助执行通知》第 11 条第 1 款虽然规定："人民法院冻结股权、其他投资权益时，应当向被执行人及其股权、其他投资权益

所在市场主体送达冻结裁定，并要求工商行政管理机关协助公示。"但是，人民法院需要执行股权、其他投资权益的，应在工商机关权限范围内提出协助要求。[1] 对股份有限公司而言，设立登记在工商机关办理，但上市公司的股权登记由中国证券登记结算公司办理；未上市的股份公司没有统一规定，目前各地均委托商业或国有资产主管部门、产权交易所、行业协会等办理登记、备案事项。因此，未上市的股份公司的股权登记并非工商机关权限范围，人民法院无法按照上述规定要求工商行政管理机关协助公示。因此，有观点认为，在冻结被执行人持有的非上市公司股权时，只有向该公司送达冻结裁定及协助执行通知，才能构成有效的冻结。[2] 实践中，人民法院基本按照《执行工作规定》第38条规定，通知股权所在公司进行协助冻结。但也有观点认为，对于非上市公司股权的冻结，亦应按照《规范执行与协助执行通知》第11条、第13条规定，要求工商行政管理机关协助公示，首先送达协助公示通知书的执行法院的冻结为生效冻结。

本条起草过程中，对于非上市公司股权能否采取公司登记机关公示冻结的方式，亦进行了充分讨论，最终，基于对公司登记机关不进行登记的股权，亦可由公司登记机关进行公示冻结的考虑，对非上市公司股权采取了与有限责任公司股权相同的冻结方式，对实践中的争议问题予以了明确。

【实践中应注意的问题】

第一，人民法院冻结被执行人的股权，应当采取向公司登记机关送达裁定书和协助执行通知书，要求其在国家企业信用信息公示系统

---

[1] 刘贵祥、黄文艺：《〈关于加强信息合作规范执行与协助执行的通知〉的理解与适用》，载《人民司法》2015年第3期。

[2] 高明：《仅向工商登记机关送达冻结裁定不构成对股权的有效冻结》，载《人民司法》2019年第14期。

进行公示的执行方法。只有通过该执行方法，股权冻结在公示系统进行了公示，才能产生冻结股权的效力。无论向被执行人送达冻结裁定，还是向股权所在公司送达协助冻结手续，均无法产生冻结股权的效力。《执行工作规定》第 38 条规定的"通知有关企业不得办理被冻结投资权益或股权的转移手续"的冻结方式，不再适用。

第二，根据该条规定，公司在为其股东办理股权变更手续时，应当提前到公示系统查询该股东的股权是否已被人民法院冻结，如已经冻结不得为其办理；市场主体在购买股权时，不仅要到公示系统查询该股权是否已被质押，也要查询该股权是否已被人民法院冻结，否则将会有"钱财两空"的不利风险。

【相关案例】

1. 吉林银行股份有限公司沈阳分行、辽宁恒基物流有限公司等借款合同纠纷执行监督案 [①]

吉林银行股份有限公司沈阳分行（以下简称吉林银行沈阳分行）与辽宁恒基物流有限公司、辽宁翰文书城有限公司、姜某良借款合同纠纷一案，辽宁省沈阳市中级人民法院（以下简称沈阳中院）于 2014 年 12 月 12 日作出（2014）沈中民四初字第 300 号民事判决书，判决：（1）被告辽宁恒基物流有限公司于本判决生效之日起 10 日内向原告吉林银行沈阳分行偿付编号为"吉林银行沈阳分行 2013 年流借字第 102 号"《人民币借款合同》项下借款本金人民币 3000 万元；（2）被告辽宁恒基物流有限公司于本判决生效之日起 10 日内，按年利率 7.2% 标准，向原告吉林银行沈阳分行偿付借款本金人民币 3000 万元自 2014 年 6 月 21 日起至 2014 年 8 月 20 日止的利息 36.6 万元；（3）被告辽宁恒基物流有限公司于本判决生效之日起 10 日内，按年

[①] 参见最高人民法院（2020）最高法执监 19 号执行裁定书。

利率 10.8% 标准（借款利率年 7.2% 加收 50%），向原告吉林银行沈阳分行偿付借款本金人民币 3000 万元的逾期利息及欠付利息 36.6 万元的复利（自 2014 年 8 月 21 日起算至借款付清之日止）；（4）被告辽宁翰文书城有限公司、姜某良对本判决确定的被告辽宁恒基物流有限公司的付款义务承担连带保证责任，承担了保证责任后的保证人，就其实际清偿部分有权向债务人辽宁恒基物流有限公司追偿；（5）驳回原告吉林银行沈阳分行的其他诉讼请求。申请执行人吉林银行沈阳分行于 2015 年 3 月 2 日向沈阳中院申请强制执行，执行案号为（2015）沈中执字第 161 号。沈阳中院于 2015 年 3 月 15 日作出（2015）沈中执字第 161 号执行裁定，裁定申请执行人吉林银行沈阳分行与（2015）沈中执字第 184 号执行案件的申请执行人辽宁盛京寝园有限公司对冻结辽宁翰文书城有限公司持有的锦州银行股份有限公司的股份 500 万股股权各享有 50% 的权益。异议人吉林银行沈阳分行针对该裁定向沈阳中院提出书面异议。沈阳中院于 2016 年 6 月 23 日作出（2016）辽 01 执异 144 号执行裁定，认为该项争议不属于执行异议的审查范围，驳回异议人吉林银行沈阳分行的申请。吉林银行沈阳分行不服，向辽宁高级人民法院（以下简称辽宁高院）提出复议，该院作出（2016）辽执复 150 号执行裁定，维持沈阳中院裁定。吉林银行沈阳分行不服，向最高人民法院申诉。最高人民法院于 2017 年 12 月 14 日作出（2017）最高法执监 118 号执行裁定，撤销辽宁高院（2016）辽执复 150 号执行裁定、沈阳中院（2016）辽 01 执异 144 号执行裁定，由沈阳中院对吉林银行沈阳分行提出的异议进行重新审查。

吉林银行沈阳分行提出异议称，申请执行人吉林银行沈阳分行于 2014 年 9 月 3 日同法院法官在辽宁省股权登记托管服务有限公司查封了辽宁翰文书城有限公司持有的锦州银行股份有限公司 500 万股股权，并于 9 月 5 日向锦州银行股份有限公司送达了查封的《协助执行通知书》等相关法律手续。另案中辽宁盛京寝园有限公司于 2014 年 9

月4日向锦州银行股份有限公司送达查封股权的相关手续，并于同月
5日向辽宁省股权登记托管服务有限公司送达查封手续。吉林银行沈
阳分行请求法院判令该分行对冻结辽宁翰文书城有限公司持有的锦州
银行股份有限公司500万股股权享有100%的权益。

沈阳中院查明，本案在诉讼过程中，吉林银行沈阳分行向沈阳中
院申请财产保全。沈阳中院于2014年9月2日作出（2014）沈中民
四初字第300号民事裁定，裁定：冻结被告辽宁恒基物流有限公司、
辽宁翰文书城有限公司、姜某良银行存款3036.7万元或查封、扣押其
等值财产。同月3日，沈阳中院向辽宁省股权登记托管服务有限公司
送达协助执行通知书，记载：查封被告辽宁翰文书城有限公司所有的
在锦州银行股份有限公司的股份500万股。查封期间不得进行抵押、
质押、转让等权属变更，否则应承担相应法律责任，查封期限为一
年。同月5日，沈阳中院向锦州银行股份有限公司送达查封上述股权
的协助执行通知书。

沈阳中院另查明，辽宁盛京寝园有限公司与武某斗、辽宁翰文
书城有限公司民间借贷纠纷一案，沈阳中院于2015年2月2日作
出（2014）沈中民一初字第76号民事判决书，判决：（1）武某斗于
判决生效后10日内偿还辽宁盛京寝园有限公司借款本金1100万元
及利息；（2）辽宁翰文书城有限公司承担连带偿还责任。辽宁盛京
寝园有限公司于2015年3月11日向沈阳中院申请强制执行，执行案
号为（2015）沈中执字第184号。该案在诉讼期间，辽宁盛京寝园有
限公司向沈阳中院申请财产保全。沈阳中院于2014年9月1日作出
（2014）沈中民一初字第76号民事裁定，裁定：冻结武某斗、辽宁翰
文书城有限公司人民币12 459 333元或等值财产。同月4日，沈阳中
院向锦州银行股份有限公司送达协助执行通知书，记载：查封辽宁翰
文书城有限公司名下锦州银行500万股股权及股权分红收益。同月5
日，沈阳中院向辽宁省股权登记托管服务有限公司送达查封上述股权
的协助执行通知书。

沈阳中院认为，《执行工作规定》（1998年）第53条（现为第38条）规定："对被执行人在有限责任公司、其他法人企业中的投资权益或股权，人民法院可以采取冻结措施。冻结投资权益或股权的，应当通知有关企业不得办理被冻结投资权益或股权的转移手续，不得向被执行人支付股息或红利。被冻结的投资权益或股权，被执行人不得自行转让。"本案中，锦州银行股份有限公司为上市公司，由辽宁省股权登记托管服务有限公司对股东事项进行登记管理。（2014）沈中民四初字第300号案件及（2014）沈中民一初字第76号民事案件均于2014年9月5日最终完成了向辽宁省股权登记托管服务有限公司及锦州银行股份有限公司的送达程序，故两起案件对辽宁翰文书城有限公司持有的锦州银行股份有限公司500万股股权采取执行措施的时间均为2014年9月5日。《执行工作规定》第88条第1款（现为第55条第1款）规定："多份生效法律文书确定金钱给付内容的多个债权人分别对同一被执行人申请执行，各债权人对执行标的物均无担保物权的，按照执行法院采取执行措施的先后顺序受偿。"因吉林银行沈阳分行与辽宁盛京寝园有限公司对辽宁翰文书城有限公司持有的锦州银行股份有限公司的500万股股权均无优先受偿权，故沈阳中院认定本案申请执行人吉林银行沈阳分行与（2015）沈中执字第184号执行案件的申请执行人辽宁盛京寝园有限公司对冻结辽宁翰文书城有限公司持有的锦州银行股份有限公司的500万股股权各享有50%的权益并无不当。吉林银行沈阳分行异议理由不能成立，沈阳中院不予支持。依照《民事诉讼法》第225条（现为第229条）、《执行异议和复议规定》第17条第1项之规定，沈阳中院于2019年1月3日作出（2018）辽01执异2089号执行裁定，驳回异议人吉林银行沈阳分行的异议请求。

吉林银行沈阳分行不服沈阳中院（2018）辽01执异2089号执行裁定，向辽宁高院申请复议，请求撤销沈阳中院异议裁定及裁定复议申请人为辽宁瀚文书城有限公司持有的锦州银行股份有限公司的股份

500 万股的第一顺序查封权利人,并对其拍卖、变卖所得享有 100%的优先受偿权。

辽宁高院认为,本案焦点问题为对案涉 500 万股股权查封顺序的认定及案涉股权受偿范围的确定。《执行工作规定》第 53 条第 2 款(现为第 38 条第 2 款)规定:"冻结投资权益或股权的,应当通知有关企业不得办理被冻结投资权益或股权的转移手续,不得向被执行人支付股息或红利。被冻结的投资权益或股权,被执行人不得自行转让。"依据上述规定内容可知,人民法院冻结债务人在其他单位投资权益或股权的,既应当通知该单位不得向债务人支付股息或红利,还应当通知股权登记管理部门在冻结期间,不得为债务人办理股权转移手续。沈阳中院(2014)沈中民四初字第 300 号民事案件和该院(2014)沈中民一初字第 76 号民事案件均在诉讼期间保全查封(冻结)了辽宁翰文书城有限公司在锦州银行股份有限公司持有的500 万股股权,并均向股权登记管理部门辽宁省股权登记托管服务有限公司及股权所在单位锦州银行股份有限公司送达了《协助执行通知书》,即沈阳中院依照《执行工作规定》第 53 条第 2 款规定完成了向"有关企业"即辽宁省股权登记托管服务有限公司及锦州银行股份有限公司的通知行为,并分别通知上述单位不得为辽宁翰文书城有限公司办理 500 万股股权的转移手续及支付红利等行为。虽然(2014)沈中民四初字第 300 号民事案件和(2014)沈中民一初字第 76 号民事案件在采取保全措施时,向"有关企业"即辽宁省股权登记托管服务有限公司及锦州银行股份有限公司送达《协助执行通知书》的开始日期及受送达主体的先后顺序不同,但此两件民事案件均在 2014 年 9 月 5 日最终完成了向"有关企业"送达《协助执行通知书》,证明两件民事案件于 2014 年 9 月 5 日全部完成了向"有关企业"即辽宁省股权登记托管服务有限公司及锦州银行股份有限公司通知"不得办理被冻结股权的转移手续,不得支付股息或红利"的行为。本案中,沈阳中院分别向"有关企业"即辽宁省股权登记托管服务有限公司及锦州银行股份有限公司的通知行为符合《执行工作规定》第 53 条第 2 款规定内容，亦即如此才算完成全部通知行为并产生法律意义上的冻结效力。因（2014）沈中民四初字第 300 号民事案件和（2014）沈中民一初字第 76 号民事案件对辽宁翰文书城有限公司持有的锦州银行股份有限公司 500 万股股权均于 2014 年 9 月 5 日产生冻结效力，其所对应的两件执行案件就该股权的冻结效力亦应始于 2014 年 9 月 5 日，故原裁定认定本案申请执行人吉林银行沈阳分行与（2015）沈中执字第 184 号执行案件的申请执行人辽宁盛京寝园有限公司就冻结的被执行人辽宁翰文书城有限公司持有的锦州银行股份有限公司的 500 万股权各享有 50% 的权益并无不当。复议申请人主张的辽宁股权登记托管服务有限公司具有接受法院查封的职能，向其送达应视为向锦州银行股份有限公司送达，其应为 500 万股股权的第一顺序查封权利人，并享有 100% 的优先受偿权的请求无事实和法律依据，该院不予支持。依照《民事诉讼法》第 225 条（现为第 229 条）、《执行异议和复议规定》第 23 条第 1 款第 1 项之规定，辽宁高院于 2019 年 7 月 15 日作出（2019）辽执复 335 号执行裁定，驳回吉林银行股份沈阳分行的复议申请。

吉林银行沈阳分行不服辽宁高院（2019）辽执复 335 号执行裁定，向最高人民法院申诉，请求撤销上述裁定，依法裁定吉林银行沈阳分行对被执行人辽宁翰文书城有限公司持有的锦州银行股份有限公司 500 万股股权享有第一顺位的冻结、查封权利并就拍卖、变卖所得享有优先受偿权。主要理由如下：（1）《执行工作规定》第 53 条第 2 款规定的通知"有关企业"，不是"通知全部有关企业"。辽宁高院、沈阳中院将该法条规定扩大解释为通知全部有关企业，系明显适用法律错误。《最高人民法院执行工作办公室关于中国重型汽车集团公司股权执行案的复函》中认定，"根据《最高人民法院关于人民法院执行工作若干问题的规定（试行）》第 53 条的规定，人民法院冻结被执行人在有限责任公司、其他法人企业的投资权益或股权的，只要依法向相关有限责任公司、其他法人企业送达了冻结被执行人投资权益或股权的法律文书，即为合法有效。因此，本案中上海二中院、四川眉山中院实施的冻结重汽公司股权的措施是合法有效的。天津一中院、北京二中院关于既向联合公司送达冻结股权的法律文书，又到工商管理机关进行登记才发生冻结效力的主张，并无法律规定，故不能否定上海二中院、四川眉山中院冻结股权的效力"。根据最高人民法院上述复函的认定，上述"有关企业"，并不是全部有关企业，而是向其中之一送达冻结文书即发生了"冻结股权的法律效力"。（2）本案所涉股权的相关企业包括锦州银行股份有限公司及其股权登记机构辽宁股权登记托管服务有限公司。沈阳中院在 2014 年 9 月 3 日根据吉林银行沈阳分行的申请向辽宁股权登记托管服务有限公司送达了冻结该股权的《协助执行通知》，随后在 2014 年 9 月 4 日根据辽宁盛京寝园有限公司的申请向锦州银行股份有限公司送达了冻结该股权的《协助执行通知》。上述冻结时间顺序，非常明确地确定了吉林银行沈阳分行对该股权享有第一顺位的冻结、查封权利。（3）锦州银行股份有限公司与辽宁股权登记托管服务有限公司之间系委托代理法律关系。辽宁股权登记托管服务有限公司的受托权限包括股权登记、红利发放、股权冻结等。沈阳中院 2014 年 9 月 3 日向受托人辽宁股权登记托管服务有限公司送达冻结文书，即同时完成了对委托人锦州银行股份有限公司 500 万元股权的冻结手续，吉林银行沈阳分行全额享有第一顺序的查封、冻结权利。（4）沈阳中院、辽宁高院裁定中均认定，辽宁股权登记托管服务有限公司是锦州银行股份有限公司的股权登记机构。《查扣冻规定》第 9 条第 2 款（现为第 7 条第 2 款）规定，"查封、扣押、冻结已登记的不动产、特定动产及其他财产权，应当通知有关登记机关办理登记手续。未办理登记手续的，不得对抗其他已经办理了登记手续的查封、扣押、冻结行为"。在此前提下，吉林银行沈阳分行向锦州银行股份有限公司的股权登记机构——辽宁股权登记托管服务有限公司送达查封手续，也符合上述法律规定，于送达日期

2014年9月3日发生冻结效力。（5）如果沈阳中院关于"两案冻结裁定均在2014年9月5日生效"的认定得到确认，则沈阳中院在2014年9月2日作出保全裁定后，其于三日后的2014年9月5日才向锦州银行股份有限公司送达冻结文书，由此直接导致吉林银行沈阳分行丧失了该250万股股权的优先受偿权，应由沈阳中院依法司法赔偿。

最高人民法院认为，本案焦点问题为对案涉500万股股权查封顺序如何认定及案涉股权受偿范围如何确定。

《执行工作规定》第53条第2款规定："冻结投资权益或股权的，应当通知有关企业不得办理被冻结投资权益或股权的转移手续，不得向被执行人支付股息或红利。被冻结的投资权益或股权，被执行人不得自行转让。"关于辽宁省股权登记托管中心的性质，辽宁省人民政府办公厅于2009年发布的《辽宁省人民政府办公厅转发省政府金融办、省工商局关于开展企业股权集中登记托管工作实施意见的通知》中明确，辽宁省股权登记托管中心是省政府指定的专门从事股权登记托管业务的机构，负责承办省内企业股权集中登记托管业务。沈阳中院在办理（2014）沈中民四初字第300号民事案件和（2014）沈中民一初字第76号民事案件中，向锦州银行股份有限公司和辽宁省股权登记托管中心送达协助执行通知书，均可以认定为冻结股权的方式。虽然沈阳中院在两案中对锦州银行股份有限公司和辽宁省股权登记托管中心的送达先后顺序不同及日期不同，但均于2014年9月5日完成了对锦州银行股份有限公司和辽宁省股权登记托管中心的送达，故执行法院认定本案申请执行人吉林银行沈阳分行与（2015）沈中执字第184号执行案件的申请执行人辽宁盛京寝园有限公司就冻结的被执行人辽宁翰文书城有限公司持有的锦州银行股份有限公司的500万股股权各享有50%的权益，并无不当。

综上，辽宁高院（2019）辽执复335号执行裁定认定事实清楚，适用法律正确，应予维持。吉林银行股份有限公司沈阳分行的申诉理由不能成立，其申诉请求不予支持。2020年12月30日，最高人民法院作出（2020）最高法执监 19 号执行裁定，驳回吉林银行股份有限公司沈阳分行的申诉请求。

2. 平安银行股份有限公司青岛分行、中国信达资产管理股份有限公司山西省分公司等借款合同纠纷案①

山西省高级人民法院（以下简称山西高院）在执行中国信达资产管理股份有限公司山西省分公司（以下简称信达山西分公司）申请执行山西普大煤业集团有限公司（以下简称普大公司）等借款合同纠纷执行一案中，应山西省太原市中级人民法院（以下简称太原中院）的商请移送申请，将普大公司持有的晋商银行股份有限公司（以下简称晋商银行）的 1.53% 的股权及相应孳息（以下简称案涉股权）移送太原中院执行。

平安银行股份有限公司青岛分行（以下简称平安银行青岛分行）不服山西高院上述移送执行的执行行为，向该院提出异议，请求：（1）确认山东省高级人民法院（以下简称山东高院）对案涉股权的查封是第一顺序查封；（2）撤销将案涉股权移送太原中院执行的法律文书；（3）将本案执行异议情况告知太原中院，要求其停止并撤销对案涉股权采取的拍卖措施。其主张的主要事实与理由如下：（1）法院查封晋商银行的股权必须向晋商银行送达才有效，山西高院仅向山西省工商行政管理局（以下简称山西工商局）送达无效，山东高院系首封法院。2015 年 3 月 13 日，山西高院对案涉股权采取查封措施，查封文书送达山西工商局，并未送达晋商银行。2015 年 4 月 26 日，山东高院对案涉股权采取查封措施，查封文书送达晋商银行。因晋商银行是非上市股份有限公司，根据 2014 年 3 月 1 日起施行的《公司登记管理条例》第 9 条②规定，除公司的一般登记事项外，股份有限公司仅要求登记"发起人的姓名或者名称"，至于股东名称、股东所

---

① 参见最高人民法院（2020）最高法执复 139 号执行裁定书。
② 现对应《市场主体登记管理条例》第 8 条。

持股份等都已不是法定的登记内容，即工商行政管理机关并非股份有限公司股权的登记机关，依据现有法律法规及相关部门规范性文件的规定，人民法院冻结股份有限公司的股权无须要求工商行政管理机关办理协助冻结手续。因此，查封晋商银行的股权应当向晋商银行送达才有效，仅向山西工商局送达无效。据此，山西高院对案涉股权的查封无效。（2）山东高院作为案涉股权首封法院，太原中院作为优先受偿执行法院应当向山东高院出具商请移送执行函，要求其将案涉股权移送优先权法院执行。因此，山西高院应撤销将案涉股权移送太原中院执行的法律文书。（3）山西高院应将本案执行异议情况告知太原中院，要求其停止并撤销对案涉股权采取的拍卖措施。

山西高院查明，该院在审理信达山西分公司与普大公司等借款合同纠纷一案中，于2015年3月12日依据该院作出的（2015）晋商初字第5号民事裁定，向山西工商局送达（2015）晋执保商字第5号协助执行通知书，要求协助冻结案涉股权。2017年3月9日，山西高院向晋商银行送达（2015）晋商初字第5-3号协助执行通知书，续行冻结案涉股权。

山西高院另查明，2015年4月26日，山东高院保全查封案涉股权，查封文书送达晋商银行，后依法续封。

山西高院再查明，晋商银行向该院出具案涉股权质押、冻结情况说明，确认案涉股权于2014年8月25日质押给山西晋商飞行俱乐部有限责任公司，首封法院为山西高院，二封法院为山东高院。

山西高院认为，本案的争议焦点为案涉股权的首冻法院是否为该院。第一，根据《规范执行与协助执行通知》第11条"人民法院冻结股权、其他投资权益时，应当向被执行人及其股权、其他投资权益所在市场主体送达冻结裁定，并要求工商行政管理机关协助公示"的规定，工商行政管理机关是本案的协助义务主体。本案中，山西高院于2015年3月13日向山西工商局送达（2015）晋执保商字第5号协助执行通知书、协助公示通知书时，山西工商局予以接收并在送达回证上签字确认，代表其对于协助义务的认可和可执行。故山西高院对案涉股权的首次冻结时间为 2015 年 3 月 13 日。第二，从首次冻结时间上来看，山西高院冻结案涉股权的时间为 2015 年 3 月 13 日，山东高院查封案涉股权的时间为 2015 年 4 月 26 日，前者冻结的时间早于后者。第三，根据晋商银行反馈的情况看，山西高院于 2017 年 3 月 9 日向晋商银行送达续行冻结手续，对案涉股权进行了续行冻结，晋商银行对于续冻手续予以认可。同时，异议案件审理过程中，晋商银行也向山西高院出具情况说明，确认案涉股权首冻法院为该院。从以上情况可以看出，晋商银行对山西高院首次冻结案涉股权是知情和认可的。综上，案涉股权的首冻法院应为山西高院，平安银行青岛分行的异议请求理据不足，山西高院不予支持。2019 年 12 月 20 日，山西高院作出（2019）晋执异 84 号执行裁定，依照《民事诉讼法》第 225 条（现为第 229 条）、《执行异议和复议规定》第 17 条第 1 项之规定，裁定驳回平安银行青岛分行的异议请求。

平安银行青岛分行不服山西高院上述裁定，向最高人民法院申请复议，请求：（1）撤销山西高院（2019）晋执异 84 号执行裁定；（2）确认山东高院对案涉股权的查封是第一顺序查封。其主张的主要事实和理由如下：（1）山西工商局对于山西高院查封案涉股权的公示时间是 2015 年 8 月 12 日，该查封未同时送达晋商银行，未产生查封效力。首先，通过国家企业信用信息公示系统查询晋商银行的工商登记信息，其对外公示的司法协助信息中显示，2015 年 3 月 13 日，山西高院以（2015）晋执保商字第 5 号裁定冻结案涉股权，到期日为 2017 年 3 月 12 日，显示公示日期为 2015 年 8 月 12 日。其次，2015 年 8 月 12 日，国家企业信用信息公示系统显示山西高院解除了对普大公司持有晋商银行的 76.5 万元的股权的冻结，在该系统亦未查询到山西高院基于（2015）晋执保商字第 5 号案件在 2017 年 3 月 12 日案涉股权查封到期前的续查封信息。最后，2015 年 3 月，山西高院并未向普大公司股权所在企业晋商银行送达查封法律文书。（2）根据

《执行工作规定》第53条（现为第38条）及《规范执行与协助执行通知》第11条规定，山西高院于2015年3月13日查封案涉股权时，应当向普大公司股权所在企业晋商银行送达查封裁定，但其未送达，只向工商行政管理机关送达，故并未产生查封的效力。山西高院认定其对案涉股权的首次查封时间是2015年3月13日是错误的。（3）山西高院依据晋商银行的情况说明认定该院是首封法院没有法律依据。确定查封事宜，只能依据法院送达的协助执行通知书和当事人签收的送达回证，以当事人的情况说明来确定查封时间是没有依据的。此外，根据国家企业信用信息公示系统对外公示的司法协助信息中显示，2015年8月12日，山西高院解除了普大公司持有的晋商银行的76.5万元的股权，相当于在（2015）晋执保商字第5号案件中，山西高院只是查封了4923.5万元的股权。但山西高院却无视这一事实，仍然认定自己查封了5000万元的股权，这一认定是错误的。

其他当事人、利害关系人未提交意见。

最高人民法院查明的事实与山西高院查明的事实基本一致。

另查明，本案所涉山东高院执行的平安银行青岛分行申请执行普大公司等一案，案号为（2019）鲁执恢9号，该案于2019年6月12日立案执行，尚未处置案涉股权。

再查明，晋商银行为非上市股份有限公司。

最高人民法院认为，本案的争议焦点为，是山西高院还是山东高院对案涉股权作出了在先冻结。

《规范执行与协助执行通知》第11条第1款规定："人民法院冻结股权、其他投资权益时，应当向被执行人及其股权、其他投资权益所在市场主体送达冻结裁定，并要求工商行政管理机关协助公示。"第13条规定："工商行政管理机关在多家法院要求冻结同一股权、其他投资权益的情况下，应当将所有冻结要求全部公示。首先送达协助公示通知书的执行法院的冻结为生效冻结。送达在后的冻结为轮候冻结。有效的冻结解除的，轮候的冻结中，送达在先的自动生效。"根据上述规定确定的股权冻结规则，一家人民法院冻结被执行人对他人享有的股权时，在程序上需要向股权所在市场主体送达冻结裁定，并要求市场监督管理部门协助公示；而当存在多家法院冻结的情况下，则需要通过判断各家法院向市场监督管理部门送达协助公示通知书的先后顺序而确定冻结顺位。本案中，山西高院没有查明山东高院是否向山西工商局送达过协助公示通知书，以及如果有，该送达时间与山西高院的协助公示通知书送达时间孰先孰后的问题，而是直接将山西高院的协助公示通知书的送达时间与山东高院向晋商银行送达查封文书的时间进行比较，进而认定山西高院对案涉股权的冻结为在先冻结，混淆了比较的时点对象，导致基本事实认定不清，依法应发回山西高院重新审查。同时，平安银行青岛分行另提出冻结数额争议问题，山西高院对此亦应一并审查。另外，鉴于太原中院是优先债权执行法院，而无论是山东高院还是山西高院，其对案涉股权采取查封措施均超过了 60 日且未采取发布拍卖公告或者变卖措施，故依照《最高人民法院关于首先查封法院与优先债权执行法院处分查封财产有关问题的批复》第 1 条、第 2 条之规定，现在由太原中院对案涉股权予以执行，并无不当。

综上，山西高院（2019）晋执异 84 号执行裁定认定基本事实不清，应予纠正。复议申请人平安银行青岛分行的部分复议请求成立，应予支持。

2020 年 12 月 25 日，最高人民法院作出（2020）最高法执复 139 号执行裁定，撤销山西省高级人民法院（2019）晋执异 84 号执行裁定，本案发回山西省高级人民法院查清事实后作出相应裁定。

【相关规定】

1.《中华人民共和国民事诉讼法》（2023 年 9 月 1 日修正）

第二百五十三条　被执行人未按执行通知履行法律文书确定的义

务，人民法院有权向有关单位查询被执行人的存款、债券、股票、基金份额等财产情况。人民法院有权根据不同情形扣押、冻结、划拨、变价被执行人的财产。人民法院查询、扣押、冻结、划拨、变价的财产不得超出被执行人应当履行义务的范围。

人民法院决定扣押、冻结、划拨、变价财产，应当作出裁定，并发出协助执行通知书，有关单位必须办理。

2.《中华人民共和国市场主体登记管理条例》（2021 年 7 月 27 日）

第八条 市场主体的一般登记事项包括：

（一）名称；

（二）主体类型；

（三）经营范围；

（四）住所或者主要经营场所；

（五）注册资本或者出资额；

（六）法定代表人、执行事务合伙人或者负责人姓名。

除前款规定外，还应当根据市场主体类型登记下列事项：

（一）有限责任公司股东、股份有限公司发起人、非公司企业法人出资人的姓名或者名称；

（二）个人独资企业的投资人姓名及居所；

（三）合伙企业的合伙人名称或者姓名、住所、承担责任方式；

（四）个体工商户的经营者姓名、住所、经营场所；

（五）法律、行政法规规定的其他事项。

3.《最高人民法院关于人民法院民事执行中查封、扣押、冻结财产的规定》（2020 年 12 月 29 日修正）

第一条 人民法院查封、扣押、冻结被执行人的动产、不动产及其他财产权，应当作出裁定，并送达被执行人和申请执行人。

采取查封、扣押、冻结措施需要有关单位或者个人协助的，人民法院应当制作协助执行通知书，连同裁定书副本一并送达协助执行人。查封、扣押、冻结裁定书和协助执行通知书送达时发生法律效力。

第七条 查封不动产的，人民法院应当张贴封条或者公告，并可以提取保存有关财产权证照。

查封、扣押、冻结已登记的不动产、特定动产及其他财产权，应当通知有关登记机关办理登记手续。未办理登记手续的，不得对抗其他已经办理了登记手续的查封、扣押、冻结行为。

4.《最高人民法院关于人民法院执行工作若干问题的规定（试行）》（2020 年 12 月 29 日修正）

38. 对被执行人在有限责任公司、其他法人企业中的投资权益或股权，人民法院可以采取冻结措施。

冻结投资权益或股权的，应当通知有关企业不得办理被冻结投资权益或股权的转移手续，不得向被执行人支付股息或红利。被冻结的投资权益或股权，被执行人不得自行转让。

40. 有关企业收到人民法院发出的协助冻结通知后，擅自向被执行人支付股息或红利，或擅自为被执行人办理已冻结股权的转移手续，造成已转移的财产无法追回的，应当在所支付的股息或红利或转移的股权价值范围内向申请执行人承担责任。

5.《最高人民法院、国家工商总局关于加强信息合作规范执行与协助执行的通知》（2014 年 10 月 10 日，法〔2014〕251 号）

6. 人民法院办理案件需要工商行政管理机关协助执行的，工商行政管理机关应当按照人民法院的生效法律文书和协助执行通知书办理协助执行事项。

人民法院要求协助执行的事项，应当属于工商行政管理机关的法定职权范围。

7. 工商行政管理机关协助人民法院办理以下事项：

……

（2）对冻结、解除冻结被执行人股权、其他投资权益进行公示；

……

（4）法律、行政法规规定的其他事项。

8.工商行政管理机关在企业信用信息公示系统中设置"司法协助"栏目，公开登载人民法院要求协助执行的事项。

……

11.人民法院冻结股权、其他投资权益时，应当向被执行人及其股权、其他投资权益所在市场主体送达冻结裁定，并要求工商行政管理机关协助公示。

……

13.工商行政管理机关在多家法院要求冻结同一股权、其他投资权益的情况下，应当将所有冻结要求全部公示。

首先送达协助公示通知书的执行法院的冻结为生效冻结。送达在后的冻结为轮候冻结。有效的冻结解除的，轮候的冻结中，送达在先的自动生效。

6.《关于建立和完善执行联动机制若干问题的意见》（2010 年 7 月 7 日，法发〔2010〕15 号）

第十七条 工商行政管理部门应当协助人民法院查询有关企业的设立、变更、注销登记等情况；依照有关规定，协助人民法院办理被执行人持有的有限责任公司股权的冻结、转让登记手续。对申请注销登记的企业，严格执行清算制度，防止被执行人转移财产，逃避执行。逐步将不依法履行生效法律文书确定义务的被执行人录入企业信用分类监管系统。

第七条　被执行人就被冻结股权所作的转让、出质或者其他有碍执行的行为，不得对抗申请执行人。

【条文主旨】

本条是关于冻结股权对被执行人的效力的规定。

【理解与适用】

本条规定源自《查扣冻规定》第 24 条第 1 款，被执行人就已经查封、扣押、冻结的财产所作的移转、设定权利负担或者其他有碍执行的行为，不得对抗申请执行人。起草过程中，关于冻结股权对被执行人产生什么样的效力，存在较大争议，主要涉及五个问题：一是冻结效力的性质是绝对性还是相对性；二是冻结效力相对性是指程序相对效还是个别相对效；三是破产程序对冻结效力的影响；四是协助执行通知对冻结效力的影响；五是转让情况下的追加问题。

一、冻结效力的性质是绝对性还是相对性

（一）关于概念及立法例

冻结股权效力的性质，取决于查封效力的性质，主要有绝对性和相对性两种观点。

查封效力的绝对性，是指查封的效果能使被执行人绝对丧失对查封物的处分权，被执行人就查封物所为的处分行为，不仅对申请执行

人无效，而且对任何第三人均为无效。① 这种观点认为，查封为公法上的行为，查封后，被执行人对查封物就丧失处分权，为贯彻禁止被执行人处分的目的，其处分行为属于绝对无效及确定无效，不得对执行债权人及任何人主张有效，即便事后申请执行人撤回执行申请或查封被撤销，也不能使其变为有效。② 查封效力绝对性观点，更注重对债权人利益的保护，有利于维护司法秩序的稳定，但不利于财产流通，不利于财产价值的充分体现。法国立法例主要采这种观点。《法国民事执行程序法典》第 L141-2 条规定，扣押行为，即引起受到扣押的财产为不得处分的财产。第 L321-2 条第 1 款规定，扣押文书使不动产即成为不得处分的财产，并限制受扣押的债务人的使用权、收益与管理权。第 L321-2 条第 2 款规定，债务人既不得转让受到扣押的不动产，也不得用其设置物权，但保留适用本法典第 L322-1 条的规定。第 L322-1 条规定，受到扣押的财产，或者经法院批准自愿协商出卖，或者公开竞价拍卖。根据上述规定，在法国，除非经法院批准，被执行人不得处分查封财产。当然，法国法也有例外情形。《法国民事执行程序法典》第 R321-1 条规定，为适用本法典法律第 L321-1 条第 1 款规定，不动产执行程序由司法执达员，应追偿债务的债权人的申请，（向债务人）送达"具有扣押效力的支付催告令"开始。第 R321-3 条第 1 款第 6 项规定，除司法执达员文书应当载明的法定事项之外，"具有扣押效力的支付催告令"还应写明以下内容：指明支付催告令本身具有实施不动产扣押之效力，由此受到扣押的财产，对于债务人，自催告令送达之日，对于第三人，自催告令在抵押权登记处进行公告之日，为不得处分的财产。第 R321-13 条第 3 款规定，财产受到扣押的债务人在"具有扣押效力的支付催告令"公示之

① 王飞鸿：《〈关于人民法院民事执行中查封、扣押、冻结财产的规定〉理解与适用》，载《人民司法》2004 年第 12 期。

② 参见杨与龄编著：《强制执行法论》，中国政法大学出版社 2002 年版，第 337 页。

前，违反已经向其送达的支付催告令所产生的效力而订立某种协议，应合同对方当事人的请求，由法官宣告该协议无效。[①] 根据上述规定，在法国，对被执行人而言，查封不动产自向其送达具有查封效力的支付催告令时生效，对第三人而言，自催告令在抵押权登记处进行登记时生效。在具有查封效力的催告令送达被执行人之后、公示之前，查封对被执行人产生效力，对第三人没有产生效力。这种情况下，被执行人处分查封财产，并非绝对无效，是否无效取决于签订协议的合同相对方是否提出请求。

查封效力的相对性，是指被执行人就查封物所为的处分行为并非绝对无效，而只是相对无效，只是不得对抗申请执行人，在被执行人与处分行为的相对人之间仍属有效。[②] 此种观点认为，查封的目的是限制被执行人的处分权，让法院取得处分权，以便变价财产清偿申请执行人的债权。查封仅使被执行人在查封目的范围内丧失对于查封财产的处分权，因此，被执行人对于查封财产的处分，仅仅对于申请执行人不发生法律效力，对于被执行人与第三人之间仍属有效。申请执行人撤回执行申请或者查封被撤销后，该处分完全有效，这样有助于兼顾保护被执行人和第三人的利益。[③] 查封效力相对性的观点，更注重对被执行人权益的保护，有利于充分发挥财产的价值。日本法中虽然没有明确规定相关内容，日本学界通说认为查封对被执行人处分权的禁止具有相对性，被执行人违反查封禁止处分效力而处分了查封财产，仅不能对抗参与执行程序的债权人。

（二）关于程序法规定

2004 年 3 月 1 日起实施的《最高人民法院、国土资源部、建设

---

① 参见罗结珍译：《法国民事执行程序法典》，载江必新、刘贵祥主编：《执行工作指导》（总第 51 辑），人民法院出版社 2014 年版，第 165~221 页。

② 王飞鸿：《〈关于人民法院民事执行中查封、扣押、冻结财产的规定〉理解与适用》，载《人民司法》2004 年第 12 期。

③ 参见杨与龄编著：《强制执行法论》，中国政法大学出版社 2002 年版，第 337 页。

部关于依法规范人民法院执行和国土资源房地产管理部门协助执行若干问题的通知》第 22 条第 1 款规定："国土资源、房地产管理部门对被人民法院依法查封、预查封的土地使用权、房屋，在查封、预查封期间不得办理抵押、转让等权属变更、转移登记手续。"第 2 款规定："国土资源、房地产管理部门明知土地使用权、房屋已被人民法院查封、预查封，仍然办理抵押、转让等权属变更、转移登记手续的，对有关的国土资源、房地产管理部门和直接责任人可以依照民事诉讼法第一百零二条①的规定处理。"根据该规定，不动产查封后即不得办理抵押、转让等，查封具有绝对效力。

2005 年 1 月 1 日施行的《查扣冻规定》第 26 条第 1 款（现为第 24 条第 1 款）规定："被执行人就已经查封、扣押、冻结的财产所作的移转、设定权利负担或者其他有碍执行的行为，不得对抗申请执行人。"根据该规定，财产查封后的转让、抵押等行为并不当然无效，只是不能对抗申请执行人，查封具有相对效力。该规定改变了《最高人民法院、国土资源部、建设部关于依法规范人民法院执行和国土资源房地产管理部门协助执行若干问题的通知》确立的查封具有绝对效力的意见。

（三）关于实体法规定

2007 年 3 月通过的《物权法》（已废止）第 184 条规定："下列财产不得抵押：……（五）依法被查封、扣押、监管的财产……"2021 年通过的《民法典》继续沿袭《物权法》的上述规定，于第 399 条规定："下列财产不得抵押：……（五）依法被查封、扣押、监管的财产……"根据实体法的规定，查封财产不得办理抵押，查封期间，禁止被执行人对查封财产设置抵押这种权利负担，明确了查封具有绝对效力的观点。

此外，查封效力的绝对性与相对性问题，与抵押人能否转让抵

---

① 2023 年修正后为第 114 条。

押财产问题具有相似性。2007 年 3 月通过的《物权法》第 191 条第 2 款规定："抵押期间，抵押人未经抵押权人同意，不得转让抵押财产，但受让人代为清偿债务消灭抵押权的除外。"该条规定确立了以不得转让抵押财产为原则、以可以转让为例外的规则，即原则上不得转让，如果抵押权人同意或者受让人代为清偿的，可以转让。2021 年通过的《民法典》对该规则进行了修改，于第 406 条第 1 款规定："抵押期间，抵押人可以转让抵押财产。当事人另有约定的，按照其约定。抵押财产转让的，抵押权不受影响。"第 2 款规定："抵押人转让抵押财产的，应当及时通知抵押权人。抵押权人能够证明抵押财产转让可能损害抵押权的，可以请求抵押人将转让所得的价款向抵押权人提前清偿债务或者提存。转让的价款超过债权数额的部分归抵押人所有，不足部分由债务人清偿。"《民法典》确立了以可以转让抵押财产为原则、以不可以转让为例外的规则，即原则上可以转让，如果当事人约定不得转让的，从其约定。《民法典》的这种立法观点的转变，体现了促进抵押财产流转、鼓励物尽其用的立法趋势。

（四）本条的意见

本条规定继续沿用了《查扣冻规定》第 24 条的意见，同时也与《民法典》鼓励物尽其用的立法精神相契合，采纳了查封效力相对性的观点。主要有两层意思：第一，被执行人对冻结的股权进行转让、设定质押等处分的，申请执行人仍可根据执行依据所载债权，请求对该股权进行执行，不受上述处分行为的限制，也无须考虑保护处分行为相对人的利益。第二，在不妨害冻结目的、保护申请执行人利益的前提下，为了保护交易安全，维护交易秩序，促进交易的进行，被执行人对冻结股权所为的移转、设定质押等有碍冻结的行为，仍然有效。比如，被执行人将已被法院冻结的股权转让给第三人，那么该买卖并非当然无效，在申请执行人撤回执行申请或者其债权已用其他财产得到清偿的情况下，该买卖可以认定有效，第三人可以取得股权的权属。

二、冻结效力相对性是程序相对效还是个别相对效

（一）关于概念和立法例

冻结效力的程序相对效，是指被执行人对冻结股权所采取的转让、设定质押等处分行为的效力，应该依据该处分行为与执行程序的关系区别对待。具体而言，人民法院冻结股权后，被执行人对冻结股权所采取的转让、设定质押等处分行为，在该处分措施之前就已经采取冻结措施的执行程序存续期间，对所有可以通过该执行程序获得分配的债权人都无效，包括在被执行人设定质押或转让后申请参与分配的普通债权人，包括在被执行人设定质押后又轮候冻结股权但申请参与分配到在先冻结案件中的普通债权人。根据程序相对效说，只要执行程序存续，对冻结股权的处分行为就不得对抗执行程序的所有债权人，视同该处分行为不存在一样。比如，A法院在执行甲申请执行乙的案件中，冻结了乙名下的股权，冻结期间，乙将股权质押给了丙；之后，乙的另一个普通债权人丁申请参与分配到A法院的这个案件中，乙的另一个普通债权人戊在B法院对乙提出强制执行申请，在质押之后轮候冻结了股权，也申请参与分配到A法院的这个案件中。A法院对冻结股权变现后，丙并没有取得执行依据、未申请参与分配到该程序中，这种情况下，丙的质押权对于甲、丁和戊的债权都无效，不得影响A法院对甲、丁和戊的债权予以清偿。

冻结效力的个别相对效，是指被执行人对冻结股权所采取的转让、设定质押等处分行为的效力，应该依据该处分行为与个别债权人的关系区别对待。具体而言，人民法院冻结股权后，被执行人对冻结股权所采取的转让、设定质押等处分行为，对于在该处分行为之前就已经采取冻结措施的债权人或者已经申请参与分配到在先采取冻结措施执行程序中的债权人都无效，对于在后申请参与分配或者采取冻结措施的普通债权人，则将产生效力。比如，在前述这个案例中，丙的质押权，对于甲无效，但对于丁和戊都是有效的，意味着丙将优先于

丁和戊获得受偿。

日本在《日本强制执行法》出台之前，个别相对效说占支配地位，《日本强制执行法》出台后，该法第 59 条第 2 款等明确规定了不动产查封的程序相对效，程序相对效说占据主导地位，其目的在于回避分配程序上产生的困难，迅速推进执行程序。

（二）关于本条的意见

《执行工作规定》第 55 条第 1 款规定："多份生效法律文书确定金钱给付内容的多个债权人分别对同一被执行人申请执行，各债权人对执行标的物均无担保物权的，按照执行法院采取执行措施的先后顺序受偿。"《民诉法解释》第 506 条规定："被执行人为公民或者其他组织，在执行程序开始后，被执行人的其他已经取得执行依据的债权人发现被执行人的财产不能清偿所有债权的，可以向人民法院申请参与分配。"第 508 条规定："参与分配执行中，执行所得价款扣除执行费用，并清偿应当优先受偿的债权后，对于普通债权，原则上按照其占全部申请参与分配债权数额的比例受偿。清偿后的剩余债务，被执行人应当继续清偿。债权人发现被执行人有其他财产的，可以随时请求人民法院执行。"第 511 条规定："在执行中，作为被执行人的企业法人符合企业破产法第二条第一款规定情形的，执行法院经申请执行人之一或者被执行人同意，应当裁定中止对该被执行人的执行，将执行案件相关材料移送被执行人住所地人民法院。"第 514 条规定："当事人不同意移送破产或者被执行人住所地人民法院不受理破产案件的，执行法院就执行变价所得财产，在扣除执行费用及清偿优先受偿的债权后，对于普通债权，按照财产保全和执行中查封、扣押、冻结财产的先后顺序清偿。"根据上述规定，对于企业法人而言，普通债权按照查封先后顺序受偿，相当于赋予在先查封债权人对查封财产享有优先受偿权，在财产分配原则上，奉行"优先主义"；对于自然人和非法人组织而言，普通债权原则上按照债权比例受偿，在先查封债权人对查封财产并不享有优先受偿权，在财产分配原则上，主要奉行"平等主义"。鉴于被执行人主体不同，查封的效力存在差异，在论证程序相对效还是个别相对效时，宜区分被执行人主体分别进行论述。

1. 被执行人为自然人或者非法人组织。理论上来看，个别相对效说比较精细，更加符合实体法的规则。如前所述案例，丙在办理质押登记的时候，只看到了甲的冻结。丙的质押权不得对抗甲，是丙可以预见的。戊在轮候冻结的时候，已经发现了丙办理了质押登记，其对丙的权利优先获得清偿也是有心理预期的。因此，让丙的质押权可以对抗戊，符合丙、戊双方的心理预期，符合权利公示的先后顺序，符合当事人朴素的公平正义观念。

当被执行人为自然人或者非法人组织时，被执行人财产的分配原则上奉行"平等主义"。这种普通债权人之间的平等性与在先冻结债权对在后质押权的相对优先性、质押权对普通债权的优先性交织在一起，会带来复杂的实践操作，实践中争议也比较大。举例而言，被执行人为自然人，普通债权人甲对被执行人享有债权 100 万元，申请执行后，在先冻结了被执行人股权；冻结期间，被执行人将股权质押给乙，乙的优先债权数额也为 100 万元；之后，普通债权人丙申请参与分配，其债权数额也为 100 万元。法院将股权变现后，获得价款 100 万元，在适用参与分配程序时候，乙并未取得执行依据。《民诉法解释》第 506 条第 1 款规定："被执行人为公民或者其他组织，在执行程序开始后，被执行人的其他已经取得执行依据的债权人发现被执行人的财产不能清偿所有债权的，可以向人民法院申请参与分配。"由于乙没有取得执行依据，不能申请参与分配程序。根据个别相对效说，乙不能对抗甲，但可以对抗丙，即甲优先于乙，乙优先于丙。同时，根据《民诉法解释》第 508 条规定，甲与丙均为普通债权人，二者平等受偿。关于如何实现个别相对效说的优先受偿和参与分配程序的平等受偿之间的平衡，大致有以下几种方案。

方案一：根据个别相对效说，甲优先于乙，乙优先于丙。因此，甲优先于乙和丙。甲为最优先债权，其应获得全部 100 万元价款，乙和丙获得 0 元价款。

方案二：根据个别相对效说，甲优先于乙，乙优先于丙。参与分配程序的案件系甲作为债权人的案件，乙虽然享有质押权，但其质押权不得对抗甲，对甲而言，相当于乙没有取得质押权，又由于乙未取得执行依据，故不得作为普通债权人申请参与分配。因此，进入参与分配程序的债权人是甲和丙，二者根据普通债权平等受偿原则，各得 50 万元。同时，由于乙的质押权可以对抗丙的普通债权，乙要优先于丙获得清偿，乙应优先获得丙根据参与分配程序应得的 50 万元。综上，甲得到 50 万元，乙得到 50 万元，丙得到 0 元。

方案三：根据个别相对效说，乙的质押权不得对抗甲，但可以对抗丙。乙虽然没有取得执行依据，鉴于其质押权人的特殊地位，其至少可以作为一名普通债权人参与分配程序。在分配程序中，乙不得主张质押权，甲乙丙都是普通债权人，按照债权数额比例受偿，各得 33.3 万元。

方案四：根据个别相对效说，乙的质押权不得对抗甲，但可以对抗丙。在丙进入参与分配程序的情况下，乙作为可以对抗丙的质押权人，虽未取得执行依据，但也可以进入参与分配程序。根据债权的平等性，甲乙丙各获得 33.3 万元。又因为乙的质押权可以对抗丙，应该优先获得丙通过分配程序应得的 33.3 万元。综上，甲得到 33.3 万元，乙得到 66.6 万元。

在起草过程中，假设采用个别相对效说的情况下，应该采取上述哪种方案，没有形成一致意见，观点比较分散。

相比较而言，程序相对效说的实践操作简单明了。关于如前所述甲乙丙债权各 100 万元的案例，根据程序相对效说，乙的质押权不得对抗甲和丙，因此，甲和丙进入分配程序，根据债权平等性，甲得到 50 万元，丙得到 50 万元，乙得到 0 元。

综合比较程序相对效说和个别相对效说，立足司法实践，个别相对效说更加关注公平原则，更加尊重被执行人的自由处分权，更加注重对被执行人处分行为相对人的利益保护，但会让执行分配程序更加复杂，更容易引发分配异议之诉等衍生程序，降低执行效率。程序相对效说更加关注执行效率原则，重视执行程序的简单快速推进，更加重视对执行债权人的保护，淡化对被执行人处分行为相对人的利益保护。而且，如果采取程序相对说，被执行人处分行为相对人为保护自己的合法权益，在接受质押或者受让冻结股权时，会优先考虑消除在先的冻结，优先考虑将在先冻结债权人的债权予以清偿，从而尽快终结执行程序，避免在后债权人搭便车。从这个角度而言，程序相对说在赋予被执行人一定处分权的同时，兼顾保护了申请执行人的合法权益，更有利于维护查封措施的制度价值，有利于维护司法秩序的稳定。

综上，在被执行人为自然人或者非法人组织时，我们倾向于采纳程序相对效说。

2. 被执行人为企业法人。如前所述，企业法人为被执行人时，其不适用参与分配程序，财产的分配奉行"优先主义"，其与在先冻结债权对在后质押权的相对优先性、质押权对普通债权的优先性相结合，基本可以按照"优先主义"原则统一进行解决，在操作上简便易行。如德国法中，奉行"优先主义"，根据《德国民事诉讼法》第804条和第867条规定，执行机构对动产、权利的扣押和对不动产的查封将分别产生扣押质权和强制抵押权，二者的效力基本上与当事人通过合同设定的合意性担保物权是一样的，可以适用相同规则处理顺位问题。

举例而言，被执行人为企业法人，普通债权人甲对被执行人享有债权100万元，申请执行后，在先冻结了被执行人股权；冻结期间，被执行人将股权质押给乙，乙的优先债权数额也为100万元；之后，普通债权人丙轮候冻结了股权，债权数额也为100万元。法院将股权变现后，获得价款250万元，乙尚未取得执行依据，其债权尚未进入执行程序。

按照个别相对效说，甲优先于乙，乙优先于丙，甲得到 100 万元，为乙预留 100 万元，丙得到 50 万元。

按照程序相对效说，由于被执行人为企业法人并不适用参与分配程序（狭义），丙虽然轮候冻结了股权，但并不是甲作为申请执行人案件的执行程序的参与债权人，并不能优先于乙。据此，其清偿顺位也应该是甲优先于乙，乙优先于丙，与个别相对效说一致。

综上，在被执行人为企业法人时，程序相对效说和个别相对效说的结果是一样的。而理论上，个别相对效说更具合理性，我们倾向于采纳个别相对效说。

3. 结论。当被执行人为自然人或非法人组织时，我们倾向于采纳程序相对效说，当被执行人为企业法人时，我们倾向于采纳个别相对效说。由于针对不同主体确定的财产分配原则不一样，我们在冻结相对效上，根据不同主体采纳不同观点，亦具有合理性。

三、破产程序对冻结效力的影响

我国《企业破产法》适用于企业法人，尚未建立自然人破产制度。在讨论破产程序对冻结效力的影响问题时，限于被执行人为企业法人的情况。破产程序与执行程序的功能定位不同，其财产分配原则也不同。破产程序中，普通债权按照比例获得清偿，奉行"平等主义"；执行程序中，普通债权按照采取查封、扣押、冻结措施先后顺序获得清偿，奉行"优先主义"。

（一）被执行人转让冻结股权时

当被执行人转让冻结股权后，进入破产程序时，第三人已经成为股权的权利人，在该转让行为没有被撤销的情况下，该股权不属于被执行人的财产，不被纳入破产程序。

被执行人转让冻结股权的行为，不得对抗在先冻结的普通债权人，相当于在先冻结的效力及于转让后第三人名下的股权。在先冻结的普通债权人不仅可以参加被执行人的破产程序，按照比例获得清偿，同时也可以继续执行第三人名下已被冻结的股权。相较于被执行人没有转让行为而言，该债权人可能因该转让行为而获得更高比例的清偿。

（二）被执行人质押冻结股权时

当被执行人将冻结股权质押给第三人后，进入破产程序时，第三人成为股权的质押权人，其对质押股权享有别除权，将优先于普通债权人获得清偿。在执行程序中，在先冻结的普通债权人，相比在后的质押权人和在后冻结的普通债权人，将优先获得清偿。根据物权法定原则，《民法典》等实体法并未规定此种权利，该优先受偿权不同于担保物权的优先受偿权，将其定性为执行程序中的特殊权利，更加符合当前我国的法律框架体系。执行程序中的特殊权利，不具有普适性，在进入破产程序后，可能难以获得保障。如执行程序中，按照冻结先后顺序受偿，在先冻结的普通债权具有事实上的优先性；一旦进入破产程序，这种优先性就丧失了，在先冻结的普通债权将与其他普通债权一样，按照比例获得清偿。同理，在先冻结的普通债权与在后质押的质押债权的关系，执行程序和破产程序中也会存在差异。因此，本条规定在后质押不得对抗在先冻结，一旦进入破产程序，本条规定可能难以适用。如果被执行人没有将冻结股权设定质押，进入破产程序后，针对冻结股权，在先冻结债权人可以和其他普通债权人一起按照比例获得清偿；如果被执行人将冻结股权设定质押，针对冻结股权，质押权人优先获得清偿，如果还有剩余的，在先冻结债权人可以和其他普通债权人一起按照比例获得清偿。相比较而言，被执行人对冻结股权设定质押，在采纳冻结相对效的情况下，无论是程序相对效还是个别相对效，待被执行人进入破产程序后，都将对在先冻结债权造成实质性损害。因此，实践中，有必要对此种情况予以严格限制，对融资所得款予以严格控制，以保护申请执行人的合法权益。

四、协助执行通知书对冻结效力的影响

协助执行通知书明确载明：对被执行人股权予以冻结，冻结期间，禁止转让、设定质押，等等。这种情况下，如何认识冻结的效力，被执行人是否可以转让、设定质押，其效力如何，均是实践中的问题。

根据《民法典》第406条的规定，抵押期间，抵押人可以转让抵押财产。当事人另有约定的，按照其约定。《最高人民法院关于适用〈中华人民共和国民法典〉有关担保制度的解释》第43条第1款规定："当事人约定禁止或者限制转让抵押财产但是未将约定登记，抵押人违反约定转让抵押财产，抵押权人请求确认转让合同无效的，人民法院不予支持；抵押财产已经交付或者登记，抵押权人请求确认转让不发生物权效力的，人民法院不予支持，但是抵押权人有证据证明受让人知道的除外；抵押权人请求抵押人承担违约责任的，人民法院依法予以支持。"该条第2款规定："当事人约定禁止或者限制转让抵押财产且已经将约定登记，抵押人违反约定转让抵押财产，抵押权人请求确认转让合同无效的，人民法院不予支持；抵押财产已经交付或者登记，抵押权人主张转让不发生物权效力的，人民法院应予支持，但是因受让人代替债务人清偿债务导致抵押权消灭的除外。"《自然资源部关于做好不动产抵押权登记工作的通知》第3条载明：保障抵押不动产依法转让。当事人申请办理不动产抵押权首次登记或抵押预告登记的，不动产登记机构应当根据申请在不动产登记簿"是否存在禁止或限制转让抵押不动产的约定"栏记载转让抵押不动产的约定情况。有约定的填写"是"，抵押期间依法转让的，应当由受让人、抵押人（转让人）和抵押权人共同申请转移登记；没有约定的填写"否"，抵押期间依法转让的，应当由受让人、抵押人（转让人）共同申请转移登记。约定情况发生变化的，不动产登记机构应当根据申请办理变更登记。根据上述规定，如果当事人另行约定抵押人不得转让

抵押财产，该约定对抵押人和抵押权人产生法律效力。约定经公示，可以对抗善意第三人，第三人不能取得所有权；该约定未经公示，不得对抗善意第三人依法取得所有权。

协助执行通知书对冻结的效力影响，可以参照《民法典》等实体法有关抵押期间转让抵押财产的规定，将协助执行通知书作为"当事人另有约定"的一种特殊安排。

人民法院向协助执行机关发出冻结股权的协助执行通知书，协助执行机关应当根据协助执行通知书确定的内容正确履行协助执行义务。协助执行通知书明确禁止转让、设定质押的，协助执行机关应当依法协助，不得为被执行人办理转让、设定质押等手续。协助机关违反该义务的，应当依法承担相应法律责任。

人民法院向协助执行机关发出冻结股权的协助执行通知书，禁止转让、设定质押的，应当视为对冻结股权能否转让、设定质押的特别要求，对于该要求，协助执行机关应当予以登记公示，据此可以对抗善意第三人。被执行人主张该协助执行通知书有关禁止转让、设定质押的内容违反了本条规定的，可以依据《民事诉讼法》第236条规定，依法向执行法院提出异议。

五、转让情况下的追加问题

被执行人依法转让冻结股权后，股权登记到第三人名下，人民法院在强制执行冻结股权时，是否需要追加第三人为被执行人？

这个问题与程序相对效还是个别相对效问题息息相关。根据个别相对效说，如果冻结股权变价所得款在清偿完毕在先冻结债权后有剩余的，要退还给第三人。根据程序相对效说，如果冻结股权变价所得款在清偿完毕在先冻结债权后有剩余的，要退还给被执行人。

依据个别相对效说，被执行人转让冻结股权给第三人，第三人依法获得股权权属，依法对股权变价并清偿在先冻结债权后所剩余的价款享有权利。人民法院在处置冻结股权时，实质上是在处置第三人的财产。在第三人并非被执行人的情况下，人民法院径行对其采取强制执行措施，缺乏法律依据，有必要通过变更追加方式，追加该第三人为被执行人。如前所述，在被执行人为企业法人的案件中，我们倾向于个别相对效说，如果要执行转让的冻结股权，需要追加受让人为被执行人。特别是，如果被执行人在转让冻结股权后进入破产程序，针对该被执行人的原执行程序将依法终结，申请执行人不能将转让的冻结股权视为被执行人的财产在原执行程序中继续强制执行。而冻结股权因已登记到第三人名下，可能不属于破产财产范围之列，申请执行人也无法通过破产程序就该冻结股权获得清偿。如果不允许通过追加第三人为被执行人的方式，启动针对第三人的强制执行程序，冻结股权对申请执行人的债权没有起到任何保障作用，冻结股权的执行行为形同虚设，明显违背了冻结制度的初衷。此外，根据《变更追加规定》的规定，变更追加被执行人应当奉行法定主义。第三人受让冻结股权的同时，也承受了依附于该股权上的向在先冻结申请执行人偿还债务的义务，可以将第三人的受让，理解为债务转让或者债务承担。《变更追加规定》第 24 条规定："执行过程中，第三人向执行法院书面承诺自愿代被执行人履行生效法律文书确定的债务，申请执行人申请变更、追加该第三人为被执行人，在承诺范围内承担责任的，人民法院应予支持。"人民法院可以参照该条规定，追加第三人为被执行人，责令其在冻结股权范围内，对在先冻结的申请执行人承担责任。

依据程序相对效说，被执行人转让冻结股权给第三人，视同该转让没有发生，冻结股权仍然属于被执行人的财产，第三人对冻结股权不享有权属，对股权变价并清偿在先冻结申请执行人后所剩余的价款不享有权利。人民法院在处置冻结股权时，实质上仍是在处置被执行人的财产。这种情况下，没有必要追加第三人为被执行人。如前所述，当被执行人为自然人或者非法人组织时，我们倾向于程序相对效说，如果要执行转让的冻结股权，可以径行处置，无须追加受让人为被执行人。处置后，有剩余价款的，退还给被执行人。

【实践中应注意的问题】

第一，人民法院冻结股权后，被执行人仍然享有对冻结股权进行转让、设定质押等处分的权利。第二，被执行人对冻结股权进行转让、设定质押等处分的，不影响申请执行人对冻结股权的强制执行。第三，为兼顾保护申请执行人的合法权益、被执行人的自由处分权和相对人的合法权益，人民法院可以在被执行人对冻结股权进行转让、设定质押等处分时，控制所得价款或者融资所得款优先用于清偿申请执行人的债权。特别是当被执行人为企业法人时，有必要对被执行人将冻结股权设定质押的行为予以严格限制。第四，《民事诉讼法》第114条第1款规定："诉讼参与人或者其他人有下列行为之一的，人民法院可以根据情节轻重予以罚款、拘留；构成犯罪的，依法追究刑事责任：……（三）隐藏、转移、变卖、毁损已被查封、扣押的财产，或者已被清点并责令其保管的财产，转移已被冻结的财产的……"根据该条规定，"转移已被冻结的财产的"，属于可以根据情节轻重予以罚款、拘留的情形。司法实践中，要结合本条规定，统筹考虑《民事诉讼法》该条规定的适用，不能仅仅因为被执行人存在变卖已被冻结财产的行为就予以罚款、拘留，还需要结合该行为是否对申请执行人的债权造成损害进行综合判断。

【相关案例】

1. 河南新美景客车制造有限公司与襄城金达贸易有限公司等第三人撤销之诉案①

再审申请人河南新美景客车制造有限公司（以下简称新美景公司）因与被申请人襄城金达贸易有限公司（以下简称金达公司）、临

---

① 参见最高人民法院（2021）最高法民再235号民事判决书。

沂富华汽车销售服务有限公司（以下简称富华公司）、山东沂星电动汽车有限公司（以下简称沂星公司）第三人撤销之诉一案，不服山东省高级人民法院（以下简称山东高院）（2018）鲁民终1098号民事判决，向最高人民法院申请再审。最高人民法院于2021年5月17日作出（2019）最高法民申5599号民事裁定，提审本案。

[基本案情]

2011年7月19日，金达公司以新美景公司欠其款项3000万元为由向河南省襄城县人民法院（以下简称襄城法院）申请支付令，同日该院作出（2011）襄民督字第01号支付令：由新美景公司自收到该支付令之日起15日内给付金达公司款项3000万元。同年8月15日，金达公司与新美景公司达成执行和解协议，新美景公司将其独资持有的沂星公司100%股权即3000万元的出资，以1500万元抵偿给金达公司。同年8月17日，襄城法院作出（2011）襄法执字第123-1号执行裁定书，裁定：（1）将新美景公司所有的沂星公司100%的股权以1500万元抵偿给金达公司。（2）金达公司可持该裁定书到有关机构办理相关产权登记手续。同年8月25日，金达公司到临沂市工商行政管理局办理了股东变更登记手续，成为沂星公司的唯一股东，认缴出资额为3000万元，持股比例为100%。同年9月26日，因新美景公司的股东提出股权冻结申请，襄城法院作出（2011）襄法执字第123-2号执行裁定书，裁定冻结沂星公司100%的股权，冻结期限为六个月，该期间不得擅自处分被冻结的股权。同年9月29日，襄城法院作出（2011）襄法再字第05号民事裁定书，裁定撤销（2011）襄民督字第01号支付令。

2011年11月2日，金达公司与富华公司签订《增资扩股协议》，将沂星公司的注册资本增加至1亿元，其中富华公司认缴出资7000万元，持股比例为70%。次日，金达公司以沂星公司唯一股东的身份通过了股东决议，决定由富华公司对沂星公司增资7000万元。同年11月24日，沂星公司召开股东会并形成决议，将公司注册资本由1

亿元增加至 3 亿元，新增加的 2 亿元注册资本由富华公司分期出资。至此，沂星公司股东分别为富华公司持股 90%，金达公司持股 10%。以上事项均进行了工商变更登记。

2011 年 11 月 26 日，襄城法院作出（2011）襄法执字第 361-1 号、第 361-2 号执行裁定，以据以执行的支付令被（2011）襄法再字第 05 号民事裁定书撤销为由，裁定金达公司向新美景公司返还沂星公司 100% 股权，并将其过户给新美景公司。

2011 年 12 月 5 日，金达公司以其于 11 月 28 日收到襄城法院（2011）襄法执字第 361-1 号、第 361-2 号执行裁定，其已不具有沂星公司合法股东资格为由，向临沂市中级人民法院（以下简称临沂中院）起诉，请求确认增资扩股协议无效，富华公司不具有沂星公司的股东资格，各方共同将沂星公司的公司登记事项变更至增资扩股前的状态。2012 年 3 月 26 日，临沂中院作出（2012）临商初字第 1 号民事判决，判决驳回金达公司的诉讼请求，该判决已经发生法律效力。

2013 年 9 月 22 日，东湖公司与富华公司签订《股权转让协议》，富华公司将其持有的沂星公司 90% 的股权转让给东湖公司并办理了股权变更手续。目前沂星公司 100% 股权仍被襄城法院冻结。

截至 2011 年 10 月 31 日，沂星公司的所有者权益为 -87 267 486.90 元（天元同泰会计师事务所《审计报告》）。截至 2017 年 12 月 31 日，沂星公司的所有者权益为 194 948 134.84 元（向税务部门提交的《资产负债表》）。

山东高院二审查明：国家工商行政管理总局于 2011 年 9 月 19 日发布的工商法字（2011）188 号《国家工商行政管理总局关于未被冻结股权的股东能否增加出资额、公司增加注册资本的答复意见》规定："冻结某股东在公司的股权，并不构成对公司和其他股东增资扩股等权利的限制。公司登记法律法规、民事执行相关法律法规对部分冻结股权的公司，其他股东增加出资额、公司增加注册资本没有禁止性规定。因此，在法无禁止规定的前提下，公司登记机关应当依申请受理并核准未被冻结股权的股东增加出资额、公司增加注册资本的变更登记。"富华公司在向沂星公司增加注册资本前，曾向临沂市工商行政管理局咨询股权被查封冻结时能否增加注册资本，临沂市工商行政管理局答复按上述答复意见办理。在沂星公司申请下，临沂市工商行政管理局对富华公司两次新增注册资本进行了工商变更登记。

最高人民法院于 2013 年 11 月 14 日发布的（2013）执他字第 12 号《最高人民法院关于济南讯华传媒广告有限公司与威海海澄水务有限公司股权确认纠纷一案中涉及法律问题的请示答复》规定："在人民法院对股权予以冻结的情况下，公司登记机关不得为公司或其他股东办理增资扩股变更登记。"

2013 年 9 月 22 日，东湖公司与富华公司签订《股权转让协议》，富华公司将其持有的沂星公司 90% 的股权转让给东湖公司。同年 10 月 1 日，临沂市工商行政管理局办理了股权变更手续。2014 年 1 月 27 日，沂星公司在其《公司章程修正案》中确认，公司股权情况为东湖公司出资 2.7 亿元，占公司注册资本的 90%，出资方式为货币。

最高人民法院再审查明以下事实：

1. 襄城法院（2011）襄法执字第 123-2 号执行裁定书的内容为："一、将河南省襄城县人民法院（2011）襄法执字第 123-1 号执行裁定书所裁定的被执行人新美景公司以 1500 万元抵偿给金达公司的沂星公司 100% 股权予以冻结，冻结期间，不得擅自处分被冻结的股权。二、冻结期限为 6 个月。"裁定书作出时间为 2011 年 9 月 26 日，9 月 27 日送达临沂市工商行政管理局。

2. 2011 年 11 月 2 日，张某阳与临沂康达汽车销售服务有限公司（以下简称康达公司）、崔某伟签订《襄城金达贸易有限公司股权转让协议》，转让其拥有的金达公司的 100% 的股权，转让价格为 4000 万元，协议第 1.4 条约定："出让方保证据以申请'（2011）襄民督字第 01 号'支付令并抵债的标的公司对新美景公司 1500 万债权真实有效，否则，受让方有权要求出让方立即返还已经支付的 4000 万转股价款。"第 3.3 条约定："……受让方取得出让方持有的标的公司的出资和公司所有的全部财产（包括所持有的沂星公司 3000 万股权）。"该证据本案一审时新美景公司向一审法院提交过，也经过了庭审质证。一审法院认为，本案作为第三人撤销之诉，新美景公司提供的该份证据与本案没有关联性，不能作为认定本案事实的有效证据。最高人民法院认为，结合全案证据可以看出，该证据与本案密切相关，如果没有这份协议，就不会有同日富华公司与金达公司签订的《增资扩股协议》。对此，《增资扩股协议》第 4.1.1 条明确约定："本增资扩股协议签署的同时，乙方（金达公司）的实际控制人张某阳（乙方实际控制人）同时与甲方或甲方指定的第三方签订股权转让协议将金达公司 100% 股权按照双方商定的价格转让给甲方或甲方指定的第三方。"这里的第三方就是康达公司。一审法院否认其关联性，二审法院没有认识到其关联性，均属事实认定错误，最高人民法院依法予以纠正。

3. 临沂中院（2012）临商初字第 1 号民事案件中，被告的关联公司为原告提供担保。该案中，原告是金达公司，被告是富华公司和沂星公司。金达公司于 2011 年 12 月 5 日向临沂中院提出财产保全申请，请求查封或冻结富华公司持有的沂星公司 90% 的股权。远通集团于 2011 年 12 月 5 日出具《担保函》，愿意以临罗国用（2010）第 023 号土地使用权为金达公司提供担保。临沂中院于 2011 年 12 月 5 日作出（2012）临商初字第 1 号民事裁定，同意金达公司的财产保全申请，裁定查封或冻结富华公司持有的沂星公司 90% 的股权。这几家公司的关联关系，详见新美景公司提交的"全国企业信用信息公示系统"官方网站上查询的金达公司等若干企业的公示信息。

除前述事实外，二审判决认定的事实属实，最高人民法院予以确认。

［裁判结果］

临沂中院于 2017 年 7 月 6 日作出（2016）鲁 13 民撤 1 号民事判决：驳回新美景公司的诉讼请求。新美景公司不服该一审判决，向山东高院上诉，请求撤销一审判决及临沂中院（2012）临商初字第 1 号民事判决。

山东高院于 2019 年 3 月 1 日作出（2018）鲁民终 1098 号民事判决：驳回上诉，维持原判。

最高人民法院于 2021 年 12 月 15 日作出（2021）最高法民再235 号判决：（1）撤销山东高院（2018）鲁民终 1098 号民事判决和临沂中院（2016）鲁 13 民撤 1 号民事判决；（2）撤销临沂中院（2012）临商初字第 1 号民事判决；（3）金达公司与富华公司于 2011年 11 月 2 日签订的《增资扩股协议》，以及 2011 年 11 月 4 日和 24日富华公司对沂星公司的两次增资行为，不能对抗新美景公司。

　　［裁判理由］

最高人民法院认为，本案再审的争议焦点是，临沂中院（2012）临商初字第 1 号民事判决是否应当被撤销。

对于该争议焦点，核心的法律问题是，金达公司在其拥有的一人公司沂星公司的股权被全部冻结的情况下，仍出卖其全部股权，该股权没有过户到买受人康达公司和崔某伟名下时，买受人的关联公司富华公司与金达公司订立《增资扩股协议》。之后，金达公司分别作出股东决议与股东会决议，同意富华公司增资。富华公司据此对沂星公司进行了两次增资，使金达公司丧失了对沂星公司的控股权，该行为能否对抗以股权回转作为冻结目的的申请人新美景公司？

最高人民法院认为，《增资扩股协议》及富华公司对沂星公司进行的两次增资不得对抗新美景公司，理由如下：

依申请冻结的目的，冻结可以分为为获得金钱赔偿的冻结和向申请人回转股权的冻结。就第一类冻结而言，因金钱债权发生纠纷，申请人申请冻结被执行人的股权，主要目的在于对被执行人名下所持有股权的转让等处分行为予以限制，同时也防止该部分股权价值减损，导致被执行人偿债能力削弱，确保判决的顺利执行。其一，通过冻结股权，对被执行人名下持有的公司股权的转让、质押等处分行为予以限制，以防止被执行人对股权予以处分而规避执行，此为这类股权冻结的核心目的。其二，通过冻结股权，对被执行人行使利润分配请求权、剩余财产分配请求权等股东权利予以限制，以防止其擅自提取股权收益。其三，通过冻结股权，对被执行人形成威慑，促使其以现金或者其他方式自动偿还债务。其四，通过冻结股权向不特定第三人告知被执行人涉及民事纠纷，提示交易风险，维护交易安全。被冻结的股权，更多时候作为被执行人名下的一般性财产，以备采取以股抵债、拍卖或者变卖等措施偿付申请人的金钱债权。

本案中，新美景公司申请保全沂星公司的股东金达公司的全部股权，其原因不是因为金达公司拖欠其金钱债权，而是认为金达公司对新美景公司享有的3000万元债权虚假，双方签订的以股权抵债的执行和解协议应予撤销，应予执行回转，其目的是保全该股权，防止事后股权回转不能。可见，本案的股权冻结属于第二类冻结。这就涉及股权冻结期间，公司增资扩股是否有碍申请人的保全目的？这是本案审理的关键。有限责任公司的增资扩股，是指公司为扩大生产经营规模，优化股权比例和结构，提高公司资信度和竞争力，依法增加注册资本的行为。根据《公司法》的规定，公司的增资扩股主要有四种方式：一是以公司未分配利润、公积金转增注册资本；二是公司原股东增加出资；三是新股东投资入股；四是公司原股东增加出资，同时新股东投资入股。本案增资扩股属于第三种。

最高人民法院认为，在以向申请人回转股权为目的的案件中，一人公司的股权被冻结，该公司的股东是否能够作出公司增资扩股的决议，其标准就是该决议不得实质上损害原股东的利益。这里的原股东利益，既包括股权本身的价值，也包括原股东对公司的控股权。控股权的价值表现在以下几方面：决定公司的经营方针和投资计划；选举和更换非由职工代表担任的董事、监事，决定有关董事、监事的报酬事项；审议批准董事的报告；审议批准监事的报告；审议批准公司的年度财务预算方案、决算方案；审议批准公司的利润分配方案和弥补亏损方案；对公司增加或者减少注册资本作出决议；对发行公司债券作出决议；对公司合并、分立、解散、清算或者变更公司形式作出决议；修改公司章程；等等。可见，对公司的股东而言，控股权是最重要的权利，因为谁能控股公司，谁就能取得最大的商业利益。就绝大多数有限责任公司而言，同一公司51%的股权价值与49%的股权价值相比，前者的价值会远远高出后者价值的2%，其原因就在于前者享有公司的控股权，控股权的价值此时表现得淋漓尽致。在股权转让时，如果拟转让股东的股权可以左右公司的控股权，那么该股权的价值就远不止其股份的平均价值，体现的也是控股权的价值。实际上，控股权有价值，而且价值巨大，早已为商业实践所证明，上市公司控股权之争异常惨烈，世界各国概莫能外，即为明证。

就控股股东的股权被冻结期间公司能否增资扩股而言，如果没有改变原股东对公司的控股关系，新股东投资入股，增加了公司的偿债能力，原股东所持股权价值还会增加，反而对原股东有利，这没有必要对其进行限制。但是，如果增资扩股决议的结果是原股东丧失了对公司的控股权，则决议的效力不得对抗申请人。本案中，沂星公司股东金达公司所持沂星公司的股权被全部冻结，沂星公司为一人公司，张某阳于2011年11月2日将金达公司的股权出卖给了富华公司的关联公司康达公司与崔某伟个人。在此情况下，金达公司于2011年11月3日作出同意增资的股东决议，富华公司于次日对沂星公司增资7000万元，金达公司持有沂星公司的股份从100%变为30%，富华公司持有沂星公司70%的股份。同年11月24日，富华公司和金达公司作出同意增资的股东会决议，当日富华公司增资2亿元，金达公司所持沂星公司的股份从30%变成10%，富华公司持股比例从70%变为90%。上述股东决议、股东会决议及相应的增资行为，实质上损害了金达公司对沂星公司的控股权。股权不同于一般的财产权，因为一般的财产权不包括成员权。但股权不同，其不仅包括财产权，而且也包括成员权，如表决权，在金达公司持有沂星公司的100%股权被冻结的情况下，其表决权也应当被限制，限制的度就是不能使其丧失对沂星公司的控股权（本判决解决的是金达公司所持沂星公司的股权从100%降到10%的绝对控股权丧失，不解决虽然所持股权少于50%，或者更少，但可以实际控制公司的情况），否则一旦需要执行回转，便会出现回转不能的结果，申请人的控股权就会被侵犯，达不到保全股权的目的。2005年1月1日起施行的《查扣冻规定》第26条第1款（现为第24条第1款）规定："被执行人就已经查封、扣押、冻结的财产所作的移转、设定权利负担或者其他有碍执行的行为，不得对抗申请执行人。"据此，在一人公司沂星公司的股权被全部冻结的情况下，富华公司对沂星公司的增资行为，其结果是金达公司丧失了对沂星公司的控股权，该行为属于前述规定第26条第1款规定的"有碍执行的行为"，不得对抗申请人。

需要说明的是，如果本案中沂星公司不是一人公司，金达公司不是沂星公司的控股股东，其享有的表决权不足以影响到整个公司的利益，如果沂星公司的其他股东按照公司章程的规定通过对公司进行增资的股东会决议，那么该增资决议即使稀释了金达公司的股份，也是有效的，因为冻结的是沂星公司的股东金达公司的股份，而不是其他股东的股份，该保全行为不能影响其他股东的权利，不能影响公司的正常经营活动，这样才能依法平衡申请人的利益与公司的其他未被冻结的股东的权利。但是，如果金达公司是沂星公司的控股股东，或者虽不是控股股东，但其享有的表决权足以影响到整个公司的利益，而申请人申请保全不是因为金达公司拖欠其金钱债权，而是为了保全股权，而此时沂星公司的股东通过股东会决议对公司进行增资（股东会决议是否通过，股权被冻结的股东起了决定性作用），稀释金达公司的股份，也应解释为违反了《查扣冻规定》第26条第1款的规定，该增资行为属于"有碍执行的行为"，不得对抗申请人。

总之，在一人公司的股东的股权被全部冻结，申请人申请冻结的目的是被执行人向其回转股权的情况下，对公司增资扩股的表决权是否可以行使，不能一概而论，而应当以其行使是否实质损害原股东的利益为标准，该利益既包括原股东所持股份的实际价值，也包括原股东对公司的控股权。如果增资扩股的结果是原股东所持股份的实际价值增加，但原股东对公司的控股权丧失，那么该增资扩股的决议也"不得对抗"申请人。如果增资扩股的结果是公司的控股权没有丧失，但原股东所持股份的实际价值减少，那么该增资扩股的决议同样"不得对抗"申请人，只是这种情况实践中不应该出现，因为增资扩股后公司有新的资产注入，结果是增加了公司的责任财产，除非原股东与新股东恶意串通，故意减少原股东应有的股份以损害申请人的利益。此外，是否实质损害原股东利益的判断时间点应当是增资扩股完成时。

2. 河北保定农村商业银行股份有限公司、冯某等案外人执行异议之诉纠纷案[①]

河北省石家庄市中级人民法院一审查明，保定农商行与华瑞公司于 2014 年 10 月签订了《担保合作协议书》，根据该协议记载，华瑞公司为保定农商行评定的 BBB 级客户，保证金缴存额度为 14.3%，保定农商行与华瑞公司开展面向借款人的担保贷款业务，即当借款人向保定农商行借款时，华瑞公司为借款人提供担保，华瑞公司在保定农商行处开立保证金专（账）户账号为 24××45。设立该保证金专用账户后，由华瑞公司担保，保定农商行先后为保定凯圣旗钢结构制造有限公司等单位提供了总额约为保证金 7 倍之多的借款，至今未得到相应清偿。保定农商行与华瑞公司签订《保证金专（账）户质押对充协议》的时间为 2015 年 8 月 31 日，并非保定农商行诉状中所说的 2015 年 1 月。2015 年 10 月 29 日，一审法院在执行冯某与许某杰、华瑞公司民间借贷纠纷一案中，根据冯某的申请，对上述保证金账户

---

① 参见最高人民法院（2020）最高法民再 32 号民事判决书。

内资金 652 万元进行冻结，后一审法院又裁定驳回了保定农商行的执行异议。保定农商行遂提起执行异议之诉。

一审法院认为，保定农商行的质权成立。《担保合作协议书》约定被担保人不能按照约定期限清偿贷款本息时，华瑞公司应履行代偿责任，其未主动代偿的，保定农商行有权直接扣划华瑞公司任一账户资金用于偿还被担保人的到期债务，扣划不足部分由华瑞公司继续按保证合同约定履行保证责任。即，虽然保证金是随每笔债务的产生逐笔存入保证金账户以达到缴存额度的，但债务未得以清偿时，保定农商行可扣划任一账户（包括保证金账户）全部资金，保证金账户全部资金担保所有被担保债务，而不是保证金分笔担保对应被担保债务。虽然被担保人已经清偿部分债务，但不影响全部保证金对其他债务的质押担保效力。一审法院判决保定农商行对华瑞公司在保定农商行开设的保证金账户 625 万元享有质权；法院不得执行该 625 万元。

申请执行人冯某不服，提出上诉，相关主张包括依据《执行工作规定》关于"人民法院对被执行人所有的其他人享有抵押权、质押权或留置权的财产，可以采取查封、扣押措施"之规定，冻结保定农商行保证金账户并无不当，保定农商行的不得执行保证金的诉讼请求应予驳回。

河北省高级人民法院二审认为，本案争议焦点在于保定农商行在账户中设定的质权是担保所有债务，还是根据每笔贷款发放所对应子账户中的保证金数额确定担保范围。

对此，该院认为，质权为约定担保物权，在判断担保债权的范围、质物的范围时，应当根据担保合同的约定加以判断。保定农商行和华瑞公司在签订《担保合作协议书》和《保证金专（账）户质押补充协议》的同时，还根据 32 笔贷款发放的具体情况，分别签订了《保证金质押协议》并约定了保证金担保的相关事宜，前述协议之间并不存在矛盾和冲突之处，应当视为一个整体，不能以在后的意思表示替代在先的意思表示的方法确定当事人的真实意思。而且，担保物权具有从属性、不可分性和物上代位性，系学理上的通说。所谓不可分性，是指担保债权于未受全部清偿前，担保权人得就担保物之全部行使权利。质权作为担保物权之一种，当然具有不可分性，质权人在质权所担保的债权未受全部清偿前，可以对质物的全部行使权利。

此外，被上诉人保定农商行主张保定西尔曼能威纸业有限公司2016年3月11日续贷借款640万元；保定正天生物肥料制造有限公司2016年3月4日续贷借款1500万元，华瑞公司在保证金账户内保证金应对该两笔借款承担质权担保责任。对此该院认为，在执行法院冻结涉案保证金账户后，该两笔保证金对应的借款到期清偿，该两笔保证金的保证金功能即告丧失，在涉案保证金账户被冻结的情况下，质权人保定农商行受质押担保的债权数额自收到执行法院冻结通知时起不再增加，且《查扣冻规定》第26条第1款（现为第24条第1款）规定："被执行人就已经查封、扣押、冻结的财产所作的移转、设定权利负担或者其他有碍执行的行为，不得对抗申请执行人。"故保定农商行关于华瑞公司在保证金账户内保证金应对该两笔借款承担质权担保责任的主张，理据不足，该院不予支持。结合其他相关论述，二审判决撤销一审判决，主要判定保定农商行在保证金账户28.6万元享有质权，并对该部分不得执行等。

保定农商行不服，提出再审。最高人民法院再审认为，保定农商行在本案中还主张将保定西尔曼能威纸业有限公司2016年3月11日续贷借款640万元、保定正天生物肥料制造有限公司2016年3月4日续贷借款1500万元纳入质权担保范围，由于上述借款均发生于一审法院查封之后，二审判决依据《查扣冻规定》第26条之规定未予支持正确，该院予以维持。在其他方面，对二审判决部分内容予以改判，主要将享有质权范围从28.6万元扩大到200万元。

【相关规定】

1.《中华人民共和国民法典》(2020 年 5 月 28 日)

第三百九十九条 下列财产不得抵押:

(一)土地所有权;

(二)宅基地、自留地、自留山等集体所有土地的使用权,但是法律规定可以抵押的除外;

(三)学校、幼儿园、医疗机构等为公益目的成立的非营利法人的教育设施、医疗卫生设施和其他公益设施;

(四)所有权、使用权不明或者有争议的财产;

(五)依法被查封、扣押、监管的财产;

(六)法律、行政法规规定不得抵押的其他财产。

第四百零六条 抵押期间,抵押人可以转让抵押财产。当事人另有约定的,按照其约定。抵押财产转让的,抵押权不受影响。

抵押人转让抵押财产的,应当及时通知抵押权人。抵押权人能够证明抵押财产转让可能损害抵押权的,可以请求抵押人将转让所得的价款向抵押权人提前清偿债务或者提存。转让的价款超过债权数额的部分归抵押人所有,不足部分由债务人清偿。

2.《最高人民法院关于人民法院民事执行中查封、扣押、冻结财产的规定》(2020 年 12 月 29 日修正)

第二十四条第一款 被执行人就已经查封、扣押、冻结的财产所作的移转、设定权利负担或者其他有碍执行的行为,不得对抗申请执行人。

3.《最高人民法院、国土资源部、建设部关于依法规范人民法院执行和国土资源房地产管理部门协助执行若干问题的通知》(2004 年 2 月 10 日,法发〔2004〕5 号)

二十二、国土资源、房地产管理部门对被人民法院依法查封、预查封的土地使用权、房屋,在查封、预查封期间不得办理抵押、转让等权属变更、转移登记手续。

　　国土资源、房地产管理部门明知土地使用权、房屋已被人民法院查封、预查封，仍然办理抵押、转让等权属变更、转移登记手续的，对有关的国土资源、房地产管理部门和直接责任人可以依照民事诉讼法第一百零二条的规定处理。

第八条　人民法院冻结被执行人股权的，可以向股权所在公司送达协助执行通知书，要求其在实施增资、减资、合并、分立等对被冻结股权所占比例、股权价值产生重大影响的行为前向人民法院书面报告有关情况。人民法院收到报告后，应当及时通知申请执行人，但是涉及国家秘密、商业秘密的除外。

股权所在公司未向人民法院报告即实施前款规定行为的，依照民事诉讼法第一百一十四条的规定处理。

股权所在公司或者公司董事、高级管理人员故意通过增资、减资、合并、分立、转让重大资产、对外提供担保等行为导致被冻结股权价值严重贬损，影响申请执行人债权实现的，申请执行人可以依法提起诉讼。

【条文主旨】

本条是关于防范被冻结股权价值贬损的规定。

【理解与适用】

一、何谓公司增资、减资、合并、分立

增资，即增加注册资本，是指公司依法增加注册资本总额的行为。公司增加注册资本的方式主要有增加票面价值、增加出资、发行新股或者债转股等。减资，即减少注册资本，是指公司依法减少注册资本总额的行为。公司减少注册资本的方式主要有减少票面价值和减少出资或者股份数额两种方式。依据《公司法》第 43 条、第 103 条的规定，有限责任公司增减资的，应当在股东会上经代表 2/3 以上表决权的股东通过；股份有限公司增减资的，须在股东大会上经出席会议的股东所持表决权的 2/3 以上通过。除此之外，因公司减资会影响其清偿债务的能力，故依据《公司法》第 177 条的规定，公司减少注册资本的，必须编制资产负债表及财产清单，并自作出减少注册资本决议之日起 10 日内通知债权人，于 30 日内在报纸上公告。债权人自接到通知书之日起 30 日内，未接到通知书的自公告之日起 45 日内，有权要求公司清偿债务或者提供相应的担保。

依据《公司法》第 172 条的规定，公司合并可以采取吸收合并或者新设合并。前者是指一个公司吸收其他公司，被吸收的公司解散；后者是指两个以上的公司合并为一个新的公司，合并的各方解散。《公司法》第 173 条规定，公司合并，应当由合并各方签订合并协议，并编制资产负债表及财产清单。公司应当自作出合并决议之日起 10 日内通知债权人，并于 30 日内在报纸上公告。债权人自接到通知书之日起 30 日内，未接到通知书的自公告之日起 45 日内，可以要求公司清偿债务或者提供相应的担保。《公司法》第 174 条规定，公司合并时，合并各方的债权、债务，应当由合并后存续的公司或者新设的公司承继。目前，我国法律并无公司分立的定义。《财政部、国家税务总局关于企业重组业务企业所得税处理若干问题的通知》则明确，分立，是指一家企业将部分或全部资产分离转让给现存或新设的企业，被分立企业股东换取分立企业的股权或非股权支付，实现企业的依法分立。《公司法》第 175 条规定，公司分立，应当编制资产负债表及财产清单。公司应当自作出分立决议之日起 10 日内通知债权人，并于 30 日内在报纸上公告。《公司法》第 176 条规定，公司分立前的债务由分立后的公司承担连带责任。但是，公司在分立前与债权人就债务清偿达成的书面协议另有约定的除外。

二、冻结股权后能否限制公司增资、减资、合并、分立等

无论公司是增资、减资，还是合并、分立，不仅会对公司债权人的权益产生影响，而且也会因其改变了公司的股权结构而对股东债权人的权益产生影响。在执行实践中，人民法院冻结股权后，为规避法院执行，被执行股东常借公司之力为不当行为，使被冻结股权的价值大幅缩水。如，将公司名下仅有的土地使用权低价转让，掏空公司资产，使股权价值大幅缩水。又如，在一些股东资格确认和股权转让纠纷案件中，法院依债权人申请保全冻结作为诉争标的的股权后，被冻结股权的股东为争夺公司控制权，往往会通过增资扩股的方式恶意降低诉争股权的比例，使债权人的诉讼目的落空。这些案例比较常见，引起执行实务界的关注，有必要在司法解释中予以规制。这便涉及股权冻结后，能否限制公司增资、减资、合并、分立的问题。

这一问题在实践中争议很大。一种观点认为，公司法人人格独立，是公司制度的应有之义。《公司法》第 3 条规定，公司是企业法人，有独立的法人财产，享有法人财产权。因此，股东作为被执行人时，人民法院只能执行属于股东的财产——股权，而不能限制公司的经营发展。所以，法院冻结股权后，不得限制公司增资、减资、合并、分立等行为。另外一种观点则认为，鉴于实践中冻结股权后通过增资、减资、合并、分立等形式恶意贬损股权价值的行为日益多见，有必要允许人民法院对公司的前述行为进行适当限制，以在保障公司正常经营发展和保障股东债权人权益之间寻求平衡。

实际上，针对冻结股权是否影响公司增、减资的问题，原国家工商总局和最高人民法院曾以复函的形式表达了态度。原国家工商总局在《关于未被冻结股权的股东能否增加出资额、公司增加注册资本的答复意见》(工商法字〔2011〕188 号)中认为："冻结某股东在公司的股权，并不构成对公司和其他股东增资扩股等权利的限制。公司登记法律法规、民事执行相关法律法规对部分冻结股权的公司，其他股

东增加出资额、公司增加注册资本没有禁止性规定。因此，在法无禁止规定的前提下，公司登记机关应当依申请受理并核准未被冻结股权的股东增加出资额、公司增加注册资本的变更登记。"《最高人民法院研究室关于"未被冻结股权的股东能否增加出资额、公司增加注册资本"意见的复函》（法研〔2011〕121号）也称，冻结某股东在公司的股权，指向的是股权代表的财产权益，并不构成对公司和其他股东增资扩股等权利的限制。该复函与原国家工商总局的意见基本一致。但是，随着实践中冻结股权后公司通过增资扩股方式恶意稀释股权规避执行的情形愈发多见，最高人民法院对该问题的态度也开始发生转变。最高人民法院于2013年11月14日以（2013）执他字第12号函向山东省高级人民法院答复称，"原则上同意你院审判委员会意见。在人民法院对股权予以冻结的情况下，公司登记机关不得为公司或其他股东办理增资扩股变更登记"。

我们认为，民事强制中作为依靠国家公权力保障债权人实现债权的程序，对于在执行过程中查封的财产，有关主体负有保障其价值不产生重大贬损之责任。《查扣冻规定》第10条规定了保管人的保管义务。虽然第10条所称"财产"主要是指有体物，因此使用了"保管"的表述。但是，被执行人的财产被查封后，被执行人或者其他受托管理该财产的主体对被查封财产负有善良管理义务这一规则，同样适用于作为无形财产的股权。由于公司的增资、减资、合并、分立等会影响公司的偿债能力，所以，《公司法》规定公司在实施这些行为时，应当通知公司债权人。同样，由于公司的这些行为，也会对公司的股权结构产生重大影响，在股权已经被冻结的情况下，法院有权对公司的这些行为予以适当关切，并采取适当的应对措施，以防止其所冻结的股权价值产生严重贬损。

三、限制公司增资、减资、合并、分立等行为的路径选择

对于人民法院限制公司增资、减资、合并、分立等行为的方式，

在该司法解释起草过程中，主要有以下几种观点：

一种观点主张，为避免被冻结股权的价值被架空，冻结股权超过一定（比如50%）比例后，应当允许法院直接查封公司相应价值的财产。因该观点与现代公司法人财产独立的理念完全相悖，故未被采纳。

另一种观点认为，依据《公司法》的规定，公司实施增资、减资、合并、分立等行为，应当通过股东（大）会进行决议，所以，可以通过控制被冻结股权的表决权的方式来达到防止公司恶意贬损股权价值的目的。该观点的法理依据在于，表决权属于股权的具体权能之一，人民法院冻结被执行人股权后，可以对其表决权进行限制，这是人民法院查封效力的当然之义。至于"控制"表决权的方式，又分为两种意见：一种意见认为，冻结股权后，可以由申请执行人或者执行法院代被执行股东行使表决权，以防该股东滥用表决权形成不利于申请执行人的决议。另外一种意见认为，由人民法院或者申请执行人代替股东行使表决权，操作性不强，还会引发一系列纠纷。所以，法院可以根据案件具体情况，裁定在被冻结股权范围内禁止被执行人在股东（大）会就前述事项表决时表示同意。在被冻结股权为公司的控制性股权，尤其是其所占比例为2/3以上绝对多数或100%的绝对控制性股权时，公司由或者主要由被执行股东所有，即使因限制表决权而影响了公司正常经营发展，这也是控股股东不履行生效法律文书确定义务的一种不利后果。况且，基于公司多数决原则，股权占2/3以上绝对多数的控制股东本来就能决定股东（大）会决议结果，冻结其股权并限制公司的行为，并未超出该股东的权利范围，也未改变其他中小股东的地位。在该司法解释起草过程中，最高人民法院就上述意见征求全国人大常委会法工委意见，法工委认为该意见缺乏法律依据，并建议在起草的《民事强制执行法》中予以体现。故上述观点最终亦未能形成正式条文。

还有一种观点认为，限制公司的增资、减资、合并、分立等行为应当以"适当"的方式进行。具体可以借鉴《公司法》关于公司实施前述行为时应当通知公司债权人的规定，明确人民法院冻结股权后，公司实施前述行为时应当向人民法院报告。未经报告而实施前述行为的，人民法院可以对其进行处罚。此项报告的功能，主要是给不法行为人一定的威慑，而非要求人民法院对报告进行审查和批准。详言之，不法行为人在通过公司行为"掏空"股权价值时，一般不会也不敢向人民法院报告有关情况。要求其事先报告，一定程度上可以起到抑制不法行为的功能。此种事先报告和事后惩罚的制度设计，既可以满足公司正常经营的需求——其经营行为不会因法院冻结股权而受影响，也为人民法院制裁不法行为和申请执行人寻求救济预留了空间。最终，本解释采纳了这一折中方案。

四、申请执行人可以依法提起诉讼问题

本条第 3 款规定，"股权所在公司或者公司董事、高级管理人员故意通过增资、减资、合并、分立、转让重大资产、对外提供担保等行为导致被冻结股权价值严重贬损，影响申请执行人债权实现的，申请执行人可以依法提起诉讼"。我们认为，关于本条所规定的诉讼，既包括损害赔偿之诉，也包括代位提起确认决议无效、撤销决议等诉讼。[①]

关于损害赔偿之诉。在征求意见过程中，有意见对于债权能否成为侵权对象存在疑虑。我们认为，债权属于侵权的对象，在理论和实务界基本没有分歧，[②] 但认为应当限制其适用情形。一般认为，第三人

[①] 何东宁、邵长茂、刘海伟、王赫：《〈最高人民法院关于人民法院强制执行股权若干问题的规定〉的理解与适用》，载《中国应用法学》2022 年第 2 期。

[②] 《民法典》改变了原《侵权责任法》列举侵权对象的立法模式，而在侵权责任编第 1164 条规定"本编调整因侵害民事权益产生的民事关系"。在全国人大常委会法工委民法室黄薇主编的《民法典释义及适用指南》一书中，其明确表示此处的"民事权益"就是《民法典》总则编规定的民事权益，包括《民法典》第 118 条规定的债权。最高人民法院编写的《民法典理解与适用丛书》中亦认为债权属于侵权的对象。

侵害债权的构成要件为：（1）该债权合法有效存在；（2）行为人明知该债权存在；（3）行为人实施了相应的侵害债权行为；（4）该行为造成了债权部分或者全部不能实现的后果。鉴于实践中恶意贬损被冻结股权价值的行为比较多见，同时，考虑到已进入执行程序的债权与普通债权相比应该受到更强的法律保护，为此，本条以上述侵害债权构成要件为基础明确了适用条件：首先，股权已经被冻结。因该冻结措施已通过公示系统公示，意味着第三人知悉该债权存在。其次，公司及董事、高级管理人员等故意为不当行为严重贬损股权价值。行为人的范围限定为公司和高管等，主观上须为"故意"，情节上须为"严重贬损"。最后，该行为影响申请执行人债权实现，即如果被执行人还有其他财产履行债务，则不能适用本条。实际上，就申请执行人提起第三人侵害债权赔偿诉讼，现行司法解释已有类似规定。《民诉法解释》第 313 条第 2 款规定："被执行人与案外人恶意串通，通过执行异议、执行异议之诉妨害执行的，人民法院应当依照民事诉讼法第一百一十六条规定处理。申请执行人因此受到损害的，可以提起诉讼要求被执行人、案外人赔偿。"

关于代位提起确认决议无效、撤销决议等诉讼。公司或者公司董事、高级管理人员，通常是通过公司决议等行为的方式，对公司进行增资、减资、合并、分立、转让重大资产、对外提供担保。如果这些行为的目的是稀释被冻结股权、掏空公司财产，进而导致被冻结股权价值严重贬损，影响申请执行人债权实现，那么就有必要赋予救济渠道。如果已经变更了公司登记事项，依据《公司法》第 22 条第 4 款规定："公司根据股东会或者股东大会、董事会决议已办理变更登记的，人民法院宣告该决议无效或者撤销该决议后，公司应当向公司登记机关申请撤销变更登记。"因此，最直接有效的救济方式是撤销公司的决议。但是公司股东的债权人，与公司关联度较远。从公司诉讼类型来看，现行法律没有规定股东债权人直接提起对公司的诉讼。一般看来，股东会、董事会仅是公司的意思形成机关，不能对外执行公司业务，所形成的公司决议原则上仅形成或变更公司内部法律关系，并不自动创设公司与第三人的法律关系。[①] 由于司法确认决议无效是对决议内容合法性的否定，而司法确认决议不成立事实上是认定不存在公司法意义上的决议，亦是对决议合法性的根本否定，为了最大限度地倡导理性诉讼、防止滥诉，以维护公司稳定经营，《最高人民法院关于适用〈中华人民共和国公司法〉若干问题的规定（四）》第1条仅列举了股东、董事、监事三类适格原告。虽然用"等"保留了一定的开放性，但是这也只是非常有限的与公司决议相关的主体才可以提起。

代位制度是法律中重要制度，《民法典》中的债权人代位权、代位继承、代位清偿，《保险法》中的保险代位请求权等制度，妥善解决了内部关系中的外部人问题。在起草本解释过程中，就债权人能否代位被执行股东提起确认决议无效、撤销决议等诉讼，存在一定争议。一种意见认为，《民法典》第535条将可以代位的权利确定为"债权或者与该债权有关的从权利"，确认决议无效、撤销决议似乎无法被该条规定所涵摄。另一种意见认为，我国《民法典》规定的代位权的客体范围较为狭窄。从域外立法例看，债权人可以代位行使的权利较为广泛。例如，《法国民法典》第1166条规定，债权人可以行使债务人的一切权利和诉权。从我国司法实践看，申请强制执行的权利、提起案外人异议之诉的权利等均可由债权人代位行使。所以，允许申请执行人在特定情形下代位被执行人依据《公司法》提起诉讼，对于保护申请执行人利益是非常有必要的。

鉴于该问题存在的争议，本条第3款并未明确申请执行人可以提起的诉讼类型，而是使用了比较开放的"申请执行人可以依法提起诉讼"的表述，以留待实践中各地法院根据案件具体情况进行探索和适用。

综上，本条的规定一方面能对实践中存在的恶意贬损股权价值行

[①] 刘俊海：《现代公司法》，法律出版社2015年版，第392页。

为形成有力震慑，使不法行为人不敢轻易贬损被冻结股权；另一方面也为申请执行人维护自身债权提供了法律救济途径，依法保障其合法权益。

【实践中应注意的问题】

本条确立了以下规则：第一，冻结股权并不当然限制股权所在公司实施增资、减资、合并、分立等行为。这与冻结股权后当然产生限制股权转让、设立质押的法律效力明显不同。第二，人民法院可以根据案件具体情况，决定是否向股权所在公司送达协助执行通知书，要求其在实施增资、减资、合并、分立等行为前向人民法院报告有关情况。第三，人民法院收到报告后，并不进行审查，但除涉及国家秘密或者商业秘密外应当及时通知申请执行人，以便申请执行人根据具体情况，决定是否要提起损害赔偿之诉或者代位提起确认决议无效、撤销决议等诉讼。第四，股权所在公司接到协助执行通知书后，不履行报告义务的，人民法院可以依法追究其法律责任。

【相关案例】

1. a 公司与 c 水务公司股权确认纠纷案 [①]

执行法院一审审理期间冻结 b 公司所持有 c 水务公司 100% 股权。生效判决判定：确认 a 公司持有 c 水务公司 80% 的股权。执行法院立案执行后获知，威海市工商局在该案二审审理期间已根据 c 水务公司的申请为其办理新增股东 d 公司及增加注册资本的变更登记手续，c 水务公司股东变更为 b 公司、d 公司，d 公司注资 600 万元，c

---

[①] 参见《最高人民法院关于股权冻结情况下能否办理增资扩股变更登记的答复》（〔2013〕执他字第 12 号）。

水务公司注册资本由原 500 万元增至 1100 万元人民币。执行法院向威海工商局送达协助执行通知书：执行法院已将股权冻结，你局未经法院许可办理股权变动，属妨碍诉讼，应予撤销，请将 c 水务公司的股权登记恢复至冻结前状态，并判决确认 a 公司持有 c 水务公司 80% 的股权。威海工商局函复执行法院：诉讼期间，c 水务公司将注册资本变更为 1100 万元人民币，原 400 万元出资额对应的出资比例由原来的 80% 降至 36.36%，民事判决已无法执行。

最高人民法院于 2013 年 11 月 14 日以（2013）执他字第 00012 号函向山东省高级人民法院答复：原则上同意你院审判委员会意见。在人民法院对股权予以冻结的情况下，公司登记机关不得为公司或其他股东办理增资扩股变更登记。本案在按判决执行股权时，应向利害关系人释明，作为案外人的其他股东可以提出执行异议，对异议裁定不服，可以提起异议之诉，要注意从程序上对案外人给予必要的救济。

2. 孙某舒与姜某凤、郭某骞、吉林长白山红叶谷矿泉水有限公司公司决议效力确认纠纷案[①]

［基本案情］

原告孙某舒与被告姜某凤、郭某骞、吉林长白山红叶谷矿泉水有限公司（以下简称红叶谷矿泉水公司）公司决议效力确认纠纷一案，孙某舒向吉林市龙潭区人民法院提出诉讼请求：（1）确认被告姜某凤与被告郭某骞关于郭某骞 2021 年 7 月 30 日增资股东会决议及修改章程无效；（2）判令被告红叶谷矿泉水公司恢复被告姜某凤股权冻结时原始股本状态；（3）诉讼费由被告姜某凤承担。

法院审理中查明：孙某舒与姜某凤因民间借贷纠纷一案，孙某舒于 2017 年 11 月 1 日向吉林市龙潭区人民法院申请财产保全，吉林市龙潭区人民法院以（2017）吉 0203 民初 1369-1 号民事裁定冻结姜某

---

① 参见吉林省吉林市龙潭区人民法院（2022）吉 0203 民初 1863 号民事判决书。

凤持有的红叶谷矿泉水公司 82.5% 的股权，该案进入执行后，吉林市龙潭区人民法院在（2018）吉 0203 执 402 号执行案件中继续对该股权进行冻结。红叶谷矿泉水公司股东会决议中载明，2021 年 7 月 20 日召开股东会，作出同意增加公司注册资本 1000 万元，由原 400 万元增加到 1400 万元，其中原股东郭某骞增加 1000 万元，以货币方式出资，在 2060 年 12 月 31 日前足额缴纳；股东增资后，郭某骞出资 1070 万元，占注册资本比例为 76.4286%，姜某凤出资 330 万元，占注册资本比例为 23.5714%。并同意就上述变更事项修改公司章程。2021 年 7 月 30 日，该公司在章程中对公司的增资事项进行更改，后红叶谷矿泉水公司在蛟河市市场监督管理局办理相关的变更登记。

［裁判结果］

吉林市龙潭区人民法院作出（2022）吉 0203 民初 1863 号民事判决：（1）确认被告姜某凤与被告郭某骞于 2021 年 7 月 30 日作出的增资并修改章程的股东会决议无效；（2）被告吉林长白山红叶谷矿泉水有限公司于本判决生效之日起立即向蛟河市市场监督管理局申请撤销变更登记。

［裁判理由］

吉林市龙潭区人民法院认为，被告姜某凤、郭某骞、红叶谷矿泉水公司作出的增资决议，在法院冻结红叶谷矿泉水公司股东姜某凤股权期间，该公司的增资行为并没有即时导致该公司财产及股东股权价值的增加，反而使被冻结的股权权利内容产生变动，如股权净资产估值、未分配的红利、股息等因股权比例的降低而减少，其管理权、参与权、表决权价值也相应降低。被告姜某凤、郭某骞、红叶谷矿泉水公司的增资行为，导致被冻结的股权比例由 82.5% 下降到 23.5714%，导致股权价值的严重贬损，损害了该公司股东姜某凤的债权人孙某舒的合法权益，影响孙某舒债权实现。依据《最高人民法院关于人民法院强制执行股权若干问题的规定》第 8 条第 3 款规定，"股权所在公司或者公司董事、高级管理人员故意通过增资、减资、合并、分立、转让重大资产、对外提供担保等行为导致被冻结股权价值严重贬损，影响申请执行人债权实现的，申请执行人可以依法提起诉讼"。依据《民法典》第154条规定："行为人与相对人恶意串通，损害他人合法权益的民事法律行为无效。"依据《公司法》第22条第1款规定："公司股东会或者股东大会、董事会的决议内容违反法律、行政法规的无效。"现孙某舒主张确认姜某凤与郭某骞于2021年7月30日作出的增资并修改章程的股东会决议无效，法院予以支持。对于孙某舒要求红叶谷矿泉水公司恢复姜某凤股权被冻结时的原始股本状态，依据《公司法》第22条第4款规定："公司根据股东会或者股东大会、董事会决议已办理变更登记的，人民法院宣告该决议无效或者撤销该决议后，公司应当向公司登记机关申请撤销变更登记。"故吉林市龙潭区人民法院判令红叶谷矿泉水公司向公司登记机关申请撤销变更登记。

【相关规定】

1.《中华人民共和国民法典》（2020年5月28日）

第一百一十八条 民事主体依法享有债权。

债权是因合同、侵权行为、无因管理、不当得利以及法律的其他规定，权利人请求特定义务人为或者不为一定行为的权利。

第一千一百六十四条 本编调整因侵害民事权益产生的民事关系。

2.《中华人民共和国民事诉讼法》（2023年9月1日修正）

第一百一十七条 有义务协助调查、执行的单位有下列行为之一的，人民法院除责令其履行协助义务外，并可以予以罚款：

（一）有关单位拒绝或者妨碍人民法院调查取证的；

（二）有关单位接到人民法院协助执行通知书后，拒不协助查询、扣押、冻结、划拨、变价财产的；

（三）有关单位接到人民法院协助执行通知书后，拒不协助扣留被执行人的收入、办理有关财产权证照转移手续、转交有关票证、证

照或者其他财产的;

(四)其他拒绝协助执行的。

人民法院对有前款规定的行为之一的单位,可以对其主要负责人或者直接责任人员予以罚款;对仍不履行协助义务的,可以予以拘留;并可以向监察机关或者有关机关提出予以纪律处分的司法建议。

3.《最高人民法院关于适用〈中华人民共和国民事诉讼法〉的解释》(2022年4月1日修正,法释〔2022〕11号)

第三百一十三条 案外人执行异议之诉审理期间,人民法院不得对执行标的进行处分。申请执行人请求人民法院继续执行并提供相应担保的,人民法院可以准许。

被执行人与案外人恶意串通,通过执行异议、执行异议之诉妨害执行的,人民法院应当依照民事诉讼法第一百一十六条规定处理。申请执行人因此受到损害的,可以提起诉讼要求被执行人、案外人赔偿。

4.《最高人民法院关于人民法院民事执行中查封、扣押、冻结财产的规定》(2020年12月29日修正)

第十条 查封、扣押的财产不宜由人民法院保管的,人民法院可以指定被执行人负责保管;不宜由被执行人保管的,可以委托第三人或者申请执行人保管。

由人民法院指定被执行人保管的财产,如果继续使用对该财产的价值无重大影响,可以允许被执行人继续使用;由人民法院保管或者委托第三人、申请执行人保管的,保管人不得使用。

第二十四条 被执行人就已经查封、扣押、冻结的财产所作的移转、设定权利负担或者其他有碍执行的行为,不得对抗申请执行人。

第三人未经人民法院准许占有查封、扣押、冻结的财产或者实施其他有碍执行的行为的,人民法院可以依据申请执行人的申请或者依职权解除其占有或者排除其妨害。

人民法院的查封、扣押、冻结没有公示的,其效力不得对抗善意第三人。

> 第九条　人民法院冻结被执行人基于股权享有的股息、红利等收益，应当向股权所在公司送达裁定书，并要求其在该收益到期时通知人民法院。人民法院对到期的股息、红利等收益，可以书面通知股权所在公司向申请执行人或者人民法院履行。
>
> 股息、红利等收益被冻结后，股权所在公司擅自向被执行人支付或者变相支付的，不影响人民法院要求股权所在公司支付该收益。

【条文主旨】

本条是关于股息、红利等收益执行方式的规定。

【理解与适用】

一、关于股息、红利的概念

股权的内容包括资产上的收益权和参与公司经营管理的权利。《公司法》第 4 条规定，公司股东依法享有资产收益、参与重大决策和选择管理者等权利。股东的资产收益权包括股利分配请求权和剩余财产分配请求权。公司股东从公司利润中分得的利益，称为"股利"。股利根据内容不同，可以分为股息和红利。我国《个人所得税法》《企业所得税法》均使用了"股息""红利"的概念。① 一般认为，股息是公司根据股东拥有的股份分给股东的利润，比率是确定的。红利是股息之外向股东分配的公司利润，红利的比率根据利润的多少决定，事先并不确定，其比率是浮动的。除公司股东基于股权享有股息、红利收益外，在其他企业法人②中投资人基于投资权益亦享有收益分配请求权，依法享有投资收益。

有限责任公司股东从公司利润中分得的利益称为"红利"，例如，《公司法》第 34 条规定，股东按照实缴的出资比例分取红利。因有限责任公司不存在优先性的股权，故有限责任公司的股东只能分取红利，不存在分配股息的问题。股份有限公司分得的利润，既包括股息，又包括红利，在《公司法》中统称为"股利"，例如，《公司法》第 139 条第 2 款即用了"股利"的表述。③ 在股份有限责任公司中，优先股股东根据确定的比率分取股息，普通股股东根据公司的经营情况分取红利。

根据本司法解释第 1 条、第 18 条规定，司法解释的适用范围排除了上市公司和在新三板交易的股份有限公司的股份，同时规定对被执行人在其他营利法人享有的投资权益强制执行的参照适用本规定，故本条中的"股息、红利等收益"主要包括：一是被执行人在有限责任公司分得的红利；二是在非上市且未在新三板交易的股份有限公司分得的股息、红利；三是在其他营利法人基于投资权益分得的收益。

---

① 《个人所得税法》第 2 条规定："下列各项个人所得，应当缴纳个人所得税……（六）利息、股息、红利所得……"《企业所得税法》第 6 条规定："企业以货币形式和非货币形式从各种来源取得的收入，为收入总额。包括……（四）股息、红利等权益性投资收益……"

② 依照《民法典》的规定，营利法人是以取得利润并分配给股东等出资人为目的成立的法人，包括有限责任公司、股份有限公司和其他企业法人等。其他企业法人包括全民所有制企业、城镇集体所有制企业等。

③ 《公司法》第 139 条第 2 款规定："股东大会召开前二十日内或者公司决定分配股利的基准日前五日内，不得进行前款规定的股东名册的变更登记。但是，法律对上市公司股东名册变更登记另有规定的，从其规定。"

二、关于冻结股权的效力是否及于股息、红利等收益

对此问题，实践中一直存在争议。一种意见认为，根据《查扣冻规定》第 20 条规定，查封、扣押的效力及于查封、扣押物的从物和天然孳息。收益属于法定孳息，查封的效力并不当然及于法定孳息。例如，查封房屋的效力并不当然及于房屋租金，要执行房屋租金需要向承租人发出冻结裁定和履行到期债务通知书。因此，冻结股权的效力并不当然及于收益。况且，从操作层面来看，冻结股权的效力"不及于"或者"及于"收益的区别，仅在于人民法院在冻结股权时需要或者不需要一并裁定冻结收益，即使认为冻结股权的效力不及于收益，人民法院依然可以在冻结股权时一并冻结收益。《执行工作规定》第 38 条第 2 款规定："冻结投资权益或股权的，应当通知有关企业不得办理被冻结投资权益或股权的转移手续，不得向被执行人支付股息或红利。被冻结的投资权益或股权，被执行人不得自行转让。"该规定即采取了冻结股权时一并冻结收益的方式，并未规定冻结股权的效力当然及于收益。另一种意见认为，《执行工作规定》第 38 条第 2 款规定的是当然及于。从《民法典》第 430 条的规定来看，质押的效力及于质押物的法定孳息，而冻结与质押在效力上具有相通性，因此冻结股权的效力也应当及于作为法定孳息的收益。况且，从操作层面来看，与其在冻结股权时一并冻结收益，不如在司法解释中直接明确及于收益。司法解释规定冻结股权的效力自动及于股息、红利等收益，可统一执行尺度，防止因在协助执行通知书中未注明产生争议。《冻结、拍卖股权规定》第 7 条第 2 款即明确规定："股权冻结的效力及于股权产生的股息以及红利、红股等孳息，但股权持有人或者所有权人仍可享有因上市公司增发、配售新股而产生的权利。"虽然上述规定系针对上市公司的国有股和社会法人股，并非针对有限责任公司股权和非上市且未在新三板交易的股份有限公司股份，但对于股权（股份）冻结的规则，其逻辑应当保持一致，冻结的效力应当及于股息、

红利等收益。

经研究，我们认为，冻结股权的效力不宜当然及于股息、红利等收益。其一，查封之效力及于查封物之孳息，在理论上言，须其收取权属于债务人，并应以天然孳息为限。如收取权属于第三人者，仍非查封之效力所及。[①] 根据《民法典》第 321 条规定，只有天然孳息由所有权人收取；对于法定孳息，当事人有约定的按照约定取得，没有约定或者约定不明确的按照交易习惯取得。因法定孳息的取得权人并非所有权人，故查封的效力不能当然及于股息、红利等法定孳息。其二，根据本司法解释第 6 条的规定，冻结股权的应当向公司登记机关送达裁定书和协助执行通知书，由公司登记机关在国家企业信用信息公示系统进行公示，股权冻结自在公示系统公示时发生法律效力。冻结裁定和协助执行通知书未送达公司的，并不影响股权冻结的效力。按此逻辑，人民法院一旦向公司登记机关送达了裁定书和协助执行通知书，即产生了冻结股权的效力，而公司登记机关并不能有效控制公司发放收益，能够控制收益发放的只能是股权所在的公司。如果冻结股权的效力当然及于股息、红利等收益，必然要求公司发放收益前，必须先通过企业信用信息公示系统查询股权是否被冻结，这对公司而言无疑负担过重，增加了公司治理的成本。基于上述考虑，本条规定"冻结被执行人基于股权享有的股息、红利等收益，应当向股权所在公司送达裁定书，并要求其在该收益到期时通知人民法院"，未采取冻结的效力自动及于收益的立法模式。而且，对于股息、红利等收益的冻结，采取了与股权冻结截然不同的冻结方式：冻结股权是向公司登记机关送达裁定书和协助执行通知书，自在公示系统公示时发生法律效力；冻结股息、红利等收益，是向股权所在公司送达裁定书，自冻结裁定送达股权所在公司发生法律效力。

---

① 参见杨与龄编著：《强制执行法论》，中国政法大学出版社 2002 年版，第 338 页。

三、关于股权收益的执行方法

股东从公司分得的股息、红利等收益，一旦转化为金钱或银行存款，自然可依金钱、存款的执行法执行，自不赘言。此处所谓对股息、红利的执行，更准确地讲应为对股利分配请求权的执行。对股权的执行，除对股权本身进行变价以实现其交换价值之外，还可对股权的重要权能——股利分配请求权采取执行措施，以实现债权人的金钱债权。而采取什么样的执行方法，是由股利分配请求权的性质所决定。应当说，股东的股利分配请求权，带有明显的债权性。股东自公司股东会通过股利分配方案之时起，即享有了要求公司依股利分配方案向其支付股利的权利，这种请求他人为一定给付的权利，在民法上属于债权，股东为债权人，公司为债务人。因此，股东的股利分配请求权，理应按照到期债权的执行程序来执行。

1998 年《执行工作规定》制定时，考虑到投资收益权与一般债权有所不同，而且过去的规定中明确提出可以冻结和划拨被执行人的预期收益，以及在合资企业中应得的股息或红利，因此仍沿用过去的规定，基本类似于执行自然人的收入的做法，没有设定第三人提出异议的程序。[1] 据此，《执行工作规定》第 51 条（现为第 36 条）规定："对被执行人从有关企业中应得的已到期的股息或红利等收益，人民法院有权裁定禁止被执行人提取和有关企业向被执行人支付，并要求有关企业直接向申请执行人支付。对被执行人预期从有关企业中应得的股息或红利等收益，人民法院可以采取冻结措施，禁止到期后被执行人提取和有关企业向被执行人支付。到期后人民法院可从有关企业中提取，并出具提取收据。"其中，第 1 款规定了已到期的股息或红利等收益的执行，第 2 款规定对预期应得股息或红利等收益的执行。

---

[1]　黄金龙:《〈关于人民法院执行工作若干问题的规定（试行）〉实用解析》，中国法制出版社 2000 年版，第 157 页。

结合两款规定，对于被执行人从有关企业中应得的股息或红利，一是无论是否到期，均可以裁定冻结，禁止被执行人提取和有关企业向被执行人支付等收益；二是对已到期的股息或红利，可以要求有关企业直接向申请执行人支付，或者直接从有关企业中提取。此处的从有关企业中提取，即采用了类似执行自然人收入的做法。

本解释起草过程中，对于股息、红利等收益是继续沿袭《执行工作规定》的规定，参照自然人收入采取直接提取的方式，还是按照债权的执行方法，充分保障公司的异议权，仍然存在不同意见。一种意见认为，无论是自然人收入，还是股息、红利等收益，本质上都是一种债权。考虑到收入通常建立在自然人和用人单位之间，具有长期性和持续性的特点，比较明显容易判断，且一般不会产生争议，故从提高执行效率的角度，对收入这种特殊形式的债权规定了更为简便的执行方法，可以直接提取，且没有设定第三人提出异议的程序。对于股息、红利等收益，也可以参照提取收入的规定提取股权收益，公司对此提出异议的，可由执行法院参照《民事诉讼法》（2017 年修正）第225 条（现为第 236 条）的规定进行实体审查，以保障公司权益不受侵害，如此更有利于提高执行效率。另外一种意见认为，对于股息和红利等收益，能否参照收入设定更为简便的执行方式，取决于股息、红利本身的复杂程度和第三人异议权的保护。对于股利的分配请求权，实践中的情况可能会比较复杂，即使经公司股东会决议的分配方案已届期，公司依然可能存在不予支付的抗辩事由，直接从公司提取收益可能会损害作为第三人的公司的合法权益，因此，对于股息和红利，按照债权的执行方法执行更为妥当。经过讨论，本解释最终采纳了第二种意见，对于股息、红利等收益，应当作为被执行人的债权予以强制执行。

《民诉法解释》第 499 条规定："人民法院执行被执行人对他人的到期债权，可以作出冻结债权的裁定，并通知该他人向申请执行人履行。该他人对到期债权有异议，申请执行人请求对异议部分强制执行的，人民法院不予支持。利害关系人对到期债权有异议的，人民法院应当按照民事诉讼法第二百三十四条规定处理。对生效法律文书确定的到期债权，该他人予以否认的，人民法院不予支持。"本条依据《民诉法解释》第499条、《执行工作规定》第45条至第53条有关债权执行的规定构建了对股息、红利的执行规则。

第一，人民法院冻结被执行人基于股权享有的股息、红利等收益，应当向股权所在公司送达裁定书。此时，股权所在公司并非单纯的协助执行人，而是债权执行中的次债务人，次债务人可以有效控制债务的履行，因此冻结裁定送达次债务人即可产生控制债权的作用，此时产生债权冻结的效力。同样，对股息、红利等收益的冻结，也应自冻结裁定送达股权所在公司时产生冻结的效力。

第二，对于股息、红利等收益，无论是否已经到期、公司是否已经决定分配，人民法院均可冻结，禁止到期后公司向被执行人支付。对于股东预期应得的股息、红利等收益，实质为作为被执行人的股东对公司的未到期债权。《民诉法解释》第499条规定，人民法院执行被执行人对他人的到期债权，可以作出冻结债权的裁定，并通知该他人向申请执行人履行。对于未到期债权能否采取执行措施，司法解释没有明确规定。对此，2011年《最高人民法院关于依法制裁规避执行行为的若干意见》第13条规定："对被执行人的未到期债权，执行法院可以依法冻结，待债权到期后参照到期债权予以执行。第三人仅以该债务未到期为由提出异议的，不影响对该债权的保全。"2017年《最高人民法院关于认真贯彻实施民事诉讼法及相关司法解释有关规定的通知》中亦有"对于被执行人未到期的债权，在到期之前，只能冻结，不能责令次债务人履行"的要求。上述意见虽不是司法解释，但有效解决了司法解释中的争议问题，肯定了对未到期债权可以采取冻结措施。对于未到分配期的收益，在采取冻结措施的同时，可要求股权所在公司在该收益到期时通知人民法院，以便人民法院对该股权采取执行措施。

第三，对已到期的股息、红利等收益，人民法院可以书面通知股权所在公司向申请执行人或者人民法院履行。首先，人民法院可以书面通知公司向申请执行人履行。通知公司向申请执行人履行，实质上是一种收取命令。收取命令，是指执行法院以命令债权人直接收取债务人对于第三人之金钱债权而言。收取命令的性质系执行法院将债务人对于第三人之金钱债权之收取权移付于债权人，债权人依此命令行使权利，其地位与行使代位权同。但不必具备民法行使代位权之要件，即可直接收取债务人对于第三人之债权，以清偿自己之债权。① 《执行工作规定》第45条第1款规定：被执行人不能清偿债务，但对本案以外的第三人享有到期债权的，人民法院可以依申请执行人或被执行人的申请，向第三人发出履行到期债务的通知。履行通知必须直接送达第三人。对于已到期的收益，人民法院应当按照该规定向公司直接送达履行到期债务通知书，该通知应当包含下列内容：一是公司直接向申请执行人履行其对被执行人所负的债务，不得向被执行人清偿；二是公司应当在收到履行通知后的15日内向申请执行人履行债务；三是公司对履行到期债权有异议的，应当在收到履行通知后的15日内向执行法院提出；四是公司违背上述义务的法律后果。其次，人民法院还可通知公司向人民法院履行，再由人民法院支付申请执行人。在债权执行中，此种方式称之为"支付转给命令"。在债务人对于第三人的债权系附有条件、期限或对待给付义务，致使第三人难以支付；或者有他债权人申请参与分配或债权人不愿向第三人收取的情形，可以由第三人向执行法院支付，再由该法院转给债权人。② 在股权收益执行中，亦可采取此种由公司向人民法院履行，再由人民法院支付申请执行人的方式。需要注意的是，对于已到期的股息、红利等收益，本条规定改变了《执行工作规定》第36条的规定，不得再采

---

① 参见杨与龄编著：《强制执行法论》，中国政法大学出版社2002年版，第504页。

② 参见杨与龄编著：《强制执行法论》，中国政法大学出版社2002年版，第506页。

取从股权所在公司提取收益的执行方式。

第四，股权所在公司有权对履行债务通知书提出异议。根据《民诉法解释》第 499 条、《执行工作规定》第 47 条至第 49 条规定，在执行收益过程中，公司对履行通知在指定期限内提出异议的，为保障其权益不受侵害，人民法院不能继续执行，对公司提出的异议也不进行审查，申请执行人只能依据《民法典》第 535 条，就该收益对公司提起代位权诉讼。公司在履行通知指定的期限内没有提出异议，又不履行的，执行法院有权裁定对其强制执行。为保障其权益不受侵害，则人民法院不能继续执行，申请执行人只能通过代位诉讼向公司主张分配收益。

四、关于公司擅自支付收益的处理

本条第 2 款规定了收益被冻结后，股权所在公司擅自向被执行人支付或者变相支付的，不影响人民法院要求股权所在公司支付该收益。司法解释起草过程中，对公司擅自支付股息、红利等收益应当承担何种责任，存在不同意见。一种意见认为，可以沿用《执行工作规定》第 40 条规定："有关企业收到人民法院发出的协助冻结通知后，擅自向被执行人支付股息或红利，或擅自为被执行人办理已冻结股权的转移手续，造成已转移的财产无法追回的，应当在所支付的股息或红利或转移的股权价值范围内向申请执行人承担责任。"该规定与《执行工作规定》第 51 条关于第三人收到人民法院履行到期债务通知后擅自向被执行人履行的责任承担方式完全一致。因此，公司擅自支付收益的，应首先责令公司予以追回，不能追回的，再在已支付的范围内承担清偿责任。另一种意见认为，第三人擅自清偿的，可以直接要求其向申请执行人承担清偿责任。经研究，采纳了第二种意见，主要考虑如下：其一，《查扣冻规定》第 24 条第 1 款规定："被执行人就已经查封、扣押、冻结的财产所作的移转、设定权利负担或者其他有碍执行的行为，不得对抗申请执行人。"该规定采纳了查封效力相对性的观点。查封效力的绝对性，是指查封的效果能使被执行人绝对丧失对查封物的处分权，被执行人就查封物所为的处分行为，不仅对申请执行人无效，而且对任何第三人均为无效。查封效力的相对性，是指被执行人就查封物所为的处分行为并非绝对无效，而只是相对无效，只是不得对抗申请执行人，在被执行人与处分行为的相对人之间仍属有效。① 根据查封相对效力的观点，对被执行人处分查封财产的行为，一般不明确禁止，只是强调其效力不得对抗执行债权人。收益被冻结后，股权所在公司擅自向被执行人支付或者变相支付的，导致冻结的收益消灭，相当于公司擅自处分了查封财产，同样对申请执行人不发生法律效力，人民法院可以继续要求股权所在公司支付该收益。其二，《执行工作规定》第 40 条关于在擅自支付的股息或红利价值范围内向申请执行人承担责任的规定，一直存在通过审判程序还是执行程序确定责任数额的争议，本条直接规定人民法院可以继续要求股权所在公司支付该收益，能够避免该争议问题，有利于简化执行程序和提高执行效率。

【实践中应注意的问题】

本条规定确立了以下规则：

第一，冻结股权的效力不当然及于股息、红利等收益。冻结股息、红利等收益的裁定应向股权所在公司送达，自裁定送达时发生冻结的效力。对有限责任公司和非上市股份公司所确立的该冻结规则，不同于《冻结、拍卖股权规定》第 7 条第 2 款所规定的股权冻结的效力及于股权产生的股息以及红利、红股等孳息，应注意区别。在冻结股权时如需同时冻结股息、红利等收益，应当另行作出冻结裁定并送达股权所在公司。

---

① 王飞鸿：《〈关于人民法院民事执行中查封、扣押、冻结财产的规定〉的理解与适用》，载《人民司法》2004 年第 12 期。

第二，对于未到期的股息、红利等收益，在采取冻结措施的同时，可要求股权所在公司在该收益到期时通知人民法院，以便人民法院根据实际情况对该股权采取相应措施。该规则在《执行工作规定》第36条、第38条关于收益的执行，以及相关意见中关于未到期债权的执行中均无明确规定，本条对此予以了明确，应注意实践中的适用。

第三，对到期的股息、红利等收益，人民法院可以书面通知股权所在公司向申请执行人履行，也可以由公司向人民法院履行，再由人民法院支付申请执行人。书面通知应采用履行到期债务通知书的形式，一旦公司在指定期限内提出异议，对该异议不进行审查，亦不得继续执行作为次债务人的公司。该规则改变了《执行工作规定》第36条关于从公司中直接提取收益的执行方式，《执行工作规定》中的相关规定不再适用。

第四，股权所在公司擅自支付收益的，人民法院可以继续要求股权所在公司向申请执行人承担清偿责任，支付该收益。公司作为次债务人不履行的，可以强制执行公司的财产。《执行工作规定》第40条关于擅自支付承担责任的规定不再适用，无须先责令公司追回，不能追回的再承担责任。

【相关案例】

山西吕梁离石西山亚辰煤业有限公司、华润深国投信托有限公司金融借款合同纠纷案 [①]

广州铁路运输中级法院（以下简称广铁中院）在执行华润深国投

[①]　参见广东省高级人民法院（2020）粤执复442号执行裁定书。该案例系本解释出台前，依据《执行工作规定》第36条规定，对到期的股息、红利等收益采取从公司中直接提取收益的执行方式，广东高院在复议程序中亦是依据该规定进行的审查。虽然本解释改变了既有的从公司中直接提取收益的执行方式，《执行工作规定》第36条的规定不再适用，但广东高院在复议裁定中关于采取到期债权还是采取直接提取收益的执行方式，有较为详细的论述，该论述虽然建立在原有规则的基础上，但仍有助于理解规则的变化。

信托有限公司（以下简称华润深国投公司）与被执行人孝义市德威煤业有限责任公司（以下简称德威煤业公司）、薛某平、郭某香、闫某圣、刘某军、李某明借款合同纠纷一案过程中，亚辰煤业公司对该院提取被执行人德威煤业公司持有亚辰煤业公司49%股权（以下简称涉案股权）股息收益的执行措施提出异议。

异议人亚辰煤业公司请求：（1）中止执行广铁中院作出的（2019）粤71执4号之四执行裁定及相应的协助执行通知内容；（2）呈报最高人民法院进行权威裁决或与山西省方山县人民法院进行沟通协调，使本案的执行工作回归到正常合法的状态。其主要理由为：（1）法院不能强制提取该公司未分配利润。公司利润是公司通过经营所获取的收益，系公司法人独立财产，在该公司未依章程作出分配股权收益决策之前，不属于被执行人的个人财产更非到期债权，法律并未赋予人民法院强制公司向股东分红的权力。法院强制提取被执行人德威煤业公司在该公司的股息红利，侵犯了该公司的自主经营权与股东参与公司管理决策权，若该公司大额财产被强制执行，将极大危害以现金流动为主要生存发展基础的公司日常运营，造成资金链断裂的严重后果。（2）山西省方山县人民法院因另案在之前已发出强制执行令要求异议人对该公司持有的同一涉案股权项下的收益先行执行，由于两家法院的强制执行存在冲突，两家法院应进行协商解决或呈报共同的上级法院最高人民法院裁决予以解决，使得本案的执行工作回归到正常合法的状态。

申请执行人华润深国投公司答辩称：2011年9月27日，被执行人德威煤业公司将所持有的涉案股权质押向申请执行人提供金钱贷款的质押担保，2014年7月在本案诉讼阶段已被法院冻结，并及于股权产生的股息以及红利红股等孳息。申请执行人作为涉案股权的质权人，有权获得相应的股权收益，执行法院执行该股权收益属于实现申请执行人的合法债权，异议人作为义务协助人，应依法积极协助执行法院提取被执行人德威煤业公司的股权收益，其以需经过股东同意为由对抗强制执行的理由不能成立，请求法院呈报最高人民法院裁决或与其他法院协调沟通，不属于执行异议审查范围。异议人提出的执行异议请求与理由不能成立，请求予以驳回。

广铁中院经审查查明：该院据广东省高级人民法院（以下简称广东高院）（2018）粤执 61 号指定执行裁定立案执行华润深国投公司与德威煤业公司、薛某平、郭某香、闫某圣、刘某军、李某明金融借款合同纠纷一案，已生效的广东高院（2015）粤高法民二初字第 8 号民事判决判令德威煤业公司应向华润深国投公司偿还本金 11.398 亿元及相应利息、赔偿律师费 300 万，薛某平、郭某香对德威煤业公司上述债务承担连带清偿责任，申请执行人华润深国投公司对被执行人德威煤业公司持有的异议人涉案股权的拍卖、变卖所得价款在上述债权范围内享有优先受偿权等。

2011 年 9 月 27 日，申请执行人华润深国投公司与被执行人德威煤业公司签订 12 亿元的信托贷款合同，被执行人德威煤业公司以其相应财产包括其持有涉案股权为上述债务提供抵押担保，并到工商行政管理部门办理了出质登记。因被执行人德威煤业公司未依约履行还款义务，申请执行人华润深国投公司向广东省深圳市中级人民法院申请诉前保全，该院于 2014 年 7 月 15 日冻结被执行人德威煤业公司持有的涉案股权。此后，本案在诉讼阶段变更级别管辖，移送广东高院继续审理。2015 年 8 月 25 日，广东高院继续冻结被执行人德威煤业公司持有的涉案股权，并于 2017 年 5 月 9 日再次继续冻结被执行人德威煤业公司持有的利害关系人涉案股权及股权收益，自冻结之日（2014 年 7 月 21 日至续冻期间届满前即 2019 年 7 月 19 日）不得办理涉案股权的转移手续，并不得向被执行人德威煤业公司支付涉案股权的股息或红利。本案进入法院强制执行程序后，广铁中院作出（2019）粤 71 执 4 号之一执行裁定并向异议人发出相关协助执行通知书，继续冻结涉案股权，不得向被执行人德威煤业公司支付涉案股权的股息或红利。2019 年 10 月 25 日，深圳市世鹏资产评估房地产土地估价顾问有限公司接受广铁中院委托作出《广州铁路运输中级法院执行工作需要涉及的山西吕梁离石西山亚辰煤业有限公司股东部分权益价值资产评估报告》，评估 2019 年 6 月 30 日涉案股权价值市场价值为 2.512 亿元，根据该报告及异议人自认截止到 2019 年 6 月 30 日该公司财务账目累计未分配利润为 7920.5141 万元。

2019 年 11 月 12 日广铁中院作出（2019）粤 71 执 4 号之三执行裁定，拍卖被执行人德威煤业所有的包括涉案股权在内的五家公司股权，于 12 月 14 日至 15 日以评估价为起拍价和保留价在淘宝网络司法拍卖平台进行公开拍卖并流拍。2019 年 11 月 19 日，广铁中院作出（2019）粤 71 执 4 号协助执行通知书，要求异议人提供被执行人德威煤业公司 2016 年 1 月 1 日至 2019 年 10 月 21 日的股权等收益情况，同年 11 月 20 日作出（2019）粤 71 执 4 号协助执行通知书，要求异议人向广铁中院支付被执行人德威煤业公司在异议人处从 2016 年 1 月 1 日至 2019 年 11 月 20 日享有的股息红利等收益，但异议人迟至异议审查阶段才予以提供涉案股权收益情况。

广铁中院另查明，2016 年 6 月 16 日、2017 年 3 月 31 日，山西省吕梁市中级人民法院依据已发生法律效力的该院（2015）吕民一初字第 61 号民事判决，以（2016）晋 11 执 67 号执行裁定及协助执行通知书两次冻结、扣留、提取被执行人德威煤业公司持有的包括异议人在内的五家公司持有股权收益及资源整合提前介入过渡期间的收益 9482 万元。2017 年 6 月 12 日，山西省吕梁市中级人民法院以（2016）晋 11 执 67 号协助执行通知书，提取该院已冻结的应付被执行人德威煤业公司在包括异议人在内的五家公司的股权收益共计 9482 万元到该院执行账户。2019 年 10 月 25 日，山西省方山县人民法院在执行已发生效力（2016）晋 11 民初 90 号民事判决樊某琦与德威煤业公司等人民间借贷一案中，作出（2019）晋 1128 执 8-1 号通知书，以被执行人德威煤业公司对异议人享有到期债权为由，要求异议人履行对被执行人德威煤业公司执行款 1.17 亿余元。该案在诉讼阶段曾于 2016 年 8 月 11 日冻结涉案股权及股权收益，冻结期限为 3 年，异议人对此已向山西省方山县人民法院提出执行异议。

广铁中院认为，本案的争议焦点为：（1）申请执行人华润深国投公司对涉案股权的抵押优先受偿权的效力是否及于法定孳息；（2）法院能否强制提取被执行人所有涉案股权的股息。

1. 在强制执行程序中，当申请执行人的债权不能全部实现时，其对抵押物享有优先受偿的效力及于该抵押物的法定孳息。《物权法》第 197 条第 1 款[①] 规定，债务人不履行到期债务或者发生当事人约定的实现抵押权的情形，致使抵押财产被人民法院依法扣押的，自扣押之日起抵押权人有权收取该抵押财产的天然孳息或者法定孳息，但抵押权人未通知应当清偿法定孳息的义务人的除外。前款规定的孳息应当先充抵收取孳息的费用。《查扣冻规定》第 22 条（现为第 20 条）规定，查封、扣押的效力及于查封、扣押物的从物和天然孳息。在强制执行程序中，当被执行人未依生效法律文书向申请执行人履行还款义务时，申请执行人作为抵押权人对法院已冻结、扣押的抵押财产及所产生的孳息享有优先受偿权。本案中，涉案股权作为本案债权的抵押物已被广铁中院首封冻结，因被执行人德威煤业公司未按本案执行通知书的要求履行生效民事判决确定的还款义务，依照上述法律规定申请执行人华润深国投公司作为抵押权人有权直接收取涉案股权自冻结之日产生的法定孳息即涉案股权的股息，以保证抵押财产优先受偿权的实现。

关于山西省方山县人民法院以被执行人德威煤业公司对异议人享有到期债权为由，要求异议人履行对被执行人德威煤业公司执行款 1.17 亿余元。根据《执行工作规定》第"七、被执行人到期债权的执行"中第 63 条（现为第 47 条）规定："第三人在履行通知指定的期间内提出异议的，人民法院不得对第三人强制执行，对提出的异议不进行审查。"异议人请求广铁中院对此进行协调，不属于异议审查范

---

① 对应《民法典》第 412 条第 1 款。

围，不予支持。

2.《执行工作规定》第51条第1款（现为第36条第1款）规定，"对被执行人从有关企业中应得的已到期的股息或红利等收益，人民法院有权裁定禁止被执行人提取和有关企业向被执行人支付，并要求有关企业直接向申请执行人支付"。本案中，被执行人德威煤业公司持有异议人的涉案股权，由于被执行人德威煤业公司未履行生效判决确定的还款义务，广铁中院可依据《公司法》的相关规定，对股权予以拍卖、变卖或以其他方式转让，对已到期的收益作为被执行人德威煤业公司的财产予以提取。异议人虽然作为独立公司法人对公司的股权收益、利润分配具有自主的决策权，但不得以需征得其他股东同意为由对抗广铁中院依法对被执行人德威煤业公司享有股权收益的执行。根据本案查明事实，至2019年6月30日异议人累计未分配利润为7920.5141万元，该利润所对应的有关股权收益虽由异议人保存，但本质上属于被执行人德威煤业公司财产，异议人作为协助执行人应配合广铁中院提取被执行人德威煤业公司的股权股息收益。异议人请求中止协助提取涉案股权收益，没有事实和法律依据，不予支持。

广铁中院遂于2020年1月10日作出（2019）粤71执异18号执行裁定，裁定驳回亚辰煤业公司的异议申请。

亚辰煤业公司向广东高院申请复议，请求：（1）撤销（2019）粤71执异18号执行裁定书；（2）中止对复议申请人未分配股权的执行；（3）请呈报最高人民法院协调、裁决，以确定对复议申请人可能发生的股权收益的优先执行法院是广铁中院还是山西省方山县法院，从而解决执行冲突问题。其主要理由为：（1）冻结股权的法律意义在于限制当事人对股权擅自进行转让、变更以及设定权利负担，以确保债权人合法权益不受损害，冻结股权并不当然及于股权收益。人民法院采取冻结措施必须对所冻结财产限定明确、具体的范围。深圳中院最初于2014年作出的民事裁定书，冻结财产范围为德威煤业公司在复议申请人公司的49%股权，并未对基于该股权产生的收益予以冻结。《冻结、拍卖股权规定》第7条第2款"股权冻结的效力及于股权产生的股息及红利、红股等孳息"的规定，专门适用于对上市公司股份的冻结，不适用于本案股权的冻结。（2）公司是企业法人，有独立的财产，享有法人财产权。公司利润是公司通过经营所获取的收益，公司是否进行利润分配属于公司股东会内部决议的事宜，在未分配给公司股东前属于公司的法人财产。对于公司利润分配的决策权，是法律赋予投资人的权利，更是法律保护投资人合法权利的具体表现。广铁中院在复议申请人未决定分配股权利益的情况下，强制执行债务人以外的财产违反法律规定。法律未赋予人民法院强制公司向股东分红的权利。股东的股权收益在公司股东会未作出分配决策之前，属于预期的债权利益，不属于被执行人的财产。更不属于被执行人的到期债权。（3）现广铁中院与另案方山法院同时要求对被执行人所持股权项的收益予以执行。鉴于本案执行争议问题未得到切实解决，应呈报争议法院的共同上级，即最高人民法院进行权威裁决。另外，如继续强制执行，会导致公司资金链断裂、经营陷入困境、工人下岗，引发社会问题。

广东高院对广铁中院查明的事实予以确认。

广东高院补充查明以下事实：

第一，亚辰煤业公司于2019年12月30日向广铁中院递交《亚辰煤业公司关于公司年度利润情况的说明》，其中部分内容如下：（1）2016年度净利润为28 625 432.13元；（2）2017年度净利润为140 863 836.32元；（3）2018年度净利润为41 445 831.5元；其中，2018年5月吕梁中院强制提取被执行人德威煤业公司在我单位的未分配利润94 820 000元……（7）截至2019年11月30日，我单位财务账目累计未分配利润为77 113 026.27元。

第二，山西省高级人民法院于2017年11月29日作出的（2017）晋执复65号执行裁定书载明以下一些内容：本案申请执行人张某年依据已经生效的吕梁中院（2015）吕民一初字第61号民事判决书向该院申请强制执行被执行人孝义德威公司（孝义市德威煤业有限责任公司）、薛某平、郭某香民间借贷纠纷一案，执行标的为9482万元。2016年5月10日，执行法院向三被执行人作出冻结、扣划其9482万元等值财产的执行裁定并送达。被执行人孝义德威公司在孝义德顺公司、临县晟聚公司、离石亚辰公司各拥有49%的股权，该三个目标公司都具有独立的法人资格，但该三个目标公司的生产经营和财务管理等由本案复议人西山德威公司统一行使，故执行法院于2017年3月31日向复议人西山德威公司（协助执行义务人）发出协助执行通知书，请求其协助执行冻结、扣划、提取被执行人孝义德威公司在三个目标公司的股权收益等9482万元。2017年5月31日，执行法院向复议人西山德威公司发出调查函，该公司提供的财务报表显示上述三个目标公司截止到2017年5月底的可分配净利润总计达2亿元，被执行人孝义德威公司拥有三个目标公司的股权收益约为9800万元，执行法院据此于2017年6月12日向复议人西山德威公司发出（2016）晋11执67号协助执行通知书，要求该公司协助将被执行人孝义德威公司在上述三个目标公司拥有的股权收益款9482万元扣留、提取到该院执行款账户……复议人西山德威公司在本案中是协助执行义务人，吕梁中院要求其配合扣留提取的9482万元是被执行人孝义德威公司拥有的三个目标公司固定时间段内形成的股权收益，该财产并非复议人西山德威公司的财产，也未侵害其相关权益……执行法院通过复议人西山德威公司向法院提供三个目标公司的财务账册获知被执行人孝义德威公司持有三个目标公司49%股权截止到2017年5月底产生的股权收益达9800万元，这是已经形成的被执行人的财产，属于"被执行人从有关企业中应得的已到期的股息或红利等收益"而非预期收益。

山西省高级人民法院遂裁定：驳回复议人山西吕梁西山德威矿业管理有限公司的复议申请，维持吕梁市中级人民法院（2017）晋11执异16号执行裁定书。

广东高院认为，本案的焦点问题为执行法院要求异议人向广铁中院支付被执行人德威煤业公司在异议人处从 2016 年 1 月 1 日至 2019 年 11 月 20 日享有的股息红利等收益是否合法有据。结合复议申请人所提请求及理由，综合评判如下：

第一，关于执行法院对案涉股权冻结的效力是否及于法定孳息的问题。《物权法》第 197 条第 1 款 ① 规定："债务人不履行到期债务或者发生当事人约定的实现抵押权的情形，致使抵押财产被人民法院依法扣押的，自扣押之日起抵押权人有权收取该抵押财产的天然孳息或者法定孳息，但抵押权人未通知应当清偿法定孳息的义务人的除外。前款规定的孳息应当先充抵收取孳息的费用。"股息红利、股权收益属于法定孳息的范畴，故判断抵押（质押）的效力是否及于案涉股权的收益应以该条规定为标准。根据上述规定可知，抵押财产自被人民法院扣押之日起，抵押权效力就及于孳息（包括天然孳息和法定孳息）。所谓"抵押权人未通知应当清偿法定孳息的义务人的除外"规定，不是抵押权效力及于法定孳息的生效条件，而是义务人因未得到通知没有履行义务的对抗条件。本案所涉股权系办理质押登记的股权，因此，广铁中院异议裁定所述"申请执行人华润深国投公司作为抵押权人有权直接收取涉案股权自冻结之日产生的法定孳息即涉案股权的股息，以保证抵押财产优先受偿权的实现"的结论正确。深圳中院最初实施保全行为时，虽未通知亚辰公司停止支付股息、红利，但 2017 年 5 月 9 日，广东高院对案涉股权续行冻结时，明确通知亚辰公司不得向被执行人支付股息、红利。此时，亚辰公司实际上也未对股东收益进行分配，故，自此之后，亚辰公司无对抗执行的合理理由。因此，复议申请人所述"本案并未对股权所产生的收益予以冻结"的理由没有法律依据，不予支持。

第二，关于对股权收益（孳息）的执行是否等同于对到期债权的

① 对应《民法典》第 412 条第 1 款。

执行问题。《执行工作规定》第61~69条（现为第45~53条）规定了对到期债权执行制度。其中根据第63条（现为第47条）的规定，只要次债务人对于到期债权提出书面异议，执行法院即不得对次债务人强制执行。《民诉法解释》第501条（现为第499条）再次确认了该原则，申请执行人如果认为次债务人的异议不成立，应通过代位权诉讼等其他途径予以救济。而对于股权收益的执行，《执行工作规定》第51条（现为第36条）规定："对被执行人从有关企业中应得的已到期的股息或红利等收益，人民法院有权裁定禁止被执行人提取和有关企业向被执行人支付，并要求有关企业直接向申请执行人支付。对被执行人预期从有关企业中应得的股息或红利等收益，人民法院可以采取冻结措施，禁止到期后被执行人提取和有关企业向被执行人支付。到期后人民法院可从有关企业中提取，并出具提取收据。"由此可知，对于股权收益的执行，并未赋予收益支付方异议权，而是规定可以直接提取或直接要求收益支付企业向申请执行人支付。因此，异议裁定所述"广铁中院可依据公司法的相关规定，对股权予以拍卖、变卖或以其他方式转让，对已到期的收益作为被执行人德威煤业公司的财产予以提取。异议人虽然作为独立公司法人对公司的股权收益、利润分配具有自主的决策权，但不得以需征得其他股东同意为由对抗广铁中院依法对被执行人德威煤业公司享有股权收益的执行"的结论正确。复议申请人所提"广铁中院强制执行债务人以外的财产违反法律规定"的理由没有法律依据，不予支持。

第三，对于长期不分配股利的，执行法院能否强制提取的问题。一般而言，股利分配与否，既取决于公司是否有可资分配的利润，还取决于公司的意思，属于公司自治、股东自治的范畴。但并不意味着股利分配行为完全游离于司法权的审查之外。在诉讼中，股东有权向法院提出强制公司分派股利之诉。在执行中，如果执行法院查明被执行人在其投资入股公司有长期未分配的利润，可以直接提取。就本案而言，根据亚辰煤业公司的报告，截止到2019年11月30日，该公司累计未分配利润为 77 113 026.27 元。鉴于该公司长期不分配利润，对被执行人的偿债能力造成直接影响，因此，执行法院有权按照《执行工作规定》第 51 条（现为第 36 条）的规定，对德威煤业公司所持 49% 股权相对相应的收益予以提取。本院同时注意到，吕梁中院在 2018 年 5 月已强制提取被执行人德威煤业公司的未分配利润 94 820 000 元，但是，一则吕梁中院提取股权收益的时间段与本案要求提取的并不完全重合；二则吕梁中院系从包括亚辰煤业公司在内的三家目标公司提取了股权收益 9482 万元，具体从亚辰煤业公司提取了多少数额，亚辰煤业公司并未准确报告并提供依据。因此，在后续执行中，复议申请人亚辰煤业公司一是要配合执行法院提取股权收益的执行行为，二是要如实报告可供提取的收益数额，不得对抗执行。

至于复议申请人提出的应通过执行协调程序协调解决广铁中院与山西省方山县人民法院执行争议的理由，如前所述，本院的执行行为无论从执行措施采取的时间上，还是从质押财产和法定孳息的性质上，均与方山县人民法院执行案件有不同，且复议申请人的该点理由不属于执行异议、复议案件的审查范围，本院不作评判。

2020 年 6 月 30 日，广东高院作出（2020）粤执复 442 号执行裁定，裁定驳回复议申请人亚辰煤业公司的复议申请，维持广铁中院（2019）粤 71 执异 18 号执行裁定。

【相关规定】

1.《中华人民共和国民法典》(2020 年 5 月 28 日)

第四百三十条 质权人有权收取质押财产的孳息，但是合同另有约定的除外。

前款规定的孳息应当先充抵收取孳息的费用。

2.《中华人民共和国民事诉讼法》(2023 年 9 月 1 日修正)

第二百五十四条 被执行人未按执行通知履行法律文书确定的义

务，人民法院有权扣留、提取被执行人应当履行义务部分的收入。但应当保留被执行人及其所扶养家属的生活必需费用。

人民法院扣留、提取收入时，应当作出裁定，并发出协助执行通知书，被执行人所在单位、银行、信用合作社和其他有储蓄业务的单位必须办理。

3.《最高人民法院关于适用〈中华人民共和国民事诉讼法〉的解释》（2022 年 4 月 1 日修正，法释〔2022〕11 号）

第四百九十九条 人民法院执行被执行人对他人的到期债权，可以作出冻结债权的裁定，并通知该他人向申请执行人履行。

该他人对到期债权有异议，申请执行人请求对异议部分强制执行的，人民法院不予支持。利害关系人对到期债权有异议的，人民法院应当按照民事诉讼法第二百三十四条规定处理。

对生效法律文书确定的到期债权，该他人予以否认的，人民法院不予支持。

4.《最高人民法院关于人民法院民事执行中查封、扣押、冻结财产的规定》（2020 年 12 月 29 日修正）

第二十条 查封、扣押的效力及于查封、扣押物的从物和天然孳息。

第二十四条 被执行人就已经查封、扣押、冻结的财产所作的移转、设定权利负担或者其他有碍执行的行为，不得对抗申请执行人。

第三人未经人民法院准许占有查封、扣押、冻结的财产或者实施其他有碍执行的行为的，人民法院可以依据申请执行人的申请或者依职权解除其占有或者排除其妨害。

人民法院的查封、扣押、冻结没有公示的，其效力不得对抗善意第三人。

5.《最高人民法院关于人民法院执行工作若干问题的规定（试行）》（2020 年 12 月 29 日修正）

36.对被执行人从有关企业中应得的已到期的股息或红利等收益，

人民法院有权裁定禁止被执行人提取和有关企业向被执行人支付，并要求有关企业直接向申请执行人支付。

对被执行人预期从有关企业中应得的股息或红利等收益，人民法院可以采取冻结措施，禁止到期后被执行人提取和有关企业向被执行人支付。到期后人民法院可从有关企业中提取，并出具提取收据。

38.对被执行人在有限责任公司、其他法人企业中的投资权益或股权，人民法院可以采取冻结措施。

冻结投资权益或股权的，应当通知有关企业不得办理被冻结投资权益或股权的转移手续，不得向被执行人支付股息或红利。被冻结的投资权益或股权，被执行人不得自行转让。

40.有关企业收到人民法院发出的协助冻结通知后，擅自向被执行人支付股息或红利，或擅自为被执行人办理已冻结股权的转移手续，造成已转移的财产无法追回的，应当在所支付的股息或红利或转移的股权价值范围内向申请执行人承担责任。

6.《最高人民法院关于冻结、拍卖上市公司国有股和社会法人股若干问题的规定》（2001 年 9 月 21 日，法释〔2001〕28 号）

第七条 人民法院采取保全措施，所冻结的股权价值不得超过股权持有人或者所有权人的债务总额。股权价值应当按照上市公司最近期报表每股资产净值计算。

股权冻结的效力及于股权产生的股息以及红利、红股等孳息，但股权持有人或者所有权人仍可享有因上市公司增发、配售新股而产生的权利。

> **第十条** 被执行人申请自行变价被冻结股权，经申请执行人及其他已知执行债权人同意或者变价款足以清偿执行债务的，人民法院可以准许，但是应当在能够控制变价款的情况下监督其在指定期限内完成，最长不超过三个月。

【条文主旨】

本条是关于被执行人自行变价股权的规定。

【理解与适用】

与涉房产、车辆等类型财产的执行有所不同，因被执行股权所在公司具有人合性，对股权的强制执行，不仅会对被执行人的权益产生影响，而且也会对股权所在公司、其他股东的权益产生一定影响。在涉股权强制执行过程中，为进一步贯彻善意文明执行工作理念，尽可能降低对股权所在公司及其他股东权益的影响，本条在拍卖优先原则的基础上，结合前期自行变价财产的应用实践，考虑到该类财产的特性，细化明确了被执行人自行变价这一变卖情形的具体适用规则。相比强制拍卖，被执行人自行变价股权的方式更加具有简便快捷、减少争议等优点。本条对股权变价措施的丰富完善，对保障当事人在执行程序中的权利，解决股权执行"评估难"、利益"均衡难"等实践难题，提升执行效率及效果，都具有十分重要的现实意义。

一、被执行人自行变价股权的实践基础

本条关于被执行人自行变价股权的规定，并非临时性创设，而是前期司法解释、规范性文件对财产变卖变价已有相关规定，被执行人自行变卖财产的变价方式在执行实践中也得到了很好的应用，具有较好的实践基础，符合及时迅速实现当事人胜诉权益执行目的的要求。根据《民事诉讼法》《执行工作规定》《拍卖、变卖规定》等有关法律、司法解释的规定，可以看出，被执行人自行变价可视为变卖执行措施的一种情形。

《民事诉讼法》第 258 条规定："财产被查封、扣押后，执行员应当责令被执行人在指定期间履行法律文书确定的义务。被执行人逾期不履行的，人民法院应当拍卖被查封、扣押的财产；不适于拍卖或者当事人双方同意不进行拍卖的，人民法院可以委托有关单位变卖或者自行变卖。国家禁止自由买卖的物品，交有关单位按照国家规定的价格收购。"《执行工作规定》第 33 条规定："被执行人申请对人民法院查封的财产自行变卖的，人民法院可以准许，但应当监督其按照合理价格在指定的期限内进行，并控制变卖的价款。"《拍卖、变卖规定》第 1 条规定："在执行程序中，被执行人的财产被查封、扣押、冻结后，人民法院应当及时进行拍卖、变卖或者采取其他执行措施。"第 2 条规定："人民法院对查封、扣押、冻结的财产进行变价处理时，应当首先采取拍卖的方式，但法律、司法解释另有规定的除外。"第 31 条规定："对查封、扣押、冻结的财产，当事人双方及有关权利人同意变卖的，可以变卖。金银及其制品、当地市场有公开交易价格的动产、易腐烂变质的物品、季节性商品、保管困难或者保管费用过高的物品，人民法院可以决定变卖。"上述法律、司法解释对财产处置方式进行了较为详细的规定，可以采取拍卖、委托变卖、自主变卖、自行变卖等方式，本条中的被执行人自行变价应属于自行变卖的范畴，且自行变卖也是在执行实践中对法院自主变卖的补充。

此外，为进一步完善自行变价财产处置的方式，在上述法律、司法解释规范的基础上，结合实践需求，最高人民法院出台《善意文明执行意见》，对被执行人自行变价财产的有关问题进行了规范，明确要求适当增加财产变卖程序适用情形，在坚持网络司法拍卖优先原则的基础上，综合考虑变价财产实际情况、是否损害执行债权人、第三人或社会公共利益等因素，适当采取直接变卖或强制变卖等措施。被执行人申请自行变卖查封财产清偿债务的，在确保能够控制相应价款的前提下，可以监督其在一定期限内按照合理价格变卖。变卖期限由人民法院根据财产实际情况、市场行情等因素确定，但最长不得超过60日。被执行人认为网络询价或评估价过低，申请以不低于网络询价或评估价自行变卖查封财产清偿债务的，人民法院经审查认为不存在被执行人与他人恶意串通低价处置财产情形的，可以监督其在一定期限内进行变卖。上述指导意见对自行变价财产的适用情形、具体实施等进行了明确。此外，《最高人民法院关于进一步完善执行权制约机制加强执行监督的意见》中也再次进行了明确，该意见第17条规定，探索建立被执行人自行处置机制。对不动产等标的额较大或者情况复杂的财产，被执行人认为委托评估确定的参考价过低、申请自行处置的，在可控制其拍卖款的情况下，人民法院可以允许其通过网络平台自行公开拍卖；有确定的交易对象的，在征得申请执行人同意或者能够满足执行债权额度的情况下，人民法院可以允许其直接交易。自行处置期限由人民法院根据财产实际情况、市场行情等因素确定，但最长不得超过90日。

二、被执行人自行变价股权的规则适用

（一）适用情形

如前所述，在执行程序中一般应当坚持拍卖优先的原则，在符合法律明确规定的情形下，才可采用其他变价方式。本条在前述司法解释、规范性文件的基础上，对被执行人自行变价股权的情形进行规

范，在司法解释层面进一步对适用被执行人自行变价股权作出特别规定。本条明确规定了两种适用情形：一是申请执行人及其他已知执行债权人同意；二是变价款足以清偿执行债务。此外，应当注意的是，在具体适用中只需具备上述其中一种情形即可。

1. 申请执行人及其他已知执行债权人同意的情形。被执行人自行变价，往往并非采取公开变卖、价高者得的方式，而是以某一协商价格由第三人得的形式。在股权变价中，申请执行人以及其他债权人与被执行人一般存在普通的民事法律关系，往往熟悉，且被执行人作为公司股东，相对了解公司现状以及股权意向竞买人的情况，也能够充分保障其他股东的优先购买权。为此，在执行过程中，对申请执行人及其他已知债权人同意的情形，执行法院应当尊重当事人的处分权，在当事人以及已知执行债权人协商一致对已冻结的股权无须立即启动拍卖变价方式、由被执行人自行变卖时，允许被执行人提出自行变价的申请。同时，理论上也存在被执行人与申请执行人或其他部分债权人恶意串通申请自行变价，损害其他债权人合法利益的可能。为解决上述问题，本条对债权人的范围予以明确，被执行人在以该情形申请自行变价时，除本案申请执行人同意外，还需要征得其他债权人的同意。关于"其他债权人"的范围，根据目前的执行工作实际，应当限定为执行法院所知及所应知的权利人。故本条采用了"已知执行债权人"的概念，即包括已经向执行法院申请参与分配股权变价款和轮候冻结该股权的债权人。对于未向执行法院申请参与分配或者未轮候冻结该股权的债权人，一般视为执行法院无法知晓的债权人。执行法院允许被执行人自行变价股权后，该类债权人就此提出执行异议的，应不予支持。

2. 变价款足以清偿执行债务的情形。对此情形的理解，要明确自行变价的变价款不仅要清偿本案执行债务，还要应足以清偿其他已知执行债权，相应已知债权范围应同上述"已知执行债权人"的理解。执行实践中，法院在征求申请执行人及其他已知债权人的自行变价意见时，被执行人往往一般会承诺变价款足以清偿所有执行债务或已经与第三人达成购买协议的款项足以清偿债务。执行法院决定是否允许被执行人自行变价时，应当综合判断，虽申请执行人或其他已知债权人不同意被执行人自行变价，但自行变价的变价款足以清偿执行债务的，基于执行目的，一般应允许被执行人自行变价。

（二）实施规则

1. 由被执行人申请。目前，根据《民事诉讼法》、执行有关司法解释的规定，采取变卖措施的，既可以由申请执行人、被执行人提出，也可以由法院依职权决定，变卖主要有三种方式，分别为执行法院委托有关单位变卖、执行法院自行变卖、被执行人自行变卖。① 本条规定的被执行人自行变价股权，属于第三种方式，且明确规定启动方式只有一种，即被执行人申请。实践中，往往会存在被执行人与申请执行人一同寻找买受人，三方达成购买股权协议，被执行人与申请执行人共同申请法院允许自行变价的情况，但在此种情况下，申请自行变价的主体也应为被执行人，而非申请执行人。②

2. 须执行法院准许。对于被执行人提出自行变价股权的申请，执行法院应当予以审查。在审查过程中，执行法院应向申请执行人及其他已知债权人释明相关规定。符合该条规定的情形的，经法院决定准许后，方可进一步具体实施；不符合自行变价情形的，要及时进行强制拍卖、变卖。该条并未对执行法院准许自行变价股权申请的形式作出严格限定，在实践操作中执行法院往往可能通过作出通知书、决定书或者笔录记载的形式予以准许。

3. 法院控制变价款。相比较执行法院委托有关单位变卖、自行变卖，自行变价的相关规定和程序还不够完善，有时可能会出现损害当事人权益的情形，这就要求法院能够有效监督变价程序，其中最为核

---

① 江必新：《强制执行法理论与实务》，中国法制出版社 2014 年版，第 580 页。
② 江必新：《强制执行法理论与实务》，中国法制出版社 2014 年版，第 581 页。

心的就是能够控制变价款。为此，本条明确规定了法院需能够控制变价款的条件，避免财产被变价后变价款被转移问题的出现。实践中常见的控制变价款的方式为买受人须将变价款交至法院账户，而后法院才可解除股权冻结，从而以此确保控制变价款项。实践中，还出现了淘宝网等网络司法拍卖平台提供自行处置财产的服务，当事人将处置财产信息在网络司法拍卖平台公开，人民法院作为监督机关的角色监督处置活动。交易的款项则通过该平台支付至法院或者平台账户，有效实现了自主变价款的控制。①

4. 应指定变价期限。本司法解释施行前，被执行人申请自行变卖的，人民法院根据财产实际情况、市场行情等因素确定变卖期限，但最长不得超过 60 日。鉴于股权强制执行存在的特殊困难，本条规定了人民法院应根据具体情况指定自行变价的期限，但最长不超过 3 个月，对自行变价最长期限的延长，有利于充分发挥自行变价的优势，同时执行法院也要灵活掌握，防止被执行人通过自行变价程序拖延执行的行为。还应当注意，在人民法院指定期限内，被执行人到期后未能自行变价或者被执行人在期限内已明确表示已无法自行变价的，人民法院要及时进行强制变价。

【实践中应注意的问题】

一、自行变价与确定参考价程序的衔接问题

根据《确定财产处置参考价规定》第 1 条的规定，人民法院查封、扣押、冻结财产后，对需要拍卖、变卖的财产，应当在 30 日内启动确定财产处置参考价程序。对此，鉴于被执行人自行变价的目的

---

① 曲劲松、林文龙：《多元解纷＋淘宝自行变卖：上海这家法院探索处置资产新模式》，载微信公众号"上海高院"2023 年 3 月 31 日。

为暂不需要法院进行强制拍卖或直接变卖，执行法院经审查准许被执行人自行变价的，可以先行不启动确定参考价程序。已经启动确定参考价程序并委托评估的，可根据《确定财产处置参考价规定》第28~29条的规定，结合执行案件实际及自行变价的情况，决定暂缓或者撤回委托评估。

二、自行变价成交后处理的有关问题

被执行人自行变价股权，其实质为被执行人将已被人民法院冻结的股权自行处理转换成履行金钱给付义务的金钱，此种变价变卖是由被执行人主导完成的，虽执行法院负有控制变价款、指定变价期限等监督的职责，但并不属于完整意义的公权力行使，不同于法院强制拍卖、直接变卖。因此，在被执行人自行变价成交时，其实为被执行人与第三人之间的法律关系，执行法院不应对之制作变卖或者变价成交裁定予以确认。①

【相关案例】

王某申请执行朱某某民间借贷纠纷案②

申请执行人王某与被执行人朱某某民间借贷纠纷一案，上海市浦东新区人民法院（以下简称浦东法院）于2020年9月10日作出的（2020）沪0115民初52110号民事调解书已经发生法律效力。因被执行人朱某某未履行生效法律文书确定的义务，权利人王某于2021年2月8日向浦东法院申请执行，要求被执行人朱某某偿还借款本金及利息共计人民币（以下同币种）56万元及迟延履行期间的加倍债务利

---

① 江必新：《强制执行法理论与实务》，中国法制出版社2014年版，第580页。

② 参见上海市高级人民法院2022年1月26日发布的上海法院2021年度破解"执行难"十大典型案例中的第4号案例。

息。执行过程中，浦东法院通过执行网络查控系统向金融机构、网络支付机构、自然资源部门等发出查询通知，并通知被执行人朱某某到庭谈话，对其生活、财产状况进行了全面调查。经查明，被执行人朱某某仅其持有的上海某策划咨询有限公司（以下简称某策划公司）出资额90万元的股权可以作为责任财产进一步处置。

为妥善推进涉案股权处置，浦东法院充分发挥执行能动性，贯彻落实善意文明执行理念，探索精准化财产变价处置模式，主要采取了以下措施：

1. 查明标的企业状况，分析可能的买受人。浦东法院向某策划公司发函告知被执行人朱某某已被立案执行，要求核实其所持股权分红情况，并责令其提供股东名册、财务账簿等资料。经查明，标的企业系三人有限公司，注册资本200万元，属于小微企业，受新冠疫情和行业下行等因素影响，目前经营状况不佳，被执行人朱某某无相关分红收益。经研判，鉴于标的企业规模较小、"人合性"较强，由企业外部人员参与竞买的可能性不大，径行采用司法拍卖的方式处置有造成流拍的风险。相反，对于企业经营状况熟悉的其他股东最有可能成为潜在买受人，应当优先征询标的企业其他股东的购买意向，并以此明确股权处置模式。

2. 约谈标的企业所有股东，明确股权处置模式。浦东法院通知某策划公司所有股东到庭，告知拟对涉案股权变价处置事宜，并征询另外两名股东购买意向。经协调，被执行人朱某某当庭与标的企业实际控制人、股东管某某达成初步股权转让意向，并主动申请自行变卖涉案股权。股东管某某表示为了企业未来发展，愿意出资购买涉案股权，但要求浦东法院先行协调解除股权冻结。经评议，被执行人朱某某暂无其他涉诉案件，允许其以自行变卖方式处置股权不会损害第三人利益。但是，股权解除冻结尚需申请执行人同意，且交易过程中仍可能面临另案冻结的风险。为此，浦东法院及时约谈申请执行人，告知股权处置的方式并提示相关风险。经释明，申请执行人同意解除股权冻结，但要求买受人先行缴纳转让价款至浦东法院。

3. 促成各方执行和解，确保价款有效管控。为妥善解决好各方关切的问题，浦东法院再次通知各方共同到庭，经耐心细致工作，被执行人朱某某与买受人管某某就涉案股权转让价款最终达成一致，买受人管某某当庭向浦东法院缴纳股权转让款 50 万元；申请执行人书面同意解除涉案股权冻结措施，自愿承担股权过户不能导致交易失败的风险，并确认在收到上述款项后自愿放弃剩余债权的执行；被执行人朱某某书面承诺在规定期限内协助买受人管某某完成股权变更登记手续。浦东法院根据各方意见制作了执行和解协议。

嗣后，浦东法院根据该协议内容及时解除了涉案股权的冻结，被执行人朱某某如约协助买受人管某某完成了股权变更手续。在收到买受人管某某提交的确认书后，浦东法院及时向申请执行人发还了股权变价款。

案件评析如下：

1. 符合条件的小微企业股权处置可采取当事人自行变卖方式。根据《拍卖、变卖规定》第 2 条和《网拍规定》第 2 条的规定，执行法院对冻结、扣押的财产进行变价处理时，应当采取拍卖的方式，并且应当优先采取网络司法拍卖的方式，法律、司法解释另有规定的除外。但是，执行实践中需要变价的财产种类不尽相同，网络司法拍卖优先原则亦存在例外之情形。不同于中大型企业股权"资合性"强、流通性强、价值稳定等特点，本案涉及的某策划公司企业规模小、内部股东少，这导致三个方面问题：一是企业发展不稳定，股权价值比较模糊，即使通过评估方式也难以确定出合理的价格；二是企业封闭性较强，如引入新的外部股东，可能导致企业内部股东之间产生新的矛盾，不利于企业持续健康发展；三是企业投资价值不确定，采用司法拍卖的方式存在较高的流拍风险，不仅浪费了司法资源，也不利于债权之实现。因此，浦东法院经审查认为，本案应结合标的企业实际情况探索更佳的处置方式。这是本案能够采取被执行人自行变卖方式实现股权处置的客观背景。

2. 小微企业股权处置以股东间内部转让为突破口。小微企业自身特点决定了由企业外部人员参与竞买股权可能性不大，而对企业发展了解并参与其中的其他股东最有可能成为涉案股权潜在的买受人。退一步来说，即使通过司法拍卖的方式处置，执行法院亦应依据《公司法》第71条、第72条、第73条的规定，在征得全体股东过半数同意后予以拍卖、变卖或以其他方式转让涉案股权，企业股东在同等条件下仍有优先购买权。因此，本案不论采取何种方式处置涉案股权，都应当以标的企业其他股东是否具有购买意向作为股权变价的突破口，努力促成股权在标的企业内部转让。在已明确企业其他股东有意购买涉案股权的情况下，浦东法院反复协调申请执行人、被执行人和买受人，就各自关切的事项妥善处理，最终促成各方达成执行和解协议。这是本案能够采取被执行人自行变卖方式实现股权处置的关键因素。

3. 小微企业股权自行变卖处置以转让价款有效管控为前提。《善意文明执行意见》第9条指出，执行法院应当依法适当采取财产变价措施，综合考虑变价财产实际情况、是否损害执行债权人、第三人或社会公共利益等因素，适当增加财产变卖程序适用情形。《执行工作规定》第33条、第39条亦指出，被执行人申请执行变卖查封财产清偿债务的，在确保能够控制相应价款的前提下，可以监督其在一定期限内按照合理价格变卖，并将转让所得收益用于清偿对申请执行人的债务。本案中，浦东法院秉持执法就是服务的理念，主动延伸执行权能，从精准化执行的角度出发，将标的企业其他股东作为潜在买受人积极引入涉案股权的处置变现中，综合考虑被执行人自行变卖方式处置对执行债权人和第三人利益的影响，在确保价款有效管控后及时解除股权冻结，监督被执行人及时配合股权变更，在确认股权变更完成后及时向申请执行人发还变价款，兼顾好各方合法权益，实现了法律效果和社会效果的统一。这是本案能够采取被执行人自行变卖方式实现股权处置的直接推动力。

该案执行虽然在司法解释出台之前，但股权处置模式基本契合了司法解释的核心要旨，对于后续执行实践具有一定的指导和借鉴意义。

【相关规定】

1.《中华人民共和国民事诉讼法》(2023 年 9 月 1 日修正)

第二百五十八条　财产被查封、扣押后，执行员应当责令被执行人在指定期间履行法律文书确定的义务。被执行人逾期不履行的，人民法院应当拍卖被查封、扣押的财产；不适于拍卖或者当事人双方同意不进行拍卖的，人民法院可以委托有关单位变卖或者自行变卖。国家禁止自由买卖的物品，交有关单位按照国家规定的价格收购。

2.《最高人民法院关于适用〈中华人民共和国民事诉讼法〉的解释》(2022 年 4 月 1 日修正，法释〔2022〕11 号)

第四百八十八条　人民法院在执行中需要变卖被执行人财产的，可以交有关单位变卖，也可以由人民法院直接变卖。

对变卖的财产，人民法院或者其工作人员不得买受。

3.《最高人民法院关于人民法院执行工作若干问题的规定（试行）》(2020 年 12 月 29 日修正)

33. 被执行人申请对人民法院查封的财产自行变卖的，人民法院可以准许，但应当监督其按照合理价格在指定的期限内进行，并控制变卖的价款。

4.《最高人民法院关于人民法院民事执行中拍卖、变卖财产的规定》(2020 年 12 月 29 日修正)

第一条　在执行程序中，被执行人的财产被查封、扣押、冻结后，人民法院应当及时进行拍卖、变卖或者采取其他执行措施。

第二条　人民法院对查封、扣押、冻结的财产进行变价处理时，应当首先采取拍卖的方式，但法律、司法解释另有规定的除外。

第三十一条　对查封、扣押、冻结的财产，当事人双方及有关权利人同意变卖的，可以变卖。

金银及其制品、当地市场有公开交易价格的动产、易腐烂变质的物品、季节性商品、保管困难或者保管费用过高的物品，人民法院可以决定变卖。

5.《最高人民法院关于在执行工作中进一步强化善意文明执行理念的意见》（2019 年 12 月 16 日，法发〔2019〕35 号）

9.适当增加财产变卖程序适用情形。要在坚持网络司法拍卖优先原则的基础上，综合考虑变价财产实际情况、是否损害执行债权人、第三人或社会公共利益等因素，适当采取直接变卖或强制变卖等措施。

（1）被执行人申请自行变卖查封财产清偿债务的，在确保能够控制相应价款的前提下，可以监督其在一定期限内按照合理价格变卖。变卖期限由人民法院根据财产实际情况、市场行情等因素确定，但最长不得超过 60 日。

（2）被执行人申请对查封财产不经拍卖直接变卖的，经执行债权人同意或者变卖款足以清偿所有执行债务的，人民法院可以不经拍卖直接变卖。

（3）被执行人认为网络询价或评估价过低，申请以不低于网络询价或评估价自行变卖查封财产清偿债务的，人民法院经审查认为不存在被执行人与他人恶意串通低价处置财产情形的，可以监督其在一定期限内进行变卖。

（4）财产经拍卖后流拍且执行债权人不接受抵债，第三人申请以流拍价购买的，可以准许。

（5）网络司法拍卖第二次流拍后，被执行人提出以流拍价融资的，人民法院应结合拍卖财产基本情况、流拍价与市场价差异程度以及融资期限等因素，酌情予以考虑。准许融资的，暂不启动以物抵债或强制变卖程序。

被执行人依照 9（3）规定申请自行变卖，经人民法院准许后，又依照《最高人民法院关于人民法院确定财产处置参考价若干问题的规定》第二十二、二十三条规定向人民法院提起异议的，不予受理；被执行人就网络询价或评估价提起异议后，又依照9（3）规定申请自行变卖的，不应准许。

6.《最高人民法院关于进一步完善执行权制约机制、加强执行监督的意见》（2021年12月6日，法〔2021〕322号）

17.探索建立被执行人自行处置机制。对不动产等标的额较大或者情况复杂的财产，被执行人认为委托评估确定的参考价过低、申请自行处置的，在可控制其拍卖款的情况下，人民法院可以允许其通过网络平台自行公开拍卖；有确定的交易对象的，在征得申请执行人同意或者能够满足执行债权额度的情况下，人民法院可以允许其直接交易。自行处置期限由人民法院根据财产实际情况、市场行情等因素确定，但最长不得超过90日。

第十一条 拍卖被执行人的股权，人民法院应当依照《最高人民法院关于人民法院确定财产处置参考价若干问题的规定》规定的程序确定股权处置参考价，并参照参考价确定起拍价。

确定参考价需要相关材料的，人民法院可以向公司登记机关、税务机关等部门调取，也可以责令被执行人、股权所在公司以及控制相关材料的其他主体提供；拒不提供的，可以强制提取，并可以依照民事诉讼法第一百一十一条、第一百一十四条的规定处理。

为确定股权处置参考价，经当事人书面申请，人民法院可以委托审计机构对股权所在公司进行审计。

【条文主旨】

本条是关于确定股权处置参考价的规定。

【理解与适用】

在执行程序中，人民法院对查封、扣押、冻结的财产确定参考价，不仅便于法院了解所控制财产的价值，便于竞买人在后续拍卖、变卖等变价程序中作出决策，也有利于保障被执行人的合法权益，可有效防止财产被"贱卖"。[1] 毋庸置疑，在当前股权执行实践中，

---

① 田平安、李龙：《民事诉讼法·执行程序篇》，厦门大学出版社 2007 年版，第 100 页。

难以确定股权处置参考价一直是影响股权变价的主要障碍。[①] 为解决这一难题，本条对确定股权处置参考价程序进行了明确规定。为做好与《确定财产处置参考价规定》等相关司法解释的衔接工作，本条第 1 款对确定股权处置参考价和起拍价作出明确指引。在股权执行实践中，由于公司和被执行股东拒不配合，或者公司本身缺乏评估所需的有关材料，导致大量冻结股权因未能评估而无法进行处置，直接影响到胜诉债权人权益的实现。为解决有关股权材料的调取问题，本条第 2 款进行了详细规定，具有较强的可操作性。在确定股权处置参考价时，为准确确定股权价值，有时需要对股权所在公司进行审计，为此，本条第 3 款予以了明确。综上，本条能够坚持问题导向，对确定股权处置参考价程序中的突出难题进行规定，有利于统一执法尺度，同时也有利于充分发挥对拒不配合义务主体的震慑作用。

一、确定股权处置参考价的有关规则适用

《确定财产处置参考价规定》于 2018 年 9 月施行，针对人民法院处置财产过程中突出存在的，且法律、司法解释又缺乏明确规定的问题，进行了细化和明确。[②] 在涉股权变价程序中，拟对股权采取拍卖措施的，应当按照上述司法解释的规定确定参考价，并参照参考价确定起拍价。

（一）确定股权参考价的方式

根据《确定财产处置参考价规定》第 2 条的规定，目前确定参考价的方式共有四种：当事人议价、定向询价、网络询价和委托评估。一是当事人议价，是指人民法院通过适当的方式通知或组织当事

---

① 伍俊鹏：《强制执行阶段拍卖、变卖的股权定价问题》，载《法制博览》2021 年第 16 期。

② 孙建国：《〈最高人民法院关于人民法院确定财产处置参考价若干问题的规定〉的几个亮点问题》，载《人民法院报》2018 年 9 月 19 日，第 8 版。

人协商议价，并对双方提交的议价结果进行审查，双方议价一致且不损害他人合法权益的，该议价结果为参考价。二是定向询价，是指财产有计税基准价、政府定价或者政府指导价的，人民法院向有关相应机构出具询价函，根据接受定向询价机构出具的询价结果，认定询价结果为参考价。三是网络询价，是指对无须由专业人员现场勘验或者鉴定且具备网络询价条件的财产，人民法院通过司法网络询价平台进行网络询价，全部或部分司法网络询价平台出具结果的平均值为参考价。四是委托评估，是指人民法院按照司法解释规定确定评估机构及顺序，并向顺序在先的评估机构出具评估委托书，由评估机构出具评估报告，评估报告不存在需要补正的，其载明的评估结果一般为参考价。

（二）确定股权参考价方式的选择

《确定财产处置参考价规定》明确规定的上述四种确定参考价方式，在具体选择适用时，需遵循法定优先、意思自治、客观实际、依法有序的原则。首先，根据该规定第 14 条，法律、行政法规规定必须委托评估的，人民法院应当委托评估。结合《资产评估法》的规定，涉及国有资产或者公共利益等事项，法律、行政法规规定需要评估的，应当委托评估机构评估。因此，在股权执行中，如果相关股权涉及国有资产或者公共利益等事项的，应当排除当事人议价、定向询价、网络询价等方式，而直接采取委托评估方式进行确定参考价。其次，充分尊重当事人意思自治，在具备相应条件的情况下，双方当事人可以一致要求采取议价、定向询价、网络询价或者委托评估的方式。该规定确定的选择的主体为"双方当事人"，对此，若存在不同案件的"已知债权人"的情况下，人民法院应当审慎进行审查，在执行案件双方当事人一致确定参考价方式时，征得其他已知债权人的意见更为妥当。最后，在无法定委托或者当事人协商一致确定参考价方式的情况下，应当遵守客观实际和依法有序的原则。具体到股权执行，根据前述四种确定参考价方式的简要概述，对股权处置确定参考价，目前尚不具备定向询价和网络询价的客观条件，很难通过询价方式确定参考价。因此，在当事人议价不成的情况下，应当通过委托评估的方式确定股权处置参考价。

（三）确定股权参考价的权利救济

在涉股权执行过程中，在《民事诉讼法》《执行异议和复议规定》等法律、司法解释赋予当事人、利害关系人及案外人提出异议权利救济的基础上，结合确定参考价程序的特点，《确定财产处置参考价规定》第 22 条、第 23 条作出了特别规定。

1. 参照执行行为异议权利救济。《确定财产处置参考价规定》第 22 条规定："当事人、利害关系人认为网络询价报告或者评估报告具有下列情形之一的，可以在收到报告后五日内提出书面异议：（一）财产基本信息错误；（二）超出财产范围或者遗漏财产；（三）评估机构或者评估人员不具备相应评估资质；（四）评估程序严重违法。对当事人、利害关系人依据前款规定提出的书面异议，人民法院应当参照民事诉讼法第二百二十五条的规定处理。"应当注意，上述规定条文第 3 项、第 4 项情形的表述为评估机构、评估人员、评估程序，只适用于针对评估报告的异议，此两项情形并不适用于网络询价。故，在股权委托评估中，当事人、利害关系人认为存在上述四种情形的，可向人民法院提出书面异议，人民法院参照《民事诉讼法》第 236 条关于执行行为异议的规定进行处理。此外，还应当注意，上述规定第 4 项的"评估程序严重违法"应与人民法院委托评估的执行行为本身进行区分，在实践中，经常存在二者混淆的问题，此处的"评估程序"应为评估机构的评估程序；若为委托评估本身的异议，应视为执行行为的异议，直接适用《民事诉讼法》第 236 条的规定即可。类似的区分，财产基本信息错误以及超出财产范围或者遗漏财产的情形，应为对评估报告的异议；若为针对执行法院委托评估内容的异议，也应直接视为执行行为的异议。上述区分的不同情形异议的审查，虽然审查的程序相同，但之所以要与执行行为异议进行区分，在于提出异议的期限要求不同，为提高确定参考价程序效率，上述规定第 22 条对该类型异议的提出时限明确为收到报告 5 日内，时限较短。

2. 复合型异议权利救济。《确定财产处置参考价规定》第 23 条第 1 款规定："当事人、利害关系人收到评估报告后五日内对评估报告的参照标准、计算方法或者评估结果等提出书面异议的，人民法院应当在三日内交评估机构予以书面说明。评估机构在五日内未作说明或者当事人、利害关系人对作出的说明仍有异议的，人民法院应当交由相关行业协会在指定期限内组织专业技术评审，并根据专业技术评审出具的结论认定评估结果或者责令原评估机构予以补正。"第 2 款规定："当事人、利害关系人提出前款异议，同时涉及本规定第二十二条第一款第一、二项情形的，按照前款规定处理；同时涉及本规定第二十二条第一款第三、四项情形的，按照本规定第二十二条第二款先对第三、四项情形审查，异议成立的，应当通知评估机构三日内将人民法院委托评估时移交的材料退回，另行委托下一顺序的评估机构重新进行评估；异议不成立的，按照前款规定处理。"在委托评估实践中，尤其是对股权的委托评估中，当事人、利害关系人在提出第 22 条异议情形的同时，往往提出评估的参照标准、计算方法以及评估结果的异议，为充分发挥评估机构以及评估行业协会的专业优势，该第 23 条将异议进行了分类，并赋予不同的救济途径。一是若当事人、利害关系人只对评估报告的参照标准、计算方法或者评估结果提出异议，那么执行法院对此不进行立案审查，而是将相关异议交评估机构进行处理并作出说明，当事人、利害关系人对说明仍有异议的，交相关行业协会组织专业技术评审，人民法院根据评审结论审查评估结果。二是若当事人、利害关系人既提出第 22 条第 1 项或第 2 项情形，又提出参照标准、计算方法、评估结果等异议的，因评估机构可以根据执行法院的委托材料，去核查判断财产信息是否错误、是否超出财产范围等情况，故对于此类情形，仍采取第一种救济途径。三是若当事人、利害关系人既提出第22条第3项或第4项情形，又提出参照标准、计算方法、评估结果等异议的，因涉及评估程序违法或缺少评估资质等重大评估程序异议的审查，为保障各方当事人的合法权益，理应先对评估程序的异议进行审查，正如第23条第2款规定的内容，先对程序异议参照《民事诉讼法》第236条进行立案审查，异议不成立的，再行将其他对参照标准、计算方法、评估结果的异议交评估机构说明，按照第一种救济途径处理；若程序异议成立，需委托其他评估机构另行重新评估。

（四）参照参考价确定起拍价

人民法院对冻结的股权进行拍卖的，须确定保留价和起拍价，对此，本条作出指引性规定，与相关司法解释的规定相衔接。《网拍规定》第2条规定："人民法院以拍卖方式处置财产的，应当采取网络司法拍卖方式，但法律、行政法规和司法解释规定必须通过其他途径处置，或者不宜采用网络拍卖方式处置的除外。"第10条规定："网络司法拍卖应当确定保留价，拍卖保留价即为起拍价。起拍价由人民法院参照评估价确定；未作评估的，参照市价确定，并征询当事人意见。起拍价不得低于评估价或者市价的百分之七十。"据此，人民法院对股权拍卖，原则上应当采取网络司法拍卖的模式，并在经当事人议价或委托评估确定股权处置参考价后，结合《确定财产处置参考价规定》第30条关于参考价确定后启动财产变价程序的时限，参照参考价确定起拍价。此外，还应当注意到，在确定股权处置参考价程序中，因评估机构根据现有材料无法出具评估报告，确实无法得出评估结果从而确定参考价的，应根据本解释第12条的相关规定确定起拍价。

二、确定股权处置参考价所需相关材料的调取

在股权评估过程中，评估机构往往先确定股权所在公司的企业价值，从而按照一定的股权比例确定股权价值。目前企业价值评估

方法包括资产基础法（成本法）、市场法、收益法三种，而且在实践中，对于亏损企业一般适用资产基础法，采用资产基础法，需要评估机构对每一项资产和负债进行评估，因此对企业财务资料的要求比较高。从执行实践情况看，在确定股权处置参考价过程中，很多股权因缺乏必要的材料而难以评估，导致相当比例的股权无法得到处置，致使一些执行案件无法推进。为解决这一难题，在征询执行专家学者、资产评估协会评估专家、执行一线实务办案人员等意见的基础上，本条第 2 款作出明确指引，具有较强的实操性。一方面，该条规定人民法院可以向股权所在公司登记机关、税务机关等部门调取有关材料，也可以责令被执行人、股权所在公司以及控制相关材料的其他主体提供。另一方面，为确保上述调取或提供工作的顺利开展，督促有关部门、人员能够履行协助义务，该条还规定了拒不提供的法律后果，即强制提取并按照《民事诉讼法》第 114 条、第 117 条的规定处理。

（一）调取材料的主体及标准

根据《确定财产处置参考价规定》第 17 条的规定，人民法院在对股权委托评估时，应当将查明的财产情况及相关材料移交给评估机构。明确了在委托评估时，人民法院为股权评估所需材料的调取主体，而不应强加给评估机构调取材料。关于所需材料的清单问题，部分学者建议应当明确规定最低评估材料标准，以便于人民法院掌握。根据最高人民法院办公厅、中国资产评估协会、中国土地估价师与土地登记代理人协会、中国房地产估价师与房地产经纪人学会、中国矿业权评估师协会、中国珠宝玉石首饰行业协会联合制定的《人民法院委托评估工作规范》，该规范将《人民法院委托评估需要提供的材料清单》作为附件，明确了在对企业价值评估时所需要的材料清单。该清单作为指引性规范，可帮助执行法院调取有关材料。同时也应注意，因为股权所在公司的实际客观情况不完全一致，所需的材料也会不尽相同。

（二）配合、协助调取材料的主体

正如前述，人民法院在对股权委托评估时，应当多渠道获取评估有关材料。一是向有关行政部门调取登记备案等有关材料。在征求意见时，有些专家认为，应当简化股权评估程序，在冻结股权时即告知被执行人和股权所在公司提供评估材料，未提供的，强制提取，无法提取的，可以到登记机关调取有关材料。考虑到实践中，行政部门所掌握的公司登记备案材料较为齐备，且能够积极履行协助义务，便于人民法院调取有关材料。故在该条中，先行规定可以向有关部门调取，且指明了不予协助的法律责任。即《民事诉讼法》第117条的规定："有义务协助调查、执行的单位有下列行为之一的，人民法院除责令其履行协助义务外，并可以予以罚款：（一）有关单位拒绝或者妨碍人民法院调查取证的；（二）有关单位接到人民法院协助执行通知书后，拒不协助查询、扣押、冻结、划拨、变价财产的；（三）有关单位接到人民法院协助执行通知书后，拒不协助扣留被执行人的收入、办理有关财产权证照转移手续、转交有关票证、证照或者其他财产的；（四）其他拒绝协助执行的。人民法院对有前款规定的行为之一的单位，可以对其主要负责人或者直接责任人员予以罚款；对仍不履行协助义务的，可以予以拘留；并可以向监察机关或者有关机关提出予以纪律处分的司法建议。"二是责令被执行人、股权所在公司以及控制相关材料的其他主体提供。在该条征求意见讨论中，大家均认为被执行人、股权所在公司有责任和义务提供相关材料，同时也认为还有一些主体也可能掌握着相关材料，故该条中用了"控制相关材料的其他主体"以兜底，涵盖了现实中掌握控制材料的法定代表人、高级管理人员、控股股东等有关人员。

（三）拒不提供有关材料的法律责任

在被执行人、股权所在公司或者控制相关材料的其他主体未按照人民法院要求提供有关材料时，如何判断其是否属于拒不提交，若属于拒不提交，如何进行强制提取。在征求意见讨论时，多数专家认为，应当明确各主体需提供的材料清单，且各主体在应当或者能够提供的情形下，无正当理由不予提供的，法院可以认定其属于拒不提供。关于在拒不提供时，如何强制提取的问题。多数专家认为，对被执行人可以按照相应法律规定采取搜查措施，但对于股权所在公司不应采取搜查措施，可以采用审计的方式。应当注意的是，为妥善解决这一问题，本条既规定了强制提取的措施，又规定拒不提供所应承担的法律责任，赋予执行人员能够结合不同的情况予以适用。针对股权所在公司以及控制相关材料的其他主体拒不提供有关材料的，《民事诉讼法》第114条规定："诉讼参与人或者其他人有下列行为之一的，人民法院可以根据情节轻重予以罚款、拘留；构成犯罪的，依法追究刑事责任：（一）伪造、毁灭重要证据，妨碍人民法院审理案件的；（二）以暴力、威胁、贿买方法阻止证人作证或者指使、贿买、胁迫他人作伪证的；（三）隐藏、转移、变卖、毁损已被查封、扣押的财产，或者已被清点并责令其保管的财产，转移已被冻结的财产的；（四）对司法工作人员、诉讼参加人、证人、翻译人员、鉴定人、勘验人、协助执行的人，进行侮辱、诽谤、诬陷、殴打或者打击报复的；（五）以暴力、威胁或者其他方法阻碍司法工作人员执行职务的；（六）拒不履行人民法院已经发生法律效力的判决、裁定的。人民法院对有前款规定的行为之一的单位，可以对其主要负责人或者直接责任人员予以罚款、拘留；构成犯罪的，依法追究刑事责任。"以及根据《民事诉讼法》第117条的规定，若存在上述情形的，可以对股权所在公司主要负责人或者直接责任人员，以及控制相关材料的其他主体予以拘留、罚款，构成犯罪的依法追究刑事责任。

三、确定股权处置参考价的委托审计

在确定财产处置参考价实践中，往往会遇到财物类型众多、数量繁多的情况，为确保能够查明财产的权属、权利负担、占有使用、欠缴税费、质量瑕疵等事项，对此，《确定财产处置参考价规定》第3

条作出规定:"人民法院确定参考价前,应当查明财产的权属、权利负担、占有使用、欠缴税费、质量瑕疵等事项。人民法院查明前款规定事项需要当事人、有关单位或者个人提供相关资料的,可以通知其提交;拒不提交的,可以强制提取;对妨碍强制提取的,参照民事诉讼法第一百一十一条、第一百一十四条的规定处理。查明本条第一款规定事项需要审计、鉴定的,人民法院可以先行审计、鉴定。"审计工作能够更加关注企业信息的合规合法及真实性,对被审计单位的会计信息及相关资料出具审计报告、发表审计意见,客观公正反映企业财务状况及经营成果,具有显著的公正性特征。[①]针对企业财务状况的审计报告中所记载的数据及意见,在企业价值评估中往往得以充分利用,因为审计审核后的各资产的具体数额,通常被认为是合理、真实和权威的,为确保财务资料的真实性、准确性和完整性,当有这些审计报告时,资产评估会优先使用这些经过第三方机构审计后的结果,将经审计后的企业财务报表及相关数据作为评估的基础数据。[②]起草过程中,资产评估协会评估专家建议在委托评估机构对股权进行评估前,人民法院可委托进行审计。鉴于此,在人民法院对股权确定参考价时,该条对委托审计作出了指引性规定。同时还应注意到,人民法院决定委托审计时,须具备经当事人书面申请的前提。该规定中的当事人应为申请执行人或者被执行人,但在实践中还可能存在股权所在公司、非股权权利人的被执行人或者评估机构提出委托审计申请的情况,对此,根据该条规定,人民法院不可直接决定委托审计,而应将上述几类人的申请意见告知当事人,以当事人是否书面申请为前提,从而作出是否委托审计的决定。此外,根据《公司法》第 164 条的规定,此处的审计机构一般为会计师事务所。

---

① 李昕昱:《资产评估与审计关系概述与有关思考》,载《时代金融》2018 年第 7 期。

② 仝泉平:《资产评估与审计的关系思考》,载《中国集体经济》2018 年第 17 期。

【实践中应注意的问题】

一、确定参考价结果有效期的问题

在实践中，因为涉及股权的执行，其利益关系错综复杂，经常衍生出执行异议、案外人异议，导致无法快速进入拍卖程序，有时出现确定参考价结果超出有效期的问题。对此，根据《确定财产处置参考价规定》第 27 条的规定，就股权的当事人议价结果、委托评估结果的有效期均最长不得超过 1 年。且在结果有效期内发布一拍拍卖公告或者直接进入变卖程序，拍卖、变卖时未超过有效期 6 个月的，一般无须重新确定参考价。若在股权确定参考价结果有效期内未启动拍卖的，根据《确定财产处置参考价规定》第 19 条的规定，人民法院未在评估结果有效期内发布一拍拍卖公告或者直接进入变卖程序的，应通知原评估机构重新出具评估报告。

二、委托评估机构不可自行委托审计

根据本条规定，启动委托审计的方式为当事人书面申请，委托审计的主体为人民法院，故，申请及委托主体不应是评估机构。评估机构在进行评估过程中，若发现应进行审计的，应及时向执行法院说明，由执行法院依照此条规定处理。

【相关案例】

嘉兴盛天股权投资合伙企业（有限合伙）与青岛中天能源集团股份有限公司等股权转让纠纷执行复议案①

浙江省高级人民法院（以下简称浙江高院）根据该院作出的

---

① 参见最高人民法院（2021）最高法执复 6、7、8 号执行裁定书。

（2019）浙民初4号民事判决书，执行申请执行人嘉兴盛天股权投资合伙企业（有限合伙）（以下简称嘉兴盛天合伙企业）与被执行人青岛中天能源集团股份有限公司（以下简称青岛中天公司）、中兴天恒能源科技（北京）股份公司（以下简称中兴天恒公司）股权转让纠纷一案过程中，委托无锡华夏中诚资产评估房地产土地估价有限公司（以下简称无锡华夏评估公司）对青岛中天公司持有的江苏泓海能源有限公司（以下简称江苏泓海公司）50.3%的股权进行评估。无锡华夏评估公司在评估过程中，自行委托无锡华夏会计师事务所进行审计，无锡华夏会计师事务所于2020年8月20日出具《审计报告》。无锡华夏评估公司经评估，于2020年8月26日出具《资产评估报告》及《明细表》。

青岛中天公司、中兴天恒公司、江苏泓海公司不服，以《审计报告》出具人无锡华夏会计师事务所未经法院摇号、确定、委托授权，其出具的《审计报告》无效；资产评估师未到现场勘查，未实际参与评估；资产评估即采用资产基础法，被执行人的股权价值被严重低估等为由，向浙江高院提出异议，要求重新委托专业机构对江苏鸿海公司股东部分权益进行重新评估、对江苏鸿海公司重新进行专项审计。浙江高院对此立案审查，认为涉案《审计报告》并非基于执行法院在执行过程中的委托行为而产生，而系评估机构接受执行法院委托在进行资产评估过程中自行委托审计而形成，故不存在异议人所主张的审计报告未经法院摇号、确定、委托授权而无效的问题。根据相关现场照片等资料，审查认定资产评估师实际参与评估，认为异议人主张资产评估师仅有在评估报告上签名而未实际参与评估，与事实不符。认为所涉被评估企业为非上市公司，鲜有相同或类似的公开市场交易案例，缺乏采用市场法评估的基本条件，而被评估企业相关项目目前处于建设阶段，未来经营状况不明确，无法对未来收益进行预测，故涉案评估未选择市场法、收益法而仅选择资产基础法，并无不当。浙江高院遂作出（2020）浙执异4号执行裁定，裁定驳回青岛中天公司、中兴天恒公司、江苏泓海公司的异议请求。青岛中天公司、中兴天恒公司、江苏泓海公司不服浙江高院异议裁定，向最高人民法院申请复议。

最高人民法院认为：（1）本案中，复议申请人青岛中天公司、中兴天恒公司、江苏泓海公司分别向浙江高院提出异议，认为评估报告存在评估机构自行委托审计、签字资产评估师未参与评估、仅采用一种评估方法导致评估结果低估等问题。复议申请人针对评估报告提出的异议涉及评估程序，同时也涉及评估结果。根据《确定财产处置参考价规定》第22条、第23条的规定，浙江高院应当先对复议申请人提出的关于评估程序的异议情形进行审查，审查后认为针对评估程序异议成立的，应当通知评估机构三日内将法院委托评估时移交的材料退回，另行委托下一顺序的评估机构重新进行评估；审查后认为异议不成立的，应当将关于评估结果的异议交评估机构予以书面说明，评估机构在规定期限内未作说明或者当事人、利害关系人对作出的说明仍有异议的，应当交由相关行业协会在指定期限内组织专业技术评审。根据查明的事实，浙江高院在异议审查中，未按照上述法律规定予以阐释，而是在异议审查中未区分异议情形的情况下即对复议申请人提出的针对评估结果的异议进行了审查处理，程序错误，显属不当。（2）关于复议申请人提出的关于评估程序违法的问题。《确定财产处置参考价规定》第3条规定："人民法院确定参考价前，应当查明财产的权属、权利负担、占有使用、欠缴税费、质量瑕疵等事项。人民法院查明前款规定事项需要当事人、有关单位或者个人提供相关资料的，可以通知其提交；拒不提交的，可以强制提取；对妨碍强制提取的，参照民事诉讼法第一百一十一条、第一百一十四条的规定处理。查明本条第一款规定事项需要审计、鉴定的，人民法院可以先行审计、鉴定。"根据上述法律规定，执行法院在确定参考价前，认为需要审计的，人民法院可以先行审计。故，委托审计的主体应当是人民法院。本案中，根据查明的事实，评估机构在进行评估过程中，未经执行法院委托审计，而进行委托审计，与上述规定不符。由于审计系评估机构自行委托，审计结果未经双方确认，即在该审计结果的基础上进行评估，并作出评估报告，侵害了当事人的合法权益，属于评估程序严重违法的情形。因此，浙江高院裁定认定评估程序并无不当，显属错误，应予撤销。最高人民法院遂作出（2021）最高法执复6、7、8号执行裁定，撤销了浙江高院（2020）浙执异4号执行裁定。

该案例的时间虽早于本司法解释施行之日，但通过该典型案例可以看出，在确定股权处置参考价实践中，执行法院应当严格按照《确定财产处置参考价规定》的程序，正确适用有关规则并准确赋予当事人权利救济途径；需要委托审计的，经当事人申请后委托的主体应当是执行法院，而非评估机构自行委托。该案例的裁判要旨和思路与本条规定基本一致，对涉股权确定参考价执行工作具有一定的指导意义。

【相关规定】

1.《最高人民法院关于人民法院网络司法拍卖若干问题的规定》（2016年8月2日，法释〔2016〕18号）

第十条 网络司法拍卖应当确定保留价，拍卖保留价即为起拍价。

起拍价由人民法院参照评估价确定；未作评估的，参照市价确定，并征询当事人意见。起拍价不得低于评估价或者市价的百分之七十。

2.《最高人民法院关于人民法院确定财产处置参考价若干问题的规定》（2018年8月28日，法释〔2018〕15号）

第二条 人民法院确定财产处置参考价，可以采取当事人议价、定向询价、网络询价、委托评估等方式。

第四条 采取当事人议价方式确定参考价的，除一方当事人拒绝议价或者下落不明外，人民法院应当以适当的方式通知或者组织当事人进行协商，当事人应当在指定期限内提交议价结果。

双方当事人提交的议价结果一致，且不损害他人合法权益的，议价结果为参考价。

第五条 当事人议价不能或者不成，且财产有计税基准价、政府定价或者政府指导价的，人民法院应当向确定参考价时财产所在地的有关机构进行定向询价。

双方当事人一致要求直接进行定向询价，且财产有计税基准价、政府定价或者政府指导价的，人民法院应当准许。

第十四条 法律、行政法规规定必须委托评估、双方当事人要求委托评估或者网络询价不能或不成的，人民法院应当委托评估机构进行评估。

第三十条 人民法院应当在参考价确定后十日内启动财产变价程序。拍卖的，参照参考价确定起拍价；直接变卖的，参照参考价确定变卖价。

第十二条　委托评估被执行人的股权，评估机构因缺少评估所需完整材料无法进行评估或者认为影响评估结果，被执行人未能提供且人民法院无法调取补充材料的，人民法院应当通知评估机构根据现有材料进行评估，并告知当事人因缺乏材料可能产生的不利后果。

评估机构根据现有材料无法出具评估报告的，经申请执行人书面申请，人民法院可以根据具体情况以适当高于执行费用的金额确定起拍价，但是股权所在公司经营严重异常，股权明显没有价值的除外。

依照前款规定确定的起拍价拍卖的，竞买人应当预交的保证金数额由人民法院根据实际情况酌定。

【条文主旨】

本条是关于无评估报告时如何确定拍卖起拍价的规定。

【理解与适用】

一、缺乏评估所需完整材料时应该如何处理

从实践情况看，股权处置难，最难在评估。一方面，根据现有司法解释的要求，对被执行人财产处置前，需要确定财产处置参考价。另一方面，评估股权价值，往往需要被执行人以及公司提供较为完整的财务资料。现实中，无论是因被执行人与公司拒不配合，还是因公

司财务制度不健全导致无法提供，都可能导致评估机构无法出具评估报告。为解决该问题，本条特别规定，对于委托评估机构对股权进行评估的，评估机构因缺少评估所需材料无法出具评估报告的，人民法院应当通知评估机构根据现有材料进行评估，并告知当事人因缺乏材料可能影响评估结果的风险。该项规定不仅与《人民法院委托评估工作规范》第 19 条的规定相一致，而且对于股权评估拍卖程序来讲，更具有必要性和可行性。

二、无底价拍卖的适用条件

（一）无底价拍卖

本条规定的"以适当高于执行费用的金额确定起拍价"，因其并非以处置参考价确定起拍价，所以其实质上是无底价拍卖。按照国际惯例，在拍卖操作中，按是否设定底价可以分为有底价拍卖和无底价拍卖。拍卖底价，也称保留价，是指拍品在拍卖时应达到的最低价格基数，也即最低认可转让的价格。在竞买人所出的价格未能超过底价时，拍卖不能成交。根据现有法律、司法解释的规定，我国的民事司法拍卖为有底价拍卖。《拍卖、变卖规定》第 5 条规定，拍卖应当确定保留价。拍卖财产经过评估的，评估价即为第一次拍卖的保留价；未作评估的，保留价由人民法院参照市价确定，并应当征询有关当事人的意见。《网拍规定》第 10 条规定，网络司法拍卖应当确定保留价，拍卖保留价即为起拍价。起拍价由人民法院参照评估价确定；未作评估的，参照市价确定，并征询当事人意见。起拍价不得低于评估价或者市价的 70%。

无底价也称零底价，又叫零底价拍卖，对拍品不设底价，由竞买人自由报价，最终由出价最高者获得拍品。无底价拍卖主要用于二手工业设备的拍卖中，在国际上以加拿大利氏兄弟拍卖行和美国的曼海姆拍卖行最具特色。近些年来，在传统拍卖行业，各大拍卖行也在纷纷试水无底价拍卖，0 元、1 元拍卖，并借此聚攒人气，拍品往往拍出了很高的价格。在司法拍卖领域，有些地方法院也在试行这一拍卖模式，对无法评估其价值的财产进行零元起拍。

（二）无底价拍卖是否会导致股权被低价处置

司法拍卖设置的保留价是为被执行人利益设置的最低保护限度，即拍卖保留价作为一种制衡机制，可有效避免利益向一方当事人过分倾斜，防止因拍卖价格过低对被执行人合法权益造成损害。根据有关司法解释的规定，司法拍卖的保留价根据处置参考价来确定，而确定处置参考价的方式有议价、询价、网络询价和评估四种。但是正如前文所述，在股权处置参考价确定中，由于缺乏公开的市场价格，询价和网络询价几乎没有适用之余地。在双方当事人议价不成的情况下，只能依赖于委托评估机构进行评估。而评估机构评估股权价值需要公司相关的财务资料，实践中，存在由于被执行股东或者公司拒不提供相关资料，导致评估机构无法出具评估报告的情况。确定股权处置参考价工作也因此陷入僵局。

民事强制执行作为借助国家公权力敦促被执行人履行义务的活动，及时高效实现债权人债权应当作为其第一价值追求。股权作为被执行人的责任财产，不能仅因为无法出具评估报告就不执行该股权，否则会形成反向激励。实践中，之所以股权无法评估，很多情况下可以归因于被执行人及其所控制的公司拒不配合。如果因为无法评估就不进行变价，可能导致反向激励。以高于优先债权和执行费用的金额为起拍价拍卖股权，能够对被执行人形成有力震慑，敦促其积极配合评估工作。并且，评估价只是拍卖股权的参考价，实践中，即使评估公司出具了评估报告，也不见得准确反映了股权价值，股权的真实价值最终需要通过拍卖竞价程序来发现。在当前网络司法拍卖公开透明的情况下，基本不会存在因竞价不充分而贱卖股权的问题。

在司法实践中，已有地方法院探索无底价拍卖，并且在个案中取得了较好的效果。比如，在湖北安陆法院执行的案件中，被执行人董某名下的车辆曾经两次司法拍卖，均因无人竞拍而流拍，债权人又不同意接受该车辆，该案执行陷入了困境。2021 年 5 月，债权人要求再次拍卖该车辆。因该车辆属于待报废车辆，评估机构以无法评估该车辆现有价值为由，称无法启动传统评估程序。以往遇到这种情况，执行过程中一般会终止评估拍卖。如何在无法评估的情况下推进财产处置工作，给该案执行干警提出了难题。为尽快促进案件执行，执行干警决定创新思路，尝试启动"零底价"拍卖。围观者达 3525 人，参加竞拍人数 31 人，44 次延时，出价 127 次，最终以 6530 元的价格拍卖成交。再如，2020 年 8 月，广东省佛山市顺德区法院首次尝试以"零底价"（以 2000 元拍卖辅助费用）起拍方式拍卖被执行人 13 个注册商标，50 个竞买人经过 649 轮激烈争夺，490 次延时，最终被竞买人以 14.06 万元的价格拍得，成交价足足是起拍价的 70 倍，使无法评估价值的企业注册商标得以处置。

（三）适用无底价拍卖的条件

一是人民法院要严格依照本解释第 11 条、第 12 条规定的程序调取或者责令有关主体提供评估所需有关材料，尽可能促成评估机构出具评估报告，不得任意适用"无底价拍卖"。比如，对于因为申请执行人不预交评估费而无法评估的，能否适用无底价拍卖？《确定财产处置参考价规定》第 33 条第 1 款规定："网络询价费及委托评估费由申请执行人先行垫付，由被执行人负担。"所以，这种情况下，因为是申请执行人不配合法院工作，所以法院可以暂缓对股权采取处置变价措施，相应的不利后果由申请执行人承担。再如，实践中，在评估某一公司的股权时，因该公司拥有探矿权，但该评估机构缺乏评估探矿权的资质或能力，无法对该公司的价值及其股东享有的股权作出评估报告。在此情况下，应当委托拥有评估探矿权资质和能力的评估机构进行评估，而不能径行以评估机构无法出具评估报告为由进行无底价拍卖。

二是"评估机构根据现有材料无法出具评估报告"是指委托的三家评估机构均无法出具评估报告。根据《确定财产处置参考价规定》

第 16 条和第 19 条的规定，人民法院委托评估的，应当确定三家评估机构，第一家评估机构未在期限内出具评估报告、补正说明，且未按照规定申请延长期限的，人民法院应当另行委托下一顺序的评估机构重新进行评估。所以，本条规定的评估机构无法出具评估报告是指三家评估机构均无法出具评估报告。

三是虽然三家评估机构均无法出具评估报告，但能够通过其他方式确定参考价的，则应尽可能参照该参考价确定起拍价。根据《确定财产处置参考价规定》的规定，目前确定财产处置参考价的方式有当事人议价、定向询价、网络询价、委托评估等方式，并且在适用这些方式时原则上应当按照先后顺序。即议价不成的，进行定向询价，定向询价不成的，进行网络询价，以此类推，这一顺序是不可逆的。比如，实践中，双方当事人一开始即依据《确定财产处置参考价规定》第 14 条的规定，要求法院委托评估。之后，因缺乏相应材料，三家评估机构均无法出具评估报告。此时，如果双方当事人主张进行议价，能否准许？我们认为，虽然双方当事人共同选择委托评估意味着其放弃了议价这一确定参考价的方式，原则上委托评估后不能再次进行议价，但是，在评估机构无法出具评估报告的情况下，则可以允许其进行议价，并按照双方议定的价格确定处置参考价。无底价拍卖属于法院不得已而为之的无奈之举，在能够通过其他方式确定参考价并据此确定起拍价的情况下，应当优选择适用该"其他方式"，而非径行进行无底价拍卖。

四是对评估机构无法出具评估报告的，并非一律适用"无底价拍卖"，而要由人民法院根据具体情况来确定是否适用。事实上，在传统拍卖领域，拍卖行在进行无底价拍卖时，并非对于保留价持完全放任态度，而是由拍卖师根据现场竞价程度和自身的专业经验进行适当把控。当拍品可能以明显的低价出手时，拍卖师可以中止拍卖。司法拍卖属于公法行为，体现司法公信力，在拍卖过程中除非出现法定事由否则不能中止拍卖。在适用无底价拍卖时，为防止有些财产可能被以极低的价格卖出，本条在第 2 款赋予了法院根据案件具体情况决定是否适用该种拍卖方式的自由裁量权。比如，对于被执行人持有的数量较多的某大型股份制银行的股份，虽然评估机构未能出具评估报告，但是，从之前的市场价来看，其价值非常高。如果对其进行无底价拍卖，一旦因竞价不充分被低价卖出，则会严重损害被执行人利益，同时，对于申请执行人实现债权来讲，也是不利的。所以，在此情况下，应当慎重考虑是否进行无底价拍卖。比如，除了无法出具评估报告的股权外，被执行人还有其他房屋、土地等财产可以清偿债务，在此情况下，可以先行处置其他财产用以清偿债权，而非必须对股权进行无底价拍卖。

五是应当注意"但书"条款。民事强制执行不仅要依法及时实现申请执行人债权，同时，也要尽可能降低执行成本。该执行成本包括社会公共成本和当事人私人成本。为降低当事人的执行成本，最高人民法院通过司法解释的方式，在传统委托评估的基础上确立了议价、询价、网络询价等更为经济的确定参考价的方式。比如，为降低拍卖成本，最高人民法院施行零佣金的网络司法拍卖，为当事人节约了大量执行成本。实践中存在一些无住所、无人员、无财产，处于"僵尸"状态的公司，这些公司本早应通过破产或者清算程序进行出清，其股权也几乎没有任何价值。如果对于这些公司的股权进行无底价拍卖，由于其起拍价很低，且基本不可能被竞争至高价，极易吸引一些怀有猎奇或者捣乱心理的人以极低的价格竞买，这不仅对于清偿债权人债权于事无补，而且还会极大地浪费司法资源，并引发新的矛盾和纠纷。所以，本条第 2 款规定，对于公司经营严重异常，股权明显没有价值的，比如一些"空壳公司"的股权，不能适用"无底价拍卖"。

三、股权评估价值为零或负值时的处理

除了本条规定的因无法出具评估报告要进行"无底价拍卖"外，实践中，还存在虽已出具评估报告但评估结果显示股权价值为零或者

负值的情况。这是因为，与房屋、土地等财产不同，股权的价值依赖于公司的"价值"，即公司的资产、收益和负债等情况。对于一些经营不善、资不抵债的公司而言，评估机构在评估其股东的股权价值时会认定为零甚至负值。对于这类股权，可否进行拍卖？如果可以，应如何确定其起拍价呢？

这便涉及民事执行法理论中的无益拍卖之禁止及其例外情形。所谓无益拍卖之禁止，是指司法拍卖作为一种成本较高的执行措施，其实施与否除了要考虑执行当事人的利益，还应兼顾社会成本和社会效益，尽量避免对各方当事人都没有实际利益的执行。如果拍卖所得价款，对于实现申请执行人债权并无任何裨益，这种情况下的拍卖就属于无益拍卖。但是，鉴于拍卖成交价与评估价之间往往存在差距，可以将拍卖与否的选择权交给申请执行人。换言之，申请执行人认为执行标的真实价值可能高于起拍价，并因此能为其带来利益的，可以申请继续拍卖，但要自愿承担流拍的风险，即由其承担相关费用，此即无益拍卖之例外。《拍卖、变卖规定》第6条规定："保留价确定后，依据本次拍卖保留价计算，拍卖所得价款在清偿优先债权和强制执行费用后无剩余可能的，应当在实施拍卖前将有关情况通知申请执行人。申请执行人于收到通知后五日内申请继续拍卖的，人民法院应当准许，但应当重新确定保留价；重新确定的保留价应当大于该优先债权及强制执行费用的总额。依照前款规定流拍的，拍卖费用由申请执行人负担。"

股权的价值结构非常复杂，其与公司的资产负债情况也并非一一对应关系。有些股权的评估价值虽然为零或负，但如果公司有良好的企业商誉或者市场发展前景或者有为公众认可的知名商标，或者其产业链、市场布局恰巧为其他公司所欠缺，有时也能拍出非常可观的价格。实践中并不乏类似的案例。比如，某法院在执行某刑事财产刑执行案件中，被执行人张某持有D公司100%的股权。因全部资产被依法裁定追缴，D公司严重资不抵债、负债经营，其股权最终评估价值为负 170 亿元。后该刑事案件被害人申请拍卖上述股权并同意垫付相关费用，法院决定在估算委托评估价、拍卖辅助费用、执行费用等执行必要成本总额的基础上，以高于执行必要成本的 60 万元价格作为拍卖保留价启动司法网络拍卖，最终拍卖顺利成交。[①] 综上，我们认为，对于评估价值为零或者为负的股权，经申请执行人申请，人民法院可以大于该优先债权及强制执行费用的总额确定起拍价进行拍卖。

【实践中应注意的问题】

第一，注意区分无益拍卖与无底价拍卖。无益拍卖中的"以大于该优先债权及强制执行费用的总额确定起拍价"并非本条第 2 款规定的无底价拍卖，无底价拍卖是因无法确定起拍价而强行以"适当高于执行费用的金额"确定起拍价，其目的是推进股权处置。股权评估价值为零或负的情况下，为防止出现无益拍卖之情形而规定起拍价要高于优先债权及执行费用。

第二，股权有质押时的无底价拍卖问题。在以"适当高于执行费用的金额确定起拍价"进行无底价拍卖时，如果该股权上存在质押的，则应适用《拍卖、变卖规定》第 6 条的规定，其起拍价还应高于该优先债权，以防损害质权人利益。

第三，拍卖费用承担问题。在无底价拍卖情形下，因无法确定起拍价一般并非由申请执行人造成，所以，在此情况下，申请执行人申请无底价拍卖流拍的，也不应由其承担拍卖费用。这与无益拍卖流拍时由申请执行人承担拍卖费用不同。

第四，保证金和加价幅度问题。在一般的网络拍卖过程中，保证金数额由人民法院在起拍价的 5%~20% 范围内确定，加价幅度则按照

---

① 汤兵生、叶煜楠：《涉有限责任公司股权执行的办理思路和执行要点》，载微信公众号"上海一中法院"2020 年 4 月 14 日。

以下原则确定：起拍价为 10 万元以下（含 10 万元）的标的物，加价幅度不宜超过起拍价的 2%；起拍价为 10 万元至 100 万元（含 100 万元）的标的物，加价幅度不宜超过起拍价的 1%；起拍价为 100 万元的标的物，加价幅度不宜超过起拍价的 0.5%。无底价拍卖时，保证金和加价幅度无法直接适用上述网络拍卖的规则确定，只能根据股权的实际情况酌定，包括出资额、公司注册资本、公司运营价值、申请执行人、被执行人、公司的意见。确定保证金的时候，要考虑保证金在维持竞买稳定性的作用，防止过低保证金导致悔拍多发；也要防止过高保证金而挫伤竞买的积极性，失去无底价拍卖的价值。加价幅度则可以根据保证金的数额，按照一定比例确定，而且加价幅度不宜超过保证金数额。

【相关案例】

东莞市第一人民法院关于东莞市新夏尔西里餐饮有限公司 10% 股权（认缴出资额 0.88 万元）的拍卖公告[①]

东莞市第一人民法院将于 2022 年 12 月 26 日 10 时至 2022 年 12 月 27 日 10 时止进行公开拍卖活动，现公告如下：

一、拍卖标的：东莞市新夏尔西里餐饮有限公司 10% 股权（认缴出资额 0.88 万元），本次拍卖按照标的现状进行拍卖。

起拍价：3111 元，保证金：200 元，增价幅度：50 元（或其倍数）。

……

六、拍卖方式：设有保留价的增价拍卖方式，拍卖不限制竞买人数量，1 人参与竞拍，出价不低于起拍价的，拍卖成交。

……

七、……特别提醒：1. 该股权因相关资料不齐，评估公司无法出

---

① 载京东司法拍卖平台，https://paimai.jd.com/292435984。

具评估意见，经由当事人书面申请确认，根据《最高人民法院关于人民法院强制执行股权若干问题的规定》第 11 条、第 12 条相关规定，本案将结合案件具体情况和股权实际情况对上述案涉股权进行"无底价拍卖"，但确定的起拍价要适当高于执行费用，以避免发生"无益拍卖"的情形。

本次拍卖处置的参考价，系以相关执行费用为依据，上述价格仅供参考，并不代表该股权的真实价值、收益价值等；

……

【相关规定】

1.《最高人民法院关于人民法院民事执行中拍卖、变卖财产的规定》（2020 年 12 月 29 日修正）

第五条 拍卖应当确定保留价。

拍卖财产经过评估的，评估价即为第一次拍卖的保留价；未作评估的，保留价由人民法院参照市价确定，并应当征询有关当事人的意见。

如果出现流拍，再行拍卖时，可以酌情降低保留价，但每次降低的数额不得超过前次保留价的百分之二十。

第六条 保留价确定后，依据本次拍卖保留价计算，拍卖所得价款在清偿优先债权和强制执行费用后无剩余可能的，应当在实施拍卖前将有关情况通知申请执行人。申请执行人于收到通知后五日内申请继续拍卖的，人民法院应当准许，但应当重新确定保留价；重新确定的保留价应当大于该优先债权及强制执行费用的总额。

依照前款规定流拍的，拍卖费用由申请执行人负担。

2.《最高人民法院关于人民法院网络司法拍卖若干问题的规定》（2016 年 8 月 2 日，法释〔2016〕18 号）

第十条 网络司法拍卖应当确定保留价，拍卖保留价即为起拍价。

起拍价由人民法院参照评估价确定；未作评估的，参照市价确定，并征询当事人意见。起拍价不得低于评估价或者市价的百分之七十。

第十七条第一款 保证金数额由人民法院在起拍价的百分之五至百分之二十范围内确定。

3.《最高人民法院关于人民法院确定财产处置参考价若干问题的规定》（2018年8月28日，法释〔2018〕15号）

第十六条 采取委托评估方式确定参考价的，人民法院应当通知双方当事人在指定期限内从名单分库中协商确定三家评估机构以及顺序；双方当事人在指定期限内协商不成或者一方当事人下落不明的，采取摇号方式在名单分库或者财产所在地的名单子库中随机确定三家评估机构以及顺序。双方当事人一致要求在同一名单子库中随机确定的，人民法院应当准许。

4.《人民法院委托评估工作规范》（2018年12月10日，法办〔2018〕273号）

十九、人民法院未按本规范附件中列明的委托评估需要提供的材料清单提供全部材料，评估机构认为无法进行评估或者影响评估结果的，应当及时告知人民法院。人民法院应当告知当事人，并要求当事人提供材料或材料线索。

当事人不提供或未能提供，以及根据当事人提供的材料线索无法提取到相关材料的，人民法院应当通知评估机构根据现有材料进行评估，并告知当事人因缺乏材料可能影响评估结果的风险。

5.《资产评估执业准则——资产评估报告》（2018年10月29日修订，中评协〔2018〕35号）

第七条 执行资产评估业务，因法律法规规定、客观条件限制，无法或者不能完全履行资产评估基本程序，经采取措施弥补程序缺失，且未对评估结论产生重大影响的，可以出具资产评估报告，但应当在资产评估报告中说明资产评估程序受限情况、处理方式及其对评估结论的影响。如果程序受限对评估结论产生重大影响或者无法判断其影响程度的，不得出具资产评估报告。

> **第十三条**　人民法院拍卖被执行人的股权，应当采取网络司法拍卖方式。
>
> 依据处置参考价并结合具体情况计算，拍卖被冻结股权所得价款可能明显高于债权额及执行费用的，人民法院应当对相应部分的股权进行拍卖。对相应部分的股权拍卖严重减损被冻结股权价值的，经被执行人书面申请，也可以对超出部分的被冻结股权一并拍卖。

【条文主旨】

本条是关于股权的拍卖方式及分割拍卖、整体拍卖的规定。

【理解与适用】

一、人民法院处置股权的方式

拍卖是通过组织多人公开对某一物品进行竞价，获得物品最高市场价格，以期实现价格与物品本身的价值相一致的一种有效方式和商品流通的一种重要形式。司法拍卖作为一种强制执行措施，对其规定多见于公法性质的强制执行法律和司法解释中，但由其引起的诸如物权变动等效果却依据《民法典》物权编、合同编等私法进行调节。司法拍卖具有国家强制性、目的利他性、拍卖主体特定性、处分标的物的非合意性等特征。在金钱债权请求权的执行程序中，司法拍卖作为处分性的民事执行措施，是连接查封、扣押等限制性措施与价款分配的中间环节，直接涉及债权人权利的兑现，是追求和实现当事人利益最大化的重要途径，其最终结果直接影响债权人权利是否能够及时实现及实现程度。毋庸置疑，司法拍卖在执行程序中有着极其重要的地位。

由于法律法规、司法解释缺位，20世纪90年代之前，执行财产绝大多数是由法院自行组织进行处置，没有第三方介入。1991年《民事诉讼法》第223条规定，被执行人未按执行通知履行法律文书确定的义务，人民法院有权查封、扣押、冻结、拍卖、变卖被执行人应当履行义务部分的财产。第226条规定，财产被查封、扣押后，执行员应当责令被执行人在指定期间履行法律文书确定的义务。被执行人逾期不履行的，人民法院可以按照规定交有关单位拍卖或者变卖被查封、扣押的财产。自此，国家正式从法律层面赋予法院司法强制拍卖权，司法拍卖制度得以首次确立。依上述两条法律的规定，司法拍卖可采取自行拍卖和委托拍卖两种方式，法院可根据实际需要选择自主拍卖或委托其他单位进行拍卖。但在实践中，由于法律法规相对不健全，缺乏操作规范和必要的监督，法院在自主司法拍卖过程中存在不拍卖、多变卖等不规范问题。为此，最高人民法院于1998年出台的《执行工作规定》第46条第1款规定："人民法院对查封、扣押的被执行人财产进行变价时，应当委托拍卖机构进行拍卖。"《拍卖、变卖规定》第3条规定："人民法院拍卖被执行人财产，应当委托具有相应资质的拍卖机构进行，并对拍卖机构的拍卖进行监督，但法律、司法解释另有规定的除外。"上述规定在确立拍卖优先原则的同时，在拍卖方式的选择上，实际对《民事诉讼法》的规定作了限缩解释，确立了委托拍卖优先的制度。其后，最高人民法院先后出台《关于人民法院委托评估、拍卖和变卖工作的若干规定》《关于人民法院委托评估、拍卖工作的若干规定》《关于执行权合理配置和科学运行的若干意见》等一系列司法解释和规范性文件，对司法拍卖权进行约束，以期彻底解决拍卖环节中存在的种种问题。一定历史时期下，委托拍卖优先模式的确立和完善，切实解决了司法拍卖环节中存在的一些问题。但随着经济技术的快速发展，传统委托拍卖暴露出越来越多的新问题，主要包括：（1）高额拍卖佣金直接影响变现能力。佣金制度的存在，增加了买受人的经济负担，损害了标的变现能力，降低了债务人的清偿能力。（2）信息传播能力有限。在互联网兴起之前，专业拍卖机构的信息传播能力相对比较理想，可以在当时的条件下较好地将拍卖信息"广而告之"，从而保证拍卖是在充分竞价的基础上产生。然而随着信息网络技术的飞速发展，人们获取信息的能力和习惯已经随之发生深刻变革，依靠传统拍卖机构的信息公布与传播方式，实际已难以满足充分的竞价要求。（3）竞买人恶意围标、串标。选择用拍卖方式将被执行财产变现，就是为吸引更多的竞买人，通过竞价方式实现被执行财产的价格最大化。但实践中却出现了竞买人互相之间事先串通，恶意进行串标和围标，使被拍卖财产以保留价或者近乎保留价成交，更有甚者，恶意阻止买受人竞买，造成流拍，以期以更低的保留价格购买到拍卖财产。这些行为都严重损害了当事人的合法权益，同时严重破坏了司法拍卖的大环境。（4）司法不廉问题。委托拍卖公司拍卖方式，在实践中加剧了司法不廉行为的发生。

最终，在各地探索的基础上，最高人民法院正式启动推广网络司法拍卖工作，其基本模式是"去中介最大化"，由法院自行在互联网拍卖平台上实施司法拍卖，平台作为第三方交易平台，提供技术支持与平台服务，并通过计算机程序设定，由竞买人在平台上开展独立竞价。而法院作为司法拍卖的主体入驻平台，自行发布拍卖公告、拍卖财产相关信息、引领看样、出具法律文书等。

网络司法拍卖相对于传统拍卖方式，具有无可替代的诸多优势。（1）拍卖信息传播广泛、潜在竞买人数量巨大。按传统拍卖方式，法院将被执行财产委托拍卖公司进行拍卖。拍卖公司通过发布拍卖公告方式向社会告知拍卖信息，因其发布渠道及覆盖面本身就具有局限性，传播范围小、影响力小、受众面窄，从而导致很多拍卖的竞价无法获得充分竞争，以保留价成交或干脆流拍。更有部分拍卖机构受经济利益驱动，直接与竞买人结合形成相互合作的利益分享共同体，想尽办法减少信息受众，让拍卖在"小圈子"中进行。例如，刊登在报刊夹缝中的豆腐块公告，拍卖标的表述也是寥寥几笔。而网络司法拍卖中，拍卖公告会刊登在互联网拍卖平台上，彻底突破了地域限制，且受众人数也远远超过传统刊登方式。部分网络司法拍卖平台的注册用户多达数亿人，如此庞大的信息受众群非传统报刊所能达到。通过互联网拍卖平台，将会使海量潜在竞买人及时、准确获得信息，从而参与到司法拍卖竞价中来，可大力打击"职业竞买人"的勾结、联合压价和排除异己等不良现象。（2）拍卖活动无空间限制。传统拍卖方式下的司法拍卖，竞买人必须前往拍卖公司指定的地点报名和参与竞价，竞买人会受到地域限制或因考虑距离太远而放弃竞买，进而造成竞价不充分。而利用互联网拍卖平台，竞买人完全可以足不出户，仅操作电脑就可完成浏览拍卖公告、了解拍卖财产的相关信息、报名并交纳保证金、进行竞价等动作，极大破除了地域限制，使海量竞买人能够非常便捷地参与到竞买中来，有利于形成充分竞争。（3）"零佣金"，降低当事人负担。竞买人参与委托拍卖机构主持的拍卖时，应依法交纳数额不菲的拍卖佣金，无形中给竞买人增加了负担。采用网络司法拍卖方式后，等于将拍卖公司这一中介去掉，由人民法院直接在互联网拍卖平台上主持拍卖，节省拍卖佣金，为涉案个人、企业减轻了不少负担。（4）拍卖过程更公开、更透明。利用互联网拍卖平台进行司法拍卖，从信息发布到交纳保证金到出价竞买，整个拍卖过程均由电脑按照设定好的程序自动控制，增价幅度、拍卖方式、竞价规则均已提前进行了公告，由系统设置好并向社会全部公开，客观上消除了人为因素干扰。在竞价结束前，竞买人可以随时报名在交纳保证金后可随时参与到竞买中来，拍卖全过程，包括每一条竞价信息都会显示在网络上，社会公众能够随时观看并予以监督，减少司法拍卖的腐败问题。竞买人信息在拍卖未结束前处于保密状态，即便是法院和网络服务提供者，也只能在拍卖结束后才获得竞买人的身份信息，如此可以有效减少暗箱操作的机会，为杜绝司法腐败拉起了有效防线。

关于"'应当'采取网络司法拍卖方式"的问题。民事执行程序中的变价方式主要有拍卖和变卖两种方式，变价作为一种执行措施，其目的主要在于将查封、扣押、冻结的财产变换为价款，以卖得的价款清偿债务。变价所得价款越高，越有利于实现债权，同时也有利于兼顾债务人的合法权益。因此，选择何种方式对查封、扣押、冻结的财产进行变价，是民事执行程序中的重要问题，由于互联网天生具有去中介的特性，使法院可以通过互联网平台直接拍卖处置财产，既降低了拍卖成本，又减少了中间环节，还极大提高了拍卖成交率，与传统的现场拍卖方式相比优势十分明显，能充分实现执行财产中所蕴含的金钱价值，既有利于债权的实现，也有利于保护债务人的合法权益。对于股权而言，本身即为无体物，基本并无现场查阅的需要，因而本条解释规定人民法院以拍卖方式处置股权的，应当采取网络司法拍卖方式。

二、对国有股权拍卖方式的考量

《网拍规定》第 2 条规定："人民法院以拍卖方式处置财产的，应当采取网络司法拍卖方式，但法律、行政法规和司法解释规定必须通过其他途径处置，或者不宜采用网络拍卖方式处置的除外。"股权作为被执行人财产之一，也应适用前述规定。实践中，存在争议的是，当被执行财产系国有股权时，能否采用网络拍卖的方式进行处置。有观点认为，根据《企业国有资产法》第 54 条，除国家规定可以直接协议转让的以外，国有资产转让应当在依法设立的产权交易所公开进行。因此，人民法院拍卖国有股权不能采取网络拍卖的方式。

经研究，我们认为，《企业国有资产法》第 54 条第 1 款规定"国有资产转让应当遵循等价有偿和公开、公平、公正的原则"。该条第 2 款规定国有资产应当通过产权交易所公开进行的目的，主要是避免国有资产流失，是突出强调不能协议转让。从实践情况看，人民法院的网络司法拍卖已经形成了竞价更充分、参与更便利的公开市场，通过网络司法拍卖处置国有股权，更能起到避免国有资产被贱卖的目的。所以，对于国有股权的拍卖，仍应适用网络司法拍卖的方式。因此，本条明确规定，人民法院拍卖股权，应当采取网络司法拍卖的方式，并没有像《网拍规定》一样，设有其他例外情形。

三、分割拍卖和整体拍卖

不得超标处置被执行人的财产是执行程序中的一项重要规则。《拍卖、变卖规定》第14条规定："拍卖多项财产时，其中部分财产卖得的价款足以清偿债务和支付被执行人应当负担的费用的，对剩余的财产应当停止拍卖，但被执行人同意全部拍卖的除外。"本条第2款在此基础上进行了细化，明确在拍卖股权前，依据处置参考价并结合具体情况计算，拍卖被冻结股权所得价款可能明显高于债权额及执行费用的，应当对相应部分的股权进行拍卖，以避免超标的拍卖股权损害被执行人合法权益。在股权执行实践中，不时有信访人反映，执行法院明显超标的拍卖了其在公司的股权，严重损害了其合法权益，其中亦无法排除申请执行人为抢夺被执行人在公司的控制权而故意为之。

此处的"结合具体情况"主要是指人民法院在拍卖前要根据公司经营状况、股价市场行情、拍卖溢价降价情况，以及分割拍卖与整体拍卖对股权价额的影响等因素综合考虑。同时，由于股权转让可能存在"控制权溢价"，如果对相应部分的股权拍卖严重减损被冻结股权价值，被执行人书面申请人民法院对全部被冻结股权进行拍卖的，人民法院也可以一并拍卖。

除此之外，股权转让还可能存在"控制权溢价"问题。如果被执行人属于公司大股东，即使经评估发现冻结的股权已经明显超标的，但被执行人为了通过整体拍卖获取控制权溢价或者为了防止分割拍卖而贬损其股权价值，有时也会请求法院拍卖其所有股权。《善意文明执行意见》第11条规定："……同一类型的执行财产数量较多，被执行人认为分批次变价或者整体变价能够最大限度实现其价值的，人民法院可以准许……多项财产分别变价时，其中部分财产变价款足以清偿债务的，应当停止变价剩余财产，但被执行人同意全部变价的除外。"基于此，为了最大限度实现财产真实价值，本条规定，经被执行人书面申请，执行法院可以对冻结的全部股权进行拍卖，这也与《拍卖、变卖规定》第14条的精神相契合。

从另一角度出发，人民法院实施强制执行，不应超过执行依据确定的债权及相关费用的总额，但人民法院在实施查封股权时，对所查封股权的价值只能作出一个大致的估计，加之股权市场行情千变万化，因此，实践中可能会出现查封时对标的物的价值估计较低，而拍卖的价款却较高的情况。在这种情况下，如果不考虑拍卖的实际情况，仍按原计划将查封股权全部进行拍卖，不仅背离了实现债权和支付费用这一执行的目的，而且会对被执行人的利益造成损害。因此本条规定，经过计算，拍卖被冻结股权所得价款可能明显高于债权额及执行费用的，人民法院应当对相应部分的股权进行拍卖。这里所说的"债权额及执行费用"，不仅限于申请执行人对被执行人所享有的债权，还包括被执行人其他应该通过执行程序获得清偿的债务。作为例外，在上述情况下，如果被执行人同意对已查封、扣押、冻结的财产全部进行拍卖的，人民法院也可以继续进行拍卖。本条中的"结合具体情况"主要是指人民法院在拍卖前要根据公司经营状况、股价市场行情、拍卖溢价降价情况，以及分割拍卖与整体拍卖对股权价额的影响等因素综合考虑。

【相关案例】

甘肃创新商贸集团有限公司、王某某等借款合同纠纷执行监督案 [①]

甘肃省兰州市中级人民法院（以下简称兰州中院）在执行申请执

---

① 参见最高人民法院（2020）最高法执监18号执行裁定书。

行人甘肃平商联合投资股份有限公司（以下简称平商公司）与被执行人甘肃创新商贸集团有限公司（以下简称创新公司）、王某某借款合同纠纷一案中，经委托评估公司对已查封的创新公司持有的平商公司2010万元的股权进行评估后，平商公司复函该院，经公司股东大会决议，上述股权由甘肃新大商贸有限公司，以评估价值 19 086 785.75元，全部优先购买。兰州中院遂作出（2017）甘01执811号之一执行裁定，裁定"被执行人甘肃创新商贸集团有限公司所持有的甘肃平商联合投资股份有限公司30.7692%的股权的所有权归甘肃新大商贸有限公司，所有权自本裁定送达甘肃新大商贸有限公司起转移"。

创新公司对兰州中院作出的处置其在平商公司所占股份不服，向该院提出书面异议。兰州中院经审查，裁定撤销该院上述裁定。平商公司不服，向甘肃高院申请复议，甘肃高院作出（2019）甘执复66号执行裁定，裁定撤销兰州中院异议裁定。

创新公司、王某某不服，向最高人民法院申诉。最高人民法院查明，平商公司的营业执照及公司章程第三条、第六条均载明，该公司为股份有限公司。围绕创新公司、王某某的申诉事由，最高人民法院归纳本案焦点问题为：兰州中院将涉案股权裁定转给平商公司股东行为是否违反法律规定。（1）关于兰州中院所作的（2018）甘01执811号之一执行裁定的性质。本案中，兰州中院在对股权进行评估后，未经拍卖程序，直接将被执行人持有的平商公司30.7692%的股权裁定归平商公司股东之一甘肃新大商贸有限公司所有。虽然平商公司是申请执行人，但其与股东甘肃新大商贸有限公司属于不同的民事主体。即使经申请执行人和被执行人同意不经拍卖、变卖程序直接将被执行人的财产作价交申请执行人抵偿债务，也是交申请执行人，而不是交申请执行人的股东。因此，本案兰州中院所作的（2018）甘01执811号之一执行裁定，其性质不属于以物抵债裁定，其本质是将涉案股权未经拍卖程序直接变卖给甘肃新大商贸有限公司。（2）兰州中院直接变卖行为是否违法，应视其是否违反了《拍卖、变卖规定》第34条

（现为第 31 条）规定。根据该规定，对查封、扣押、冻结的财产，当事人双方及有关权利人同意变卖的，可以变卖。可以直接变卖涉案查封、扣押、冻结的财产的前提是当事人双方及有关权利人明确向执行法院提出同意变卖的意见。在执行程序中，人民法院对查封、冻结的财产进行变价处理时，应当首先采取拍卖的方式，以拍卖方式处置财产的，应当采取网络司法拍卖方式。采取网络司法拍卖，可以使潜在竞买人及时、准确获得信息，从而参与到司法拍卖竞价中来，通过充分竞价，使财产变价价格充分反映其市场价值。变价所得价款越高，越有利于实现债权，同时也有利于兼顾债务人的合法权益。基于此，如果要放弃拍卖方式而选择变卖方式，对双方当事人和有关权利人利益影响较大，应当经过其同意。本案中，平商公司将进入执行程序前当事人在借条中所作意思表示"视为被执行人已明示同意"，不符合司法解释规定精神。（3）关于平商公司股东是否有优先购买权问题。《公司法》对股东优先购买权的规定是第 72 条，该条位置在第三章"有限责任公司的股权转让"。可见，法律仅明确了有限责任公司的股东具有优先购买权，而本案平商公司营业执照显示其公司类型为股份有限公司，不适用《公司法》第 72 条规定。平商公司章程虽规定了股东优先购买权，但该章程系约束其股东自主转让股权行为，对人民法院强制执行活动没有当然约束力。即使股东行使优先购买权，也应当在依法开展的拍卖、变卖程序中行使。本案变卖程序未经被执行人同意，股东优先购买权行使程序违法。综上，最高人民法院裁定撤销甘肃高院复议裁定，维持兰州中院异议裁定。

【相关规定】

1.《中华人民共和国企业国有资产法》（2008 年 10 月 28 日）

第五十四条　国有资产转让应当遵循等价有偿和公开、公平、公正的原则。

除按照国家规定可以直接协议转让的以外，国有资产转让应当在依法设立的产权交易场所公开进行。转让方应当如实披露有关信息，征集受让方；征集产生的受让方为两个以上的，转让应当采用公开竞价的交易方式。

转让上市交易的股份依照《中华人民共和国证券法》的规定进行。

2.《最高人民法院关于人民法院网络司法拍卖若干问题的规定》（2016年8月2日，法释〔2016〕18号）

第二条 人民法院以拍卖方式处置财产的，应当采取网络司法拍卖方式，但法律、行政法规和司法解释规定必须通过其他途径处置，或者不宜采用网络拍卖方式处置的除外。

第十二条 网络司法拍卖应当先期公告，拍卖公告除通过法定途径发布外，还应同时在网络司法拍卖平台发布。拍卖动产的，应当在拍卖十五日前公告；拍卖不动产或者其他财产权的，应当在拍卖三十日前公告。

拍卖公告应当包括拍卖财产、价格、保证金、竞买人条件、拍卖财产已知瑕疵、相关权利义务、法律责任、拍卖时间、网络平台和拍卖法院等信息。

3.《最高人民法院关于人民法院确定财产处置参考价若干问题的规定》（2018年8月28日，法释〔2018〕15号）

第二条 人民法院确定财产处置参考价，可以采取当事人议价、定向询价、网络询价、委托评估等方式。

4.《最高人民法院关于人民法院民事执行中拍卖、变卖财产的规定》（2020年12月29日修正）

第十四条 拍卖多项财产时，其中部分财产卖得的价款足以清偿债务和支付被执行人应当负担的费用的，对剩余的财产应当停止拍卖，但被执行人同意全部拍卖的除外。

第十五条 拍卖的多项财产在使用上不可分，或者分别拍卖可能严重减损其价值的，应当合并拍卖。

5.《最高人民法院关于人民法院民事执行中查封、扣押、冻结财产的规定》（2020 年 12 月 29 日修正）

第十九条　查封、扣押、冻结被执行人的财产，以其价额足以清偿法律文书确定的债权额及执行费用为限，不得明显超标的额查封、扣押、冻结。

发现超标的额查封、扣押、冻结的，人民法院应当根据被执行人的申请或者依职权，及时解除对超标的额部分财产的查封、扣押、冻结，但该财产为不可分物且被执行人无其他可供执行的财产或者其他财产不足以清偿债务的除外。

6.《最高人民法院关于在执行工作中进一步强化善意文明执行理念的意见》（2019 年 12 月 16 日，法发〔2019〕35 号）

11. 最大限度实现财产真实价值。同一类型的执行财产数量较多，被执行人认为分批次变价或者整体变价能够最大限度实现其价值的，人民法院可以准许。尤其是对体量较大的整栋整层楼盘、连片商铺或别墅等不动产，已经分割登记或事后可以分割登记的，被执行人认为分批次变价能够实现不动产最大价值的，一般应当准许。多项财产分别变价时，其中部分财产变价款足以清偿债务的，应当停止变价剩余财产，但被执行人同意全部变价的除外。

> 第十四条　被执行人、利害关系人以具有下列情形之一为由请求不得强制拍卖股权的，人民法院不予支持：
>
> （一）被执行人未依法履行或者未依法全面履行出资义务；
>
> （二）被执行人认缴的出资未届履行期限；
>
> （三）法律、行政法规、部门规章等对该股权自行转让有限制；
>
> （四）公司章程、股东协议等对该股权自行转让有限制。
>
> 人民法院对具有前款第一、二项情形的股权进行拍卖时，应当在拍卖公告中载明被执行人认缴出资额、实缴出资额、出资期限等信息。股权处置后，相关主体依照有关规定履行出资义务。

【条文主旨】

本条是关于特殊情形下股权拍卖的特别规定。

【理解与适用】

被执行人持有的股权存在未依法出资、出资期限尚未届满以及依照法定或者约定股权在一定期限内或者一定条件下不得转让的情形在执行实践中较为常见，对于这些特殊情形下股权能否拍卖以及如何拍卖有着不同的意见，本条对此作出了回应。

一、特殊情形下股权能否拍卖

在起草的过程中，对于本条第 1 款第 1 项所规定的被执行人未依法履行或者未依法全面履行出资义务的股权和第 2 项所规定的被执行人认缴的出资未届履行期限的股权可以作为被执行人的财产依法进行拍卖基本上没有争议，[①] 主要的争议是第 1 款第 3 项所规定的法律、[②] 行政法规、[③] 部门规章[④] 等对自行转让有限制的股权以及第 4 项公司章程、股东协议等[⑤] 对自行转让有限制的股权能否强制执行有着不同的意见。第一种意见认为，法定或者约定股权在一定期限内、特定比例内或者一定条件下不得转让，对于作为股东的被执行人具有法律约束力，应当待禁止转让情形消除后再予执行，否则将会违反相关法律、行政法规、部门规章的规定或者违反公司章程、股东协议的约定，有可能为被执行人所利用借以违法转让股权。第二种意见认为，法定或者约定

---

① "可见，源于股权的可转让性，基于商事交易的外观主义原则，出资瑕疵股权的可转让性，自然是一个不容置疑的问题。"肖海军：《瑕疵出资股权转让的法律效力》，载《政法论坛》2013 年第 2 期。

② 如《公司法》第 141 条规定："发起人持有的本公司股份，自公司成立之日起一年内不得转让。公司公开发行股份前已发行的股份，自公司股票在证券交易所上市交易之日起一年内不得转让。公司董事、监事、高级管理人员应当向公司申报所持有的本公司的股份及其变动情况，在任职期间每年转让的股份不得超过其所持有本公司股份总数的百分之二十五；所持本公司股份自公司股票上市交易之日起一年内不得转让。上述人员离职后半年内，不得转让其所持有的本公司股份……"

③ 如《企业国有资产监督管理暂行条例》第 23 条规定："国有资产监督管理机构决定其所出资企业的国有股权转让。其中，转让全部国有股权或者转让部分国有股权致使国家不再拥有控股地位的，报本级人民政府批准。"

④ 如《保险公司股权管理办法》第 50 条规定："投资人自成为控制类股东之日起五年内不得转让所持有的股权，自成为战略类股东之日起三年内不得转让所持有的股权，自成为财务Ⅱ类股东之日起二年内不得转让所持有的股权，自成为财务Ⅰ类股东之日起一年内不得转让所持有的股权。经中国保监会批准进行风险处置的，中国保监会责令依法转让股权的，或者在同一控制人控制的不同主体之间转让股权等特殊情形除外。"

⑤ 《公司法》第 141 条规定："……公司章程可以对公司董事、监事、高级管理人员转让其所持有的本公司股份作出其他限制性规定。"

股权在一定期限内、特定比例内或者一定条件下不得转让是对股东自行转让所作出的限制，不能适用于股东因未履行生效法律文书确定的义务而被人民法院强制执行的情形。经研究，本解释采纳了第二种意见，主要基于以下三个方面的考虑：

第一，法律、行政法规和部门规章关于在一定期限内、特定比例内或者一定条件下不得转让股权的规定，其目的在于防止股份有限公司发起人、董事、监事、高级管理人员以及持股超过一定比例的控制类股东等人员投机牟利，损害其他股东利益。但是，在前述人员对外负有债务，人民法院为保护申请执行人利益，将前述人员持有的股权强制变价以清偿债务的情况下，不存在投机牟利问题。[①]相应地，公司章程、股东协议对股权转让所作的限制，是公司股东之间的内部约定，同样也不能对抗人民法院的强制执行。

第二，就被执行人利用强制执行程序借以规避法律、行政法规、部门规章的规定或者公司章程、股东协议的约定违法转让股权的顾虑而言，无论是执行依据的作出还是强制执行程序的进行都需要遵循严格的法律程序，取得执行依据和进行强制执行需要承担诉讼费用、申请执行费等必要的成本，加之进入强制执行后被执行人还有可能受到信用惩戒等制裁措施，被执行人通过强制执行违法转让股权的可能性较小。

第三，从现行规定来看，尤其是部门规章关于股权转让的限制也是将涉及司法强制执行作为特殊情形而不予适用。如《商业银行股权管理暂行办法》第17条规定："商业银行主要股东自取得股权之日起

---

① 2000年1月10日，《最高人民法院执行办公室关于执行股份有限公司发起人股份问题的复函》（〔2000〕执他字第1号）载明：《公司法》第一百四十七条中关于发起人股份在3年内不得转让的规定，是对公司创办者自主转让其股权的限制，其目的是为防止发起人借设立公司投机牟利，损害其他股东的利益。人民法院强制执行不存在这一问题。被执行人持有发起人股份的有关公司和部门应当协助人民法院办理转让股份的变更登记手续。为保护债权人的利益，该股权转让的时间应从人民法院向有关单位送达转让股份的裁定书和协助执行通知书之日起算。该股份受让人应当继受发起人的地位，承担发起人的责任。"

五年内不得转让所持有的股权。经银监会或其派出机构批准采取风险处置措施、银监会或其派出机构责令转让、涉及司法强制执行或者在同一投资人控制的不同主体之间转让股权等特殊情形除外。"《信托公司股权管理暂行办法》第 39 条也作了类似的规定。

二、出资瑕疵股权拍卖后出资义务的承担

人民法院对于出资瑕疵的股权，应当依照《拍卖、变卖规定》第 7 条和《网拍规定》第 6 条第 2 项之规定，对拍卖股权的权属状况等进行必要的调查并查明被执行人认缴出资额、实缴出资额、出资期限等股权的现状及其权利负担等内容。依照《确定财产处置参考价规定》第 3 条第 1 款之规定，股权存在的出资瑕疵，人民法院应当在确定参考价之前予以查明并作为确定参考价的重要考量因素之一。对于出资瑕疵的股权进行拍卖时，应当依照《网拍规定》第 12 条第 2 款之规定在拍卖公告中载明瑕疵出资的具体情况。

三、未届出资期限股权拍卖后出资义务的承担

对于股东转让未届出资期限的股权，后续出资义务应该如何承担，法律、司法解释未有明确的规定，实践中存在很大争议。在股权被强制执行的情况下，也会存在这一问题。讨论过程中有四种不同的意见：第一种观点认为，人民法院强制执行此类股权时，原股东的出资义务尚未届期，不属于《公司法解释（三）》第 18 条规定的情形，[①] 股权被强制转让后，原股东不应再承担后续出资义务。第二种观点认为，出资义务是股东对公司、其他股东的恒定义务，无论该出资义务是否已届期，都不因股权转让而消除，原股东仍应承担出资义

---

① "然而，瑕疵出资与未届期出资有本质区别，前者属于出资违约，后者可以法定期限利益为抗辩事由；前者的瑕疵具有隐蔽性，而后者在信息披露和登记公示制度健全情况下容易查询。因此，《公司法司法解释（三）》第 18 条第 1 款不能直接适用于股权转让背景下未届期出资义务的履行责任确认。"王建文：《再论股东未届期出资义务的履行》，载《法学》2017 年第 9 期。

务。① 第三种观点认为，鉴于人民法院拍卖的公法性质和强制性，人民法院在拍卖公告中应当明示承担后续出资义务的主体。该"明示"在性质上类似于自行转让股权时原股东与受让人之间的约定。股权被强制转让后，公司或者公司债权人主张原股东或者受让股东承担出资义务的，则按照实体法规则在个案中具体处理。第四种观点认为，拍卖时在拍卖公告中客观载明股权存在瑕疵出资的情况即可，至于出资期限届满时原股东、受让股东对于出资义务的承担产生争议的，应当由审判程序按照实体法规则进行审理后作出裁判。鉴于在理论上② 和在实践中对此问题争议很大，由执行程序在拍卖公告中直接加以明确缺乏相应的法律依据和法理基础，最后采纳了第四种观点。

四、关于自行转让限制义务的承受

对于因法定或者约定在一定期限内、特定比例内或者一定条件下股东不得自行转让的股权，股东自行转让需要受到法律、行政法规和部门规章以及公司章程、股东协议的约束，在性质上是股东对公司或者其他股东所负担的义务。虽然在股东成为被执行人后，该约束或者义务不得对抗人民法院的强制转让，但强制转让应当以被执行人所享有的权利和承担的义务为限，并不能因强制转让而改变作为被执行人的股东与公司以及其他股东之间的法律关系，换言之被执行人对公司或者其他股东所负担的义务不能因强制转让而免除。因此，在拍卖此类股权时应当将相应的限制情况作为特别事项予以告知：竞买人经竞买成交成为买受人后，应当按照法律、行政法规和部门规章的规定或

---

① 参见李志刚等：《认缴资本制语境下的股权转让与出资责任》，载《人民司法》2017年第13期。

② 在理论上除上述第一、第二种观点以外，还有观点认为，从股权转让过程中债权债务的概括移转角度出发，主张借助债务承担规则确认转让股东的出资义务。参见吴金水、刘金妫：《论股权受让人履行资本充实义务后的追偿规则》，载《法学》2019年第5期；刘敏：《论未实缴出资股权转让后的出资责任》，载《法商研究》2019年第6期。

者公司章程、股东协议中的约定承受在一定期限内、特定比例内或者一定条件下不得自行转让买受股权的法定或者约定义务。

【实践中应注意的问题】

关于特殊情形下股权的拍卖在执行实践中还需要注意以下三个具体问题：

第一，被执行人、利害关系人请求不得强制拍卖股权的审查。人民法院裁定拍卖股权后，被执行人、利害关系人请求不得强制拍卖股权并提出书面申请的，在性质上属于《民事诉讼法》第 236 条所规定的执行行为异议，人民法院应当依照《执行立结案意见》第 9 条第 1 项之规定立"执异字"号案件进行审查。至于案外人提出书面异议对股权主张实体权利并请求不得强制拍卖股权的，在性质上则属于《民事诉讼法》第 238 条所规定的案外人异议，人民法院应当依照《执行立结案意见》第 9 条第 2 项之规定立"执异字"号案件进行审查。虽然两者都主张不得强制拍卖股权并作为执行异议案件进行审查，但在异议性质、审查内容和救济途径上均存在重大区别，需要作出准确识别，其核心要素就在于利害关系人并不对拍卖股权主张所有权等实体权利，而案外人则主张对拍卖股权享有实体权利。经审查，被执行人、利害关系人的执行异议理由属于本条第 1 款所规定的情形之一的，应当裁定驳回异议，被执行人、利害关系人对异议裁定不服的，可以自裁定送达之日起 10 日内向上一级人民法院申请复议。当然，鉴于这类异议理由较为明确具体，比较容易识别判断，被执行人、利害关系人向人民法院执行机构直接提出异议经释明认可并表示撤回的，实践中在做好记载后也可以不立"执异字"号案件进行审查。

第二，利害关系人的范围。依照《执行异议和复议规定》第 5 条，当事人以外的公民、法人和其他组织，可以作为利害关系人提出执行行为异议需要具备一定的条件。从该条列举的情形来看，利害关系人依照本条第 1 款提出执行行为异议只能适用第 5 项，即"认为其他合法权益受到人民法院违法执行行为侵害的"。在拍卖股权的情形下，合法权益有可能受到拍卖行为侵害的利害关系人主要包括股权所在公司、公司的其他股东和公司的债权人。上述三类主体之所以属于利害关系人主要是因为，作为被执行人的股东其股权被拍卖后将会影响到其对公司出资义务的承担、其他股东连带出资义务的承担以及债权人追究其出资责任等。至于被执行人的其他债权人或者股权所在公司的实际控制人、董事、监事、高级管理人员等提出执行行为异议的，由于拍卖股权与其合法权益之间并没有直接的利害关系，不属于利害关系人。对于适格的利害关系人以本条第 1 款所列情形为由提出执行行为异议的，应当以理由不成立裁定驳回异议；对于不适格的利害关系人以本条第 1 款所列情形为由提出执行行为异议的，应当以主体不适格为由裁定驳回异议。

第三，减少注册资本、延长出资期限的告知。公司需要减少注册资本的，应当依照《公司法》第 177 条的规定依照法定程序进行。对于违反法定程序减资的，有《最高人民法院公报》案例认为，在股东认缴的出资期限届满前，公司作出减资决议而未依法通知债权人的，实际上免除了股东认缴但尚未履行的出资义务，造成债权人利益损害的，债权人有权请求股东对公司债务在减资范围内承担补充赔偿责任。① 出资期限是公司设立的发起股东或者公司存续期间的增资股东对公司、其他股东、社会大众以出资协议、公司章程、公示登记等方式所作承诺，对相应股东具有法律约束力，违反承诺构成违约或者欺诈，须承担相应法律责任。② 因此，作为股东的被执行人如果出现减少注册资本或者延长出资期限的，由于可能影响到买受人的合法权

---

① 参见江苏万丰光伏有限公司诉上海广力投资管理有限公司、丁某某等买卖合同纠纷案，载《最高人民法院公报》2018 年第 12 期。

② 参见王益平：《股权转让、延长出资期限、违法减资中股东的出资责任》，载《人民司法》2020 年第 8 期。

益，人民法院在调查拍卖股权的现状时应当予以查明。调查的主要方法则按照本解释第 11 条之规定，可以向公司登记机关、税务机关等部门调取，也可以责令被执行人、股权所在公司以及控制相关材料的其他主体提供，拒不提供的，可以强制提取，必要时经当事人书面申请，还可以委托审计机构对股权所在公司进行审计。拍卖股权存在未依法履行或者未依法全面履行出资义务、认缴的出资未届履行期限、减少注册资本、延长出资期限等瑕疵，经调查后未发现的，依照《网拍规定》第 15 条，在人民法院已经按照该规定第 13 条、第 14 条的要求予以公示和特别提示，且在拍卖公告中声明不能保证拍卖财产真伪或者品质的情况下，不承担瑕疵担保责任。

【相关案例】

1. 北京智晟置业有限公司与吴某晖执行复议案 [①]

［基本案情］

上海市第一中级人民法院（以下简称上海一中院）在执行（2018）沪 01 刑初 10 号吴某晖集资诈骗罪、职务侵占罪生效刑事裁判一案过程中，拍卖被执行人吴某晖实际控制的天津市中乒上通汽车销售服务有限公司（以下称中乒上通公司）等 14 家公司的股权（以下称涉案股权）。竞买人北京智晟置业有限公司（以下称智晟公司）竞得涉案股权后提出书面异议称，其竞得涉案股权后，经调查发现拍卖公告对中乒上通公司股东权益价值、社保公积金欠缴费用和对中乒投资集团有限公司（以下称中乒投资公司）的应收账款价值等文字说明严重失实，其委托评估公司对中乒上通公司股东全部权益进行评估，价值为负 12 034 000 元，与拍卖公告文字说明股东全部权益价值 66 675 800 元有较大差异；且公司社保欠缴费用和公积金欠缴费用

---

① 参见上海市高级人民法院（2021）沪执复 54 号执行裁定书。

合计金额 17 158 861.97 元，未在拍卖公告中予以披露；公司对中乒投资公司的应收账款评估价值为 0 元，与拍卖公告说明的应收账款评估价值 61 379 286.57 元有较大差异，故拍卖公告中的相关说明存在严重瑕疵和失实，请求撤销对涉案股权的拍卖，并向智晟公司退还拍卖成交款 15 459 万元。上海一中院经审查后作出（2021）沪 01 执异 23 号执行裁定，裁定驳回异议申请。智晟公司表示不服向上海市高级人民法院（以下简称上海高院）申请复议。

［裁判结果］

驳回智晟公司复议申请，维持上海一中院（2021）沪 01 执异 23 号异议裁定。

［裁判理由］

上海高院经复议审查认为，针对智晟公司在异议阶段提出的涉案股权中相关公司应收账款的问题，经查司法评估公司业已作出说明且具有一定合理性。复议中智晟公司重申原意见但未能提供新的证据予以证明。智晟公司在参与网络司法拍卖竞买之后，自行委托评估公司对拍卖标的再行评估，鉴于该报告在程序上欠妥，以及相关内容缺乏事实依据，故该报告的证据效力上海一中院未予采信，并无不当。上海一中院根据司法评估公司出具的报告意见，认定网络司法拍卖的公示内容并非严重失实，有事实依据。关于复议申请中主张拍卖公告未能披露涉案股权中相关公司欠缴社保、公积金的意见，根据相关法律规定，拍卖通常实行"买者自慎"原则，允许拍卖人对拍卖标的瑕疵声明免责。司法拍卖公司在"拍卖特别规定"已经公示，"竞买人一旦作出拍卖决定，即表明已完全了解，并接受标的物的现状和一切已知及未知的瑕疵"，现智晟公司以其竞拍后发现涉案股权存在遗漏事实的瑕疵为由主张撤销网络司法拍卖，缺乏法律依据，且其提供的证据亦缺乏事实依据，复议申请人智晟公司的复议申请不予支持。

2. 唐山源宏金属结构加工有限公司与孙某某等执行复议案 [1]

[基本案情]

唐山市中级人民法院（以下简称唐山中院）在执行孙某某、张某某与赵某某民间借贷纠纷一案中，异议人唐山源宏金属结构加工有限公司（以下简称源宏公司）提出执行异议，称被执行人赵某某 2018 年 10 月入股源宏公司后，既未实际投资，也没有参与公司经营。赵某某财务恶化，负债累累，已经被列为失信人。2020 年 9 月 17 日，公司股东会议上赵某某明确表示已经无法履行出资义务，经股东会决议，取消了赵某某的股东资格，公司注册资金减为 300 万元。公司在办理变更手续时发现唐山中院（2019）冀 02 执 9682 号之三执行裁定书、（2019）冀 02 执 10713 号之三执行裁定书将赵某某的 80% 未实缴股权冻结，公司无法办理变更注册手续。赵某某的未实缴股权没有任何实际价值，异议人已经提交了该股权为零值的说明，冻结裁定严重影响了异议人的经营，故申请依法撤销唐山中院（2019）冀 02 执 9682 号之三执行裁定书。唐山中院经审查作出（2021）冀 02 执异 525 号执行裁定，认为赵某某系执行依据（2018）冀 0205 民初 620 号民事判决书所确定的履行义务人，在其不履行生效法律文书所确定的义务时，执行机构有权对其名下股权采取强制措施。关于异议人源宏公司提出的赵某某既未实际投资，也没有参与公司经营的问题，属于公司与股东之间的债权债务纠纷问题，异议人源宏公司所提异议理据不足，不予支持。源宏公司不服执行异议裁定向河北省高级人民法院申请复议。

[裁判结果]

驳回唐山源宏金属结构加工有限公司的复议请求，维持唐山市中级人民法院（2021）冀 02 执异 525 号异议裁定。

[裁判理由]

河北省高级人民法院经复议审查认为，赵某某在源宏公司的 80%

---

[1]　参见河北省高级人民法院（2021）冀执复 371 号执行裁定书。

股权出资时间尚未届满，是否实际投资或参与公司经营并不影响其作为源宏公司的股东，拥有源宏公司 80% 股权的事实。对被执行人在有限责任公司、其他法人企业中的投资权益或股权，人民法院可以采取冻结措施。赵某某系执行依据（2018）冀 0205 民初 620 号民事判决书所确定的履行义务人，在其不履行生效法律文书所确定的义务时，执行机构有权对其名下股权采取强制措施。故执行机构作出（2019）冀 02 执 9682 号之三执行裁定，冻结被执行人赵某某在源宏公司的股权，符合法律规定，并无不当。

【相关规定】

1.《中华人民共和国公司法》（2018 年 10 月 26 日修正）

第一百四十一条 发起人持有的本公司股份，自公司成立之日起一年内不得转让。公司公开发行股份前已发行的股份，自公司股票在证券交易所上市交易之日起一年内不得转让。

公司董事、监事、高级管理人员应当向公司申报所持有的本公司的股份及其变动情况，在任职期间每年转让的股份不得超过其所持有本公司股份总数的百分之二十五；所持本公司股份自公司股票上市交易之日起一年内不得转让。上述人员离职后半年内，不得转让其所持有的本公司股份。公司章程可以对公司董事、监事、高级管理人员转让其所持有的本公司股份作出其他限制性规定。

2.《最高人民法院关于适用〈中华人民共和国公司法〉若干问题的规定（三）》（2020 年 12 月 29 日修正）

第十八条 有限责任公司的股东未履行或者未全面履行出资义务即转让股权，受让人对此知道或者应当知道，公司请求该股东履行出资义务、受让人对此承担连带责任的，人民法院应予支持；公司债权人依照本规定第十三条第二款向该股东提起诉讼，同时请求前述受让人对此承担连带责任的，人民法院应予支持。

受让人根据前款规定承担责任后，向该未履行或者未全面履行出资义务的股东追偿的，人民法院应予支持。但是，当事人另有约定的除外。

3.《最高人民法院关于人民法院民事执行中拍卖、变卖财产的规定》（2020 年 12 月 29 日修正）

第七条　执行人员应当对拍卖财产的权属状况、占有使用情况等进行必要的调查，制作拍卖财产现状的调查笔录或者收集其他有关资料。

4.《最高人民法院关于人民法院网络司法拍卖若干问题的规定》（2016 年 8 月 2 日，法释〔2016〕18 号）

第六条第二项　实施网络司法拍卖的，人民法院应当履行下列职责：

（二）查明拍卖财产现状、权利负担等内容，并予以说明。

第十二条第二款　拍卖公告应当包括拍卖财产、价格、保证金、竞买人条件、拍卖财产已知瑕疵、相关权利义务、法律责任、拍卖时间、网络平台和拍卖法院等信息。

第十四条　实施网络司法拍卖的，人民法院应当在拍卖公告发布当日通过网络司法拍卖平台对下列事项予以特别提示：

……

（三）拍卖财产已知瑕疵和权利负担；

（四）拍卖财产以实物现状为准，竞买人可以申请实地看样；

（五）竞买人决定参与竞买的，视为对拍卖财产完全了解，并接受拍卖财产一切已知和未知瑕疵；

……

第十五条　被执行人应当提供拍卖财产品质的有关资料和说明。

人民法院已按本规定第十三条、第十四条的要求予以公示和特别提示，且在拍卖公告中声明不能保证拍卖财产真伪或者品质的，不承担瑕疵担保责任。

5.《最高人民法院关于人民法院确定财产处置参考价若干问题的规定》(2018年8月28日，法释〔2018〕15号)

第三条 人民法院确定参考价前，应当查明财产的权属、权利负担、占有使用、欠缴税费、质量瑕疵等事项。

人民法院查明前款规定事项需要当事人、有关单位或者个人提供相关资料的，可以通知其提交；拒不提交的，可以强制提取；对妨碍强制提取的，参照民事诉讼法第一百一十一条、第一百一十四条的规定处理。

查明本条第一款规定事项需要审计、鉴定的，人民法院可以先行审计、鉴定。

第十五条　股权变更应当由相关部门批准的，人民法院应当在拍卖公告中载明法律、行政法规或者国务院决定规定的竞买人应当具备的资格或者条件。必要时，人民法院可以就竞买资格或者条件征询相关部门意见。

拍卖成交后，人民法院应当通知买受人持成交确认书向相关部门申请办理股权变更批准手续。买受人取得批准手续的，人民法院作出拍卖成交裁定书；买受人未在合理期限内取得批准手续的，应当重新对股权进行拍卖。重新拍卖的，原买受人不得参加竞买。

买受人明知不符合竞买资格或者条件依然参加竞买，且在成交后未能在合理期限内取得相关部门股权变更批准手续的，交纳的保证金不予退还。保证金不足以支付拍卖产生的费用损失、弥补重新拍卖价款低于原拍卖价款差价的，人民法院可以裁定原买受人补交；拒不补交的，强制执行。

【条文主旨】

本条是关于前置审批类股权拍卖问题的规定。

【理解与适用】

根据证券法、保险法、商业银行法等法律规定，证券公司、保险公司、保险资产管理公司、商业银行、外资银行、基金管理公司、融资担保公司、期货公司、经营个人征信业务的征信机构等（下文统称

一开始就对该交易活动实施管制。为达此目的，法律、行政法规要么为严格禁止此类交易而否定买卖合同的效力，要么规定当事人从事该交易活动必须事先办理批准、登记手续，且合同只有在批准、登记之后法律行为才能生效。[①]特殊公司的股权或关乎国家产业结构安全，或关乎国家金融秩序、经济秩序稳定，为了维护国家产业安全等目的，相关法律法规对特殊公司的股权变更设定了行政许可的前置审批程序。[②]

　　特殊公司股权变更行政许可，审查的内容涉及受让后股权结构、受让人的资金来源、财务状况、资本补充能力和诚信状况等，但是不同类型的公司有一定差异。例如，中资商业银行变更资本总额或股份总额 5% 以上股东的，其股东资格条件同新设中资商业银行法人机构的发起人入股条件。针对入股条件，又区分境内金融机构、境外金融机构、境内非金融机构和国家金融监督管理总局认可的其他发起人设置了不同的审查标准。[③]再如，保险公司变更股东的审查中，审查内容为变更的股东应符合《保险公司股权管理办法》对于股东资质的要求，入股资金应当符合《保险公司股权管理办法》的要求，外资保险公司（包括现有外资保险公司和因境外投资者持股比例变化使中资保险公司变为外资性质的）变更股东应符合《保险法》《外资保险公司管理条例》《外资保险公司管理条例实施细则》

---

　　① 刘贵祥：《论行政审批与合同效力——以外商投资企业股权转让为线索》，载《中国法学》2011 年第 2 期。

　　② 张元：《执行程序中行政部门协助变更股权若干问题研究》，载《人民司法》2014 年第 21 期。

　　③ 参见《中资银行业金融机构及其分支机构设立、变更、终止以及业务范围审批事项服务指南》，载国家金融监督管理总局网站，http://www.cbirc.gov.cn/cn/view/pages/ItemList.html?itemPId=937&itemId=938&itemUrl=zaixianfuwu/banshifuwu.html&itemName=%E8%A1%8C%E6%94%BF%E8%AE%B8%E5%8F%AF%E5%8A%9E%E4%BA%8B%E6%9C%8D%E5%8A%A1%E6%8C%87%E5%8D%97#1。

的规定。^①

特殊公司股权变动的行政许可，执行程序中应该予以遵守，防止因执行程序而打破和架空行政许可的制度目的。首先，执行权与行政权应该相互尊重、彼此协作。一方面，法院、行政机关应当各司其职、不得僭越。另一方面，法院、行政机关应当相互尊重、彼此协作。^②股权拍卖过程中，股权变动是否受到行政许可的限制，本质上是行政权与执行权的关系。二者关系的处理，需要考察二者的目的和方式是否相容、是否排斥。特殊公司股权变动的行政许可，是出于金融安全、宏观经济管控等目的，只是对买受人资格的限制，并不限制和约束交易本身。执行拍卖行为，有公法行为说、私法行为说及折中说三种学说。但是纵观三种学说，争论归根结底都离不开两个基本点——执行和买卖。^③执行程序的拍卖，目的是通过买卖的方式实现股权的金钱化。特殊公司股权变动的行政许可，不针对转让行为，只针对受让主体。对竞买人资格的限制，可能会导致竞价主体减少，进而竞价不充分，二者之间有一定的紧张关系。但是，此类股权转让的限制和约束，在自由转让过程中也存在。因此，竞买人资格的行政许可，目的是国家宏观经济管理和维护国家经济金融安全，并不会产生财产价值贬损的结果，也不会损害各方的权益，执行程序应当遵守。^④其次，这是财产权公共性的要求。财产权兼具个人性和公共性，私法

---

① 参见《保险公司及其分支机构设立、变更、终止以及业务范围审批事项服务指南》，载国家金融监督管理总局网站，http://www.cbirc.gov.cn/cn/view/pages/ItemList.html?itemPId=937&itemId=938&itemUrl=zaixianfuwu/banshifuwu.html&itemName=%E8%A1%8C%E6%94%BF%E8%AE%B8%E5%8F%AF%E5%8A%9E%E4%BA%8B%E6%9C%8D%E5%8A%A1%E6%8C%87%E5%8D%97#1。

② 肖建国、庄诗岳：《论民事执行权与行政权的冲突与协调》，载《东岳论丛》2020年第6期。

③ 毋爱斌：《民事执行拍卖制度研究》，厦门大学出版社2014年版，第44页。

④ 范向阳：《强制执行与行政审批的关系——海南省水利水电物资供销公司执行异议申诉案》，载江必新、贺荣主编：《最高人民法院执行案例精选》，中国法制出版社2014年版，第883~889页。

上的公共性体现为限制财产权取得能力、强制剥夺财产权、限缩和扩张所有权、强制使用许可等；公法上的公共性包括征收、征用和使用管制。[①] 在所有权的限制方面，又可以分为直接限制和间接限制两种类型。前者限制所有权的"物质的利用权能"，后者源于商品交易、企业经营、金融关系等法令统制或限制。[②] 前者的目标是平衡各私主体在财产上的利益；后者则服务于整体社会福祉的提升。对特殊公司股权受让主体的限制，就是为了维护金融安全等社会福祉。这种公共性的限制，附着于特殊公司的股权之上，不因强制执行而有所改变。

综上，作为执行程序，应该对特殊公司股权转让行政许可程序予以遵守，这既是执行权与行政权相互尊重的需要，也是财产公共性的结果。与此相一致，《最高人民法院关于人民法院司法拍卖房产竞买人资格若干问题的规定》也遵循了相同的精神和逻辑。

二、股权变更批准手续问题

人民法院对特殊公司股权进行拍卖的，竞买人应当符合相应的资格或条件。问题在于，应该要求竞买人何时获得审批手续？

关于批准手续取得时间，理论上有三种可能的选项：一是在参与竞买前获得审批；二是竞买成功后出具成交裁定前获得审批；三是出具成交裁定后办理股权变更登记前获得审批。[③] 在这三种选择中，第一、二种选择的争议较大，第三种选择不具有可行性。因为成交确认裁定具有发生物权变动的效果，成交裁定一旦送达，股权的权属就发生变动。在此情况下，竞买人尚未取得行政许可，却已经取得了股权权属。一旦竞买人无法取得受让股权的行政许可，就会产生冲突和矛

---

① 谢鸿飞：《财产权的公共性》，载《上海政法学院学报》2022 年第 5 期。

② 史尚宽：《物权法论》，中国政法大学出版社 2000 年版，第 60 页。

③ 根据《市场主体登记管理条例》第 24 条第 2 款的规定，市场主体变更登记事项属于依法须经批准的，申请人应当在批准文件有效期内向登记机关申请变更登记。因此，批准手续至迟在办理变更登记前完成。

盾，衍生出诸多法律问题和风险。

那么，在参与竞拍前即获得审批，还是可以在竞买成功后再获得审批？在本解释起草过程中有一定的争议。一种观点认为，人民法院只要在拍卖前明示竞买人应有相应资格和条件即可，竞买人在竞买成功后自行办理审批手续。获得审批的，人民法院出具成交裁定书；未获审批的，人民法院对股权重新进行拍卖。此种方式的优势在于，可以提高拍卖效率，确保充分竞价，最大限度实现股权价值。不足在于，会出现竞买人在竞买成功后因无法获得审批而导致重新拍卖的问题。另外一种观点认为，只有获得相关部门审批的竞买人才可以参加竞买，此种方式的优势在于，能够确保竞买成功的竞买人已获得审批资格，尽可能避免重新拍卖情形的出现。但是也会带来增加无谓审批、造成拍卖程序复杂化等问题。

经反复征求意见和研究论证，本条最终采纳了第一种观点，即不审核参与竞买人的资质，在成交以后出具成交裁定之前才审核竞买人是否取得行政审批手续。[①] 首先，在竞买前即审核竞买人资格，存在暗箱操作的风险，将导致股权拍卖竞价不充分。其次，此类股权形式多样，涉及不同的审批部门，在拍卖前审核竞买资格，不仅一线执行人员无此能力和精力，而且会大大增加审批部门的工作量，不具有实操性。司法解释起草过程中，相关审批部门就表达了这种担忧。最后，竞买人即使在竞买前已获得审批，在竞买成功后办理变更登记时，也可能会因种种原因而出现不能办理变更登记的情形，反而会引发更多矛盾纠纷。

《最高人民法院关于人民法院司法拍卖房产竞买人资格若干问题的规定》第 3 条的规定，与本条的做法一致。该条要求，人民法院在司法拍卖房产成交后、向买受人出具成交裁定书前，应当审核买受人

---

① 何东宁、邵长茂、刘海伟、王赫：《〈最高人民法院关于人民法院强制执行股权若干问题的规定〉的理解与适用》，载《中国应用法学》2022 年第 2 期。

提交的自其申请参与竞拍到成交裁定书出具时具备购房资格的证明材料；经审核买受人不符合持续具备购房资格条件，买受人请求出具拍卖成交裁定书的，人民法院不予准许。这一条所要求的提交具备购房资格的证明材料的时间，也是在拍卖成交后，出具成交裁定书之前。

三、竞买人成交但未取得批准手续的处理

竞买人成交以后，可能无法通过审批，不能获得受让股权的行政许可。对此，应该分情况处理。

一种情况，竞买人对不能获得受让股权的行政许可没有过错，人民法院应该撤销拍卖。通过前文分析可知，竞买人提供行政许可手续的时间较为靠后，而关于竞买人是否具备行政许可资格的判断具有一定的复杂性和不确定性，很多情况下，竞买人可能无法准确判定自己是否具备获得行政许可的条件。因此，对于竞买人过错的判定，不能过于严苛，应该保持一种包容态度，否则就可能挫伤其参与竞买的积极性，损害司法拍卖的效果。只要竞买人事前尽到了合理的注意义务，就属于没有过错。比如，竞买人事前通过查阅官方已公开文件、咨询专业人士等方式，判断具备受让资格，但因种种不能归咎于竞买人的原因，在竞买成功后，未能获得审批。根据《网拍规定》第31条、《执行异议和复议规定》第21条规定，买受人不具备法律、行政法规和司法解释规定的竞买资格的，当事人、利害关系人可以提出异议请求撤销拍卖。将"买受人不具备法律规定的竞买资格"的情形规定为可撤销拍卖的情形，是出于国家安全和经济安全的需要，是妥善处理执行权与行政权关系的制度设计。国家对特定的财产权属的变动规定了特殊的资格要求，这属于国家对公共秩序进行管控的一部分，人民法院的强制执行活动亦应当遵守。[①] 例如，《商业银行法》第28

[①] 江必新、刘贵祥主编：《最高人民法院关于人民法院办理执行异议和复议案件若干问题规定理解与适用》，人民法院出版社2015年版，第271~272页。

条规定，任何单位和个人购买商业银行股份总额 5% 以上的，应当事先经过国务院银行业监督管理机构批准，实际上就是为了国家金融安全设置的一道防火墙。如果竞买人不具备这样的资格，就不能将股权转移给竞买人，本次拍卖就失去了继续进行的意义，进而应该撤销本次拍卖，使其恢复到拍卖进行之前的状态。撤销拍卖以后，竞买人所缴纳的保证金予以退还，股权则重新拍卖。

另一种情况，竞买人对不能获得受让股权的行政许可具有过错，人民法院应该按照悔拍处理。买受人具有过错，通常是买受人明知不符合竞买资格或者条件依然参加竞买，且在成交后未能在合理期限内取得相关部门股权变更批准手续。从文义来看，这种情况也符合"买受人不具备法律规定的竞买资格"的情形，拍卖行为应该按照撤销处理。但是，对于明知不符合竞买资格的竞买人，适用撤销拍卖并退还保证金的规则，明显损害了执行程序的严肃性和司法权威。而且从更为实质的角度来看，买受人不具备竞买资格，仍然参与竞买，且在成交后未能在合理期限内取得相关部门股权变更批准手续，买受人在主观上具有"明知不可实现拍卖目的而为之"的故意，与悔拍具有实质上的一致性。悔拍是竞买人以最高价竞拍拍受后，未在拍卖公告确定的付款期限内支付剩余价款，致使本次拍卖目的不能实现的行为。[①]悔拍认定，结果在于不能实现拍卖目的，而原因在于竞买人的过错。在明知不具备竞买资格而仍然参拍的情况下，同样满足了过错性和不能实现目的性两个要件。从价值判断一致性的角度，可以类推适用"悔拍"规则。在"悔拍"中，竞买人在竞价程序中给出最高价，又基于其自身的原因（包括因财力不足无法继续支付）未交纳余款，导致司法拍卖需要重新启动。而竞买人明知没有竞买资格，仍在竞价程

① 参见史小峰：《网络司法拍卖中悔拍认定的相关问题及应对》，载《人民法院报》2021年9月29日，第7版；江必新、刘贵祥主编：《最高人民法院关于人民法院网络司法拍卖若干问题的规定理解与适用》，中国法制出版社2017年版，第332页。

序中给出最高价，显然具有更大的主观恶意，从维护司法秩序的角度应给予不低于"悔拍"的否定评价。[1] 有鉴于此，本条第 3 款规定，对于买受人明知不符合竞买资格或者条件依然参加竞买，且在成交后未能在合理期限内取得相关部门股权变更批准手续的，要按照悔拍处理。

四、网络司法拍卖悔拍的法律后果

司法拍卖悔拍的法律后果，最早规定于 2004 年制定的《拍卖、变卖规定》之中。其第 25 条（现为第 22 条）规定："拍卖成交或者以流拍的财产抵债后，买受人逾期未支付价款或者承受人逾期未补交差价而使拍卖、抵债的目的难以实现的，人民法院可以裁定重新拍卖。重新拍卖时，原买受人不得参加竞买。重新拍卖的价款低于原拍卖价款造成的差价、费用损失及原拍卖中的佣金，由原买受人承担。人民法院可以直接从其预交的保证金中扣除。扣除后保证金有剩余的，应当退还原买受人；保证金数额不足的，可以责令原买受人补交；拒不补交的，强制执行。"规则较为明确，规定了三重法律后果。第一，悔拍的，人民法院可以裁定重新拍卖，且原买受人不得参与竞买。第二，重新拍卖的差价、损失、原来的佣金，由原买受人承担，并从预交的保证金中扣除。第三，保证金处理，保证金有剩余的，退还原买受人；不足的，责令原买受人补交。

2016 年制定的《网拍规定》中，对网络拍卖的悔拍后果也作了规定。其第 24 条规定："拍卖成交后买受人悔拍的，交纳的保证金不予退还，依次用于支付拍卖产生的费用损失、弥补重新拍卖价款低于原拍卖价款的差价、冲抵本案被执行人的债务以及与拍卖财产相关的被执行人的债务。悔拍后重新拍卖的，原买受人不得参加竞买。"仅

---

[1] 王赫：《执行程序适用"限购政策"的相关问题简析》，载微信公众号"赫法通言"2021 年 12 月 23 日。

从该条规定来看，有二重法律后果。第一，悔拍的，人民法院可以裁定重新拍卖，且原买受人不得参与竞买。与上述 2004 年司法解释的规则相同。第二，保证金处理，买受人的保证金不予退还，用于支付损失、弥补差价、冲抵债务。与上述 2004 年司法解释的规定有所差异。

由于上述两个司法解释对悔拍处理的差异，实践中对网络司法拍卖中悔拍的法律后果有两种意见。两种不同意见的焦点在于，重新拍卖的价款低于原拍卖价款造成的差价、费用损失及原拍卖中的佣金等责任，在保证金扣除后仍有不足时，是否应该由原买受人补足差价？

一种观点认为，不应该补足差价。首先，从上述两个规定来看，属于特别法和一般法的规定。新的网络司法拍卖特别规则，改变了原有悔拍规则。[1] 两个规则的相同点在于，悔拍以后可以重新拍卖，而且原买受人不得参与竞买。不同点在于竞买人的责任大小，前者以实际损失为限，保证金多退少补；后者则是不论损失大小，原竞买人的责任是以保证金为限，多不退、少不补。因此，这是完全不同的两种悔拍规则，不能混合适用。如果混合适用，则可能会产生"多不退、少还要补"的结果，有失公平。[2] 其次，网络司法拍卖与传统拍卖不同，没有拍卖人的善意提醒，容易产生天价极端拍卖的情况。如果此时要求悔拍竞买人补差价，对其不公平，也惩罚过重。至于威慑悔拍行为，可以通过罚款、拘留乃至追究刑事责任解决。[3] 而且，不论是采取司法拍卖公法说还是私法说的学说，竞买人悔拍所应该承担的责任都应该受到限制。从公法说角度来看，应该遵循比例原则，不能施加过重责任；从私法说角度来看，应该遵循公平原则，在责任超出损

[1] 参见王飞：《竞买人悔拍后保证金的处理》，载《人民司法》2021 年第 5 期。
[2] 王赫：《网络司法拍卖保证金不能弥补差价的，悔拍人应否补交？》，载微信公众号"赫法通言"2017 年 9 月 11 日。
[3] 参见夏从杰：《强制执行立法应规范司法拍卖悔拍差价补交问题——强制执行法（草案）系列评析之二》，载微信公众号"金陵灋语"2022 年 7 月 14 日。

失的情况下，应该予以调整。

另一种观点则认为，应该补足差价。首先，应该运用体系解释来妥善处理悔拍问题。《网拍规定》中没有规定补足差价，只是单纯性的空白，并不能解释为否定。在存在空白的情况下，就需要继续适用《拍卖、变卖规定》。况且不退和不补之间，并没有必然的因果关系。仅仅在退还方面存在规则变化，无法推导出补交方面也应该有所区别的结论。实际上，"多不退、少要补"的规则并不罕见，例如民法中违约定金问题，如果定金超出损失，不需要退还；如果定金不足以弥补损失，则要填补。多不退，强调惩罚；少要补，侧重补偿。[①] 其次，根据《民法典》规定的可得利益赔偿规则，悔拍人补交差价才能弥补债权人的全部损失。鉴于差价损失较为容易认定和判断，为减轻当事人的讼累，可以不通过诉讼，直接裁定执行。[②] 再次，从比较法来看，补差价基本是大陆法系国家的普遍做法。德国和法国均在其诉讼法或者执行法中明确悔拍的买受人有义务负担两次拍卖之间的差额。日本和韩国的执行法虽然没有明确规定这一点，但由于其对强制拍卖采用"私法说"，可适用实体法的规定，故亦未排除买受人补差价的责任。[③] 从次，从维护司法拍卖的严肃性、防止悔拍的随意性来看，补足差价可以对买受人悔拍形成"威慑"，从买受人应对自己行为负责的角度，应当明确悔拍买受人的"补差价"责任。最后，在补差价观点基础上，有人提出了区分故意和过失悔拍，对于过失悔拍的，由法院酌定差价数额。[④] 还有人认为，故意悔拍，应当补差价；非故意悔拍，可

---

① 参见王赫：《网络司法拍卖保证金不能弥补差价的，悔拍人应否补交？》，载微信公众号"赫法通言"2017年9月11日。

② 参见孙超：《民事执行中财产变价程序的立法理念与规则设计》，载《山东法官培训学院学报》2021年第2期。

③ 参见百晓锋：《论司法拍卖中"悔拍"的法律后果》，载《法律适用》2020年第7期。

④ 参见陈景善：《司法网络拍卖法律适用问题——苹果天价手机事件为中心》，载《法律适用》2017年第22期。

以补差价。①

鉴于以上不同观点和认识，地方实践的做法也出现了不同。比如江苏省高级人民法院②、广东省高级人民高院③等明确出台文件支持补足差价，不少中、高级人民法院通过案例的形式支持补差价。尚未发现明确出台文件不支持补足差价的法院，但是在案例中有法院表现出了这种观点。

针对上述两种不同的观点，我们认为，应该补足差价。最高人民法院执行局编著的《最高人民法院执行司法解释条文适用编注》一书中明确提出：《拍卖、变卖规定》第25条（现为第22条）"保证金数额不足的，可以责令原买受人补交；拒不补交的，强制执行"的规定，继续适用于网络拍卖。④ 2021年，最高人民法院在《对第十三届全国人大四次会议第2777号建议的答复》中明确表示："您在建议中分析了网络司法拍卖发生原买受人悔拍的法律后果较轻的问题，提出应明确网络司法拍卖悔拍规则，提高悔拍成本，对于原买受人悔拍的，人民法院没收保证金的同时，可以责令原买受人补足重新拍卖价款与原价款之间的差价，维护网络司法拍卖秩序的稳定与良性发展。对此，我们非常赞同，并在积极推动统一规则的立法工作。"⑤ 因此，本条第3款再次明确："保证金不足以支付拍卖产生的费用损失、弥

① 参见朱跃星：《对悔拍后提起的网拍撤销权异议申请应严格审查》，载《人民司法》2021年第5期。

② 参见《江苏省高级人民法院关于司法拍卖成交的买受人悔拍后保证金及补交差价相关事宜的通知》。

③ 参见《广东省高级人民法院执行局关于执行程序法律适用若干问题的解答（五）》。问题五：网络拍卖成交后买受人悔拍，重新拍卖成交价低于原拍卖成交价的，能否责令原买受人承担两次拍卖的差价？处理意见：可以责令原买受人承担两次拍卖的差价；但是执行法院应当在拍卖公告及竞买须知中明确该处理原则。

④ 最高人民法院执行局编著：《最高人民法院执行司法解释条文适用编注》，人民法院出版社2019年版。

⑤ 《对十三届全国人大四次会议第2777号建议的答复》，载最高人民法院网站，http://gtpt.court.gov.cn/#/NewsDetail?type=03000000&id=b7f32fd1afd24a4f894c6f5da87bbb98。

补重新拍卖价款低于原拍卖价款差价的，人民法院可以裁定原买受人补交；拒不补交的，强制执行。"以重申最高人民法院对于悔拍问题一贯的态度。[①]

但是补足差价观点之下，需要关注极端天价案例。例如，2021年6月21日，安徽省滁州市中级人民法院对一件刑事案件被执行人的游戏王"青眼白龙"纪念卡牌进行网络司法拍卖，起拍价80元，评估价100元。竞拍过程中，仅仅半小时，出价由80元涨到8700万元"天价"。最终，法院以"拍品与实际竞拍价格严重不符，可能存在恶意炒作与竞价行为"为由，中止了拍卖。天价卡牌事件，在网上引起了广泛的关注。试想法院不中止拍卖，最后的竞买人肯定会悔拍。还有天价苹果手机案，100元起拍，27万元拍定后悔拍。天价带牌摩托车案2.3万元起拍，303万元成交后悔拍。

对于极端天价案例，已经偏离了规则所预设的目的，需要加以矫正。也有人认为，极端情况不能作为检验规则合理性的主要依据，因为任何规则推到极端，都可能得出不合理的结论。除了从悔拍人自负其责的角度论证补差价的合理性外，确实也应当为悔拍人提供救济的渠道，以便纠正个案结论的偏差。[②]在出现补足差价严重违背比例原则和公平原则的情况下，人民法院不能简单按照两次成交差价计算差额，可以由法院酌定一个损失限额，裁定悔拍买受人补交酌定的差额。如果买受人对补足差价的裁定有异议，可以提出执行异议。悔拍的买受人认为自己有重大误解，符合撤销拍卖情形的，也可以申请撤销拍卖。对于恶意出价，扰乱司法拍卖秩序的行为，人民法院则可以通过罚款、拘留的方式予以制裁。

综上，网络司法拍卖悔拍的，人民法院除了没收原竞买人的保证

---

① 何东宁、邵长茂、刘海伟、王赫：《〈最高人民法院关于人民法院强制执行股权若干问题的规定〉的理解与适用》，载《中国应用法学》2022年第2期。

② 王赫：《"悔拍"到底要不要补差价？》，载微信公众号"赫法通言"2022年8月16日。

金，还可以责令补足差价。在极端案件中，人民法院应该坚持比例原则和公平原则，合理确定补足的差额。如此一来，极端情况下悔拍买受人的权利也得到了充分保护，恶意竞买人也将得到应有的惩戒。

【实践中应注意的问题】

本条适用过程中，应该注意如下问题：

一是充分披露买受人应该具备的资格或者条件。人民法院在拍卖相关股权之前，应该了解法律、行政法规或者国务院决定规定对股权受让人所应该具备的资格或者条件的规定，将相关法规、条件等要求在拍卖公告中载明。如果对竞买资格和条件有疑问，可以就竞买资格或者条件征询相关部门意见。

二是取得批准手续合理期限的把握问题。由于审批手续属于行政许可，相关规定对行政许可的期限和办事程序作了明确，只要是竞买人在一定期限内提交了审核材料，后续的审批期间，都不受竞买人控制。而且每个部门的办事流程和期限会有差异。[①] 因此，很难有一个固定的期限来限定和量化。为了减少争议，拍卖公告中，可以明确竞买人应该在一定期间内完成手续提交，逾期未向有关部门提交审批手续的，则可以视为在合理期限内未取得批准手续。

三是接受抵债的主体也应该具备相关资格或条件，也应该经过批准程序。接受抵债的主体地位，和竞买人地位一样，都要受到相关规

---

① 比如《证券公司监督管理条例》第 16 条规定："国务院证券监督管理机构应当对下列申请进行审查，并在下列期限内，作出批准或者不予批准的书面决定：……（二）对增加注册资本且股权结构发生重大调整，减少注册资本，合并、分立或者要求审查股东、实际控制人资格的申请，自受理之日起 3 个月……"国家金融监督管理总局《保险公司及其分支机构设立、变更、终止以及业务范围审批事项服务指南》中关于保险公司变更股东的审批时限为自材料齐备正式受理申请之日起 20 个工作日内作出核准或者不予核准的书面决定。经批准，可以延长10 个工作日。

定的限制。《最高人民法院关于人民法院司法拍卖房产竞买人资格若干问题的规定》第 5 条规定："司法拍卖房产出现流拍等无法正常处置情形，不具备购房资格的申请执行人等当事人请求以该房抵债的，人民法院不予支持。"类推适用这一规定，也可以得出同样的结论。

【相关案例】

北京市同力制冷设备公司与北京新元知识产权代理有限公司执行行为异议案[①]

［基本案情］

北京市第一中级人民法院（以下简称北京一中院）在执行北京新元知识产权代理有限公司（以下简称新元公司）与北京市同力制冷设备公司（以下简称同力公司）保证合同纠纷一案［执行依据：（2007）一中民初字第 1750 号民事判决书；执行案号：（2007）一中执字第 1336 号］过程中，于 2014 年 2 月 17 日作出（2010）一中执字第 1326 号委托拍卖函，委托中安太平（北京）国际拍卖有限公司（以下简称中安太平拍卖公司）对同力公司持有的北京长城华人怀思堂（以下简称怀思堂）全部投资及收益进行公开拍卖。该委托拍卖函中拍卖标的瑕疵项内容为空。

2014 年 4 月 1 日，中安太平拍卖公司发布拍卖公告。2014 年 4 月 21 日，中安太平拍卖公司对同力公司持有的怀思堂全部投资及收益进行公开拍卖，该公司竞买须知中第 5 条对竞买人资格的要求项下为"暂无特殊要求"。新元公司以 2086 万元的竞价购得该投资及收益，并签订了拍卖成交确认书。

2014 年 5 月 9 日，北京一中院作出（2007）一中执字第 1336 号、（2010）一中执字第 1326 号执行裁定书，裁定：（1）解除对同力公司

[①]　参见北京市第一中级人民法院（2015）一中执异字第 432 号执行裁定书。

持有的怀思堂全部投资及收益的冻结;(2)同力公司持有的怀思堂全部投资及收益归新元公司所有,相关手续自行办理。

2014年7月4日,北京一中院向北京市工商行政管理局延庆分局送达(2007)一中执字第1336号、(2010)一中执字第1326号执行裁定书及(2007)一中执字第1336号协助执行通知书,要求工商机关协助将同力公司持有的怀思堂全部投资及收益过户到新元公司名下。

被执行人同力公司向对拍卖行为提出执行异议,述称:(1)买受人新元公司不具备购买同力公司持有的怀思堂投资权益的主体资格,且拍卖公告中未公告竞买人须具备特殊主体资格。同力公司系集体所有制企业,其投资的怀思堂亦为集体所有制企业,根据《城镇集体所有制企业条例》第4条之规定,"城镇集体所有制企业(以下简称集体企业)是财产属于劳动群众集体所有、实行共同劳动、在分配方式上以按劳分配为主体的社会主义经济组织。前款所称劳动群众集体所有,应当符合下列中任一项的规定:(一)本集体企业的劳动群众集体所有;(二)集体企业的联合经济组织范围内的劳动群众集体所有;(三)投资主体为两个或者两个以上的集体企业,其中前(一)、(二)项劳动群众集体所有的财产应当占主导地位。本项所称主导地位,是指劳动群众集体所有的财产占企业全部财产的比例,一般情况下应不低于51%,特殊情况经过原审批部门批准,可以适当降低"。因同力公司系集体所有制企业,故在1998年转让怀思堂项目时,符合受让的主体资格,依法享有怀思堂的全部投资权益。新元公司系自然人控股的有限责任公司,其不符合前述规定的受让主体资格。北京一中院在拍卖同力公司持有的怀思堂全部投资及收益过程中,未在拍卖公告中明确限制竞买人的主体资格,属于重大事项未公告。(2)北京一中院在拍卖同力公司持有的怀思堂全部投资及收益过程中,另案债权人杨某某与怀思堂合同纠纷一案亦在北京一中院审理,且该案争议标的为6000万元。北京一中院执行部门理应知晓怀思堂可能存在巨额债务，但在拍卖过程中未对此瑕疵予以公示和披露，亦属于重大瑕疵未公告的情形。综上，北京一中院本次拍卖中存在未如实披露拍卖标的重大瑕疵的情形，该情形严重影响拍卖结果的公正性及合法性，故请求法院确认本次拍卖无效，撤销 2014 年 5 月 9 日作出的（2007）一中执字第 1336 号、（2010）一中执字第 1326 号执行裁定书。

另查明：1993 年 6 月 7 日，北京长城旅游公司秦始皇艺术宫成立，注册资金 500 万元，经济性质为集体所有制，上级单位为延庆县西拨子农工商联合企业总公司，主办单位为北京长城旅游公司。1998 年 3 月 18 日，北京长城旅游公司秦始皇艺术宫经北京市民政局批准改建为骨灰堂，更名为怀思堂，主办单位为北京长城旅游公司。1998 年 7 月 16 日，怀思堂在工商行政管理机关进行变更登记，该企业申请变更登记表中记载的变更后的隶属单位为同力公司。变更隶属关系备案表中载明：被转让企业为怀思堂，受让人为同力公司，怀思堂的注册资金由 500 万元变更为 5000 万元。

再查明：同力公司、怀思堂均系集体所有制企业；新元公司系自然人投资的有限责任公司。

［裁判结果］

北京一中院经审查认为，拍卖行为存在《执行异议和复议规定》第 21 条第 1 款第 2 项、第 4 项规定的情形，该拍卖行为违法，应予纠正。同力公司所提异议成立，北京一中院予以支持。并裁定：（1）撤销北京一中院 2014 年 5 月 9 日作出的（2007）一中执字第 1336 号、（2010）一中执字第 1326 号执行裁定书。（2）撤销北京一中院针对北京市同力制冷设备公司持有的北京长城华人怀思堂全部投资及收益的拍卖。

［裁判理由］

北京一中院认为，依据《执行异议和复议规定》第 21 条第 1 款的规定，当事人、利害关系人提出异议请求撤销拍卖，符合下列情形之一的，人民法院应予支持：（1）竞买人之间、竞买人与拍卖机构之间恶意串通，损害当事人或者其他竞买人利益的；（2）买受人不具备法律规定的竞买资格的；（3）违法限制竞买人参加竞买或者对不同的竞买人规定不同竞买条件的；（4）未按照法律、司法解释的规定对拍卖标的物进行公告的；（5）其他严重违反拍卖程序且损害当事人或者竞买人利益的情形。

首先，本次拍卖的投资权益是依法对集体所有制企业投资所形成的权利和收益。而集体所有制企业是财产属于劳动群众集体所有、实行共同劳动、在分配方式上以按劳分配为主体的社会主义经济组织，且劳动群众集体所有的财产应当占主导地位，一般情况下应不低于51%，特殊情况经过原审批部门批准，可以适当降低。根据我国相关法律、法规的规定，集体所有制企业在国家法律、法规的规定范围内亦有权吸收职工和其他企业、事业单位、个人集资入股。本案中，怀思堂与同力公司均系集体所有制企业，基于同力公司企业性质的原因，其持有怀思堂的全部投资权益及收益不违反相关法律关于向集体所有制企业投资入股的限制性规定。新元公司系自然人投资的有限责任公司，相关法律、法规虽然允许其他企业向集体所有制企业投资入股，但在未经原审批部门批准的情形下，不应违反集体所有制企业中劳动群众集体所有的财产占主导地位的限制性规定，故新元公司不具备法律、行政法规规定的购买同力公司持有的怀思堂全部投资权益及收益的主体资格。

其次，拍卖过程中应按照法律、司法解释的规定对拍卖标的物进行公告。公告是否符合规定应当从公告的时间、形式、范围及内容等方面予以审查。其中，公告的内容是否符合法律、司法解释的规定，应当从公告是否对拍卖标的物存在物理或权利上的瑕疵予以明示等方面审查。本案中，拍卖机构在拍卖同力公司持有的怀思堂投资权益及收益过程中未就同力公司和怀思堂的集体所有制企业性质及其他主体向集体所有制企业投资应遵守的法律、法规予以明示，故存在未按照法律、司法解释的规定对拍卖标的物进行公告的情形。

【相关规定】

1.《中华人民共和国银行业监督管理法》(2006 年 10 月 31 日修正)

第十七条　申请设立银行业金融机构，或者银行业金融机构变更持有资本总额或者股份总额达到规定比例以上的股东的，国务院银行业监督管理机构应当对股东的资金来源、财务状况、资本补充能力和诚信状况进行审查。

2.《中华人民共和国商业银行法》(2015 年 8 月 29 日修正)

第二十四条第一款第五项　商业银行有下列变更事项之一的，应当经国务院银行业监督管理机构批准：

（五）变更持有资本总额或者股份总额百分之五以上的股东。

第二十八条　任何单位和个人购买商业银行股份总额百分之五以上的，应当事先经国务院银行业监督管理机构批准。

3.《中华人民共和国保险法》(2015 年 4 月 24 日修正)

第八十四条第七项　保险公司有下列情形之一的，应当经保险监督管理机构批准：

（七）变更出资额占有限责任公司资本总额百分之五以上的股东，或者变更持有股份有限公司股份百分之五以上的股东。

4.《中华人民共和国证券投资基金法》(2015 年 4 月 24 日修正)

第十四条　国务院证券监督管理机构应当自受理基金管理公司设立申请之日起六个月内依照本法第十三条规定的条件和审慎监管原则进行审查，作出批准或者不予批准的决定，并通知申请人；不予批准的，应当说明理由。

基金管理公司变更持有百分之五以上股权的股东，变更公司的实际控制人，或者变更其他重大事项，应当报经国务院证券监督管理机构批准。国务院证券监督管理机构应当自受理申请之日起六十日内作出批准或者不予批准的决定，并通知申请人；不予批准的，应当说明理由。

5.《中华人民共和国外资银行管理条例》（2019 年 9 月 30 日修订）

第二十七条　外资银行有下列情形之一的，应当经国务院银行业监督管理机构批准，并按照规定提交申请资料，依法向市场监督管理部门办理有关登记：

（一）变更注册资本或者营运资金；

（二）变更机构名称、营业场所或者办公场所；

（三）调整业务范围；

（四）变更股东或者调整股东持股比例；

（五）修改章程；

（六）国务院银行业监督管理机构规定的其他情形。

外资银行更换董事、高级管理人员、首席代表，应当报经国务院银行业监督管理机构核准其任职资格。

第二十八条　外商独资银行、中外合资银行变更股东的，变更后的股东应当符合本条例第九条、第十条或者第十一条关于股东的条件。

6.《期货交易管理条例》（2017 年 3 月 1 日修订）

第十九条　期货公司办理下列事项，应当经国务院期货监督管理机构批准：

（一）合并、分立、停业、解散或者破产；

（二）变更业务范围；

（三）变更注册资本且调整股权结构；

（四）新增持有 5% 以上股权的股东或者控股股东发生变化；

（五）国务院期货监督管理机构规定的其他事项。

前款第三项、第五项所列事项，国务院期货监督管理机构应当自受理申请之日起 20 日内作出批准或者不批准的决定；前款所列其他事项，国务院期货监督管理机构应当自受理申请之日起 2 个月内作出批准或者不批准的决定。

7.《征信业管理条例》（2013 年 1 月 21 日）

第九条 经营个人征信业务的征信机构设立分支机构、合并或者分立、变更注册资本、变更出资额占公司资本总额 5% 以上或者持股占公司股份 5% 以上的股东的，应当经国务院征信业监督管理部门批准。

经营个人征信业务的征信机构变更名称的，应当向国务院征信业监督管理部门办理备案。

8.《证券公司监督管理条例》（2014 年 7 月 29 日修订）

第十四条 任何单位或者个人有下列情形之一的，应当事先告知证券公司，由证券公司报国务院证券监督管理机构批准：

（一）认购或者受让证券公司的股权后，其持股比例达到证券公司注册资本的 5%；

（二）以持有证券公司股东的股权或者其他方式，实际控制证券公司 5% 以上的股权。

未经国务院证券监督管理机构批准，任何单位或者个人不得委托他人或者接受他人委托持有或者管理证券公司的股权。证券公司的股东不得违反国家规定，约定不按照出资比例行使表决权。

9.《中华人民共和国市场主体登记管理条例》（2021 年 7 月 27 日）

第二十四条 市场主体变更登记事项，应当自作出变更决议、决定或者法定变更事项发生之日起 30 日内向登记机关申请变更登记。

市场主体变更登记事项属于依法须经批准的，申请人应当在批准文件有效期内向登记机关申请变更登记。

10.《最高人民法院关于冻结、拍卖上市公司国有股和社会法人股若干问题的规定》（2001 年 9 月 21 日，法释〔2001〕28 号）

第十五条 国有股权竞买人应当具备依法受让国有股权的条件。

11.《最高人民法院关于人民法院民事执行中拍卖、变卖财产的规定》（2020 年 12 月 29 日修正）

第十二条 法律、行政法规对买受人的资格或者条件有特殊规定的，竞买人应当具备规定的资格或者条件。

申请执行人、被执行人可以参加竞买。

第二十二条 拍卖成交或者以流拍的财产抵债后，买受人逾期未支付价款或者承受人逾期未补交差价而使拍卖、抵债的目的难以实现的，人民法院可以裁定重新拍卖。重新拍卖时，原买受人不得参加竞买。

重新拍卖的价款低于原拍卖价款造成的差价、费用损失及原拍卖中的佣金，由原买受人承担。人民法院可以直接从其预交的保证金中扣除。扣除后保证金有剩余的，应当退还原买受人；保证金数额不足的，可以责令原买受人补交；拒不补交的，强制执行。

第二十六条 不动产、动产或者其他财产权拍卖成交或者抵债后，该不动产、动产的所有权、其他财产权自拍卖成交或者抵债裁定送达买受人或者承受人时起转移。

12.《最高人民法院关于人民法院网络司法拍卖若干问题的规定》（2016 年 8 月 2 日，法释〔2016〕18 号）

第二十二条 网络司法拍卖成交的，由网络司法拍卖平台以买受人的真实身份自动生成确认书并公示。

拍卖财产所有权自拍卖成交裁定送达买受人时转移。

第二十四条 拍卖成交后买受人悔拍的，交纳的保证金不予退还，依次用于支付拍卖产生的费用损失、弥补重新拍卖价款低于原拍卖价款的差价、冲抵本案被执行人的债务以及与拍卖财产相关的被执行人的债务。

悔拍后重新拍卖的，原买受人不得参加竞买。

第三十一条第四项 当事人、利害关系人提出异议请求撤销网络司法拍卖，符合下列情形之一的，人民法院应当支持：

（四）买受人不具备法律、行政法规和司法解释规定的竞买资格的。

13.《最高人民法院关于人民法院办理执行异议和复议案件若干问题的规定》（2020 年 12 月 29 日修正）

第二十一条　当事人、利害关系人提出异议请求撤销拍卖，符合下列情形之一的，人民法院应予支持：

……

（二）买受人不具备法律规定的竞买资格的；

……

当事人、利害关系人请求撤销变卖的，参照前款规定处理。

14.《保险资产管理公司管理规定》（2022 年 7 月 28 日）

第二十四条第四项　保险资产管理公司有下列情形之一的，应当报银保监会批准：

（四）变更出资额占有限责任公司资本总额 5% 以上的股东，或者变更持股占股份有限公司总股本 5% 以上的股东。

15.《保险公司股权管理办法》（2018 年 3 月 2 日）

第五十三条第一款、第二款　保险公司变更持有百分之五以上股权的股东，应当经中国保监会批准。

保险公司变更持有不足百分之五股权的股东，应当报中国保监会备案，并在保险公司官方网站以及中国保监会指定网站公开披露，上市保险公司除外。

16.《中华人民共和国市场主体登记管理条例实施细则》（2022 年 3 月 1 日）

第二十二条第一款　法律、行政法规或者国务院决定规定市场主体申请登记、备案事项前需要审批的，在办理登记、备案时，应当在有效期内提交有关批准文件或者许可证书。有关批准文件或者许可证书未规定有效期限，自批准之日起超过 90 日的，申请人应当报审批机关确认其效力或者另行报批。

17.《最高人民法院、国家工商总局关于加强信息合作规范执行与协助执行的通知》（2014 年 10 月 10 日，法〔2014〕251 号）

16.……

法律、行政法规对股东资格、持股比例等有特殊规定的，人民法院要求工商行政管理机关办理有限责任公司股东变更登记前，应当进行审查，并确认该公司股东变更符合公司法第二十四条、第五十八条的规定。

……

第十六条　生效法律文书确定被执行人交付股权，因股权所在公司在生效法律文书作出后增资或者减资导致被执行人实际持股比例降低或者升高的，人民法院应当按照下列情形分别处理：

（一）生效法律文书已经明确交付股权的出资额的，按照该出资额交付股权；

（二）生效法律文书仅明确交付一定比例的股权的，按照生效法律文书作出时该比例所对应出资额占当前公司注册资本总额的比例交付股权。

【条文主旨】

本条是关于交付股权类案件执行的规定。

【理解与适用】

一、"交付"的含义

《公司法》第 73 条规定："依照本法第七十一条、第七十二条转让股权后，公司应当注销原股东的出资证明书，向新股东签发出资证明书，并相应修改公司章程和股东名册中有关股东及其出资额的记载。对公司章程的该项修改不需再由股东会表决。"第 139 条第 1 款规定："记名股票，由股东以背书方式或者法律、行政法规规定的其他方式转让；转让后由公司将受让人的姓名或者名称及住所记载于股东名册。"虽然根据上述规定，签发出资证明书、修改公司章程和股东名册等系公司的义务，但上述义务的履行往往需要出让人的协助。因为通常情况下，公司并不能确认知晓出让人与受让人之间的法律关系，到底受让人是否应从出让人手中受让股权，往往需要来自出让人的确认。这与债权转让中需要通知债务人，未通知债务人对债务人不发生法律效力的原理是一致的。因此，在股权转让合同等交易中，股权的出让人不履行相应协助义务的，受让人有权提起诉讼要求其予以协助，以便切实行使股东权利。[①] 此外，受让人不支付转让价款的，出让人也可以请求受让人支付价款，并配合或者协助办理相关手续。

上述诉讼请求经过法院审理获得支持的，最终往往在判项中体现为要求被告[②]"协助办理变更登记""协助记载于股东名册"或者被告与公司[③]为原告办理股权变更登记手续。因此，本条所称"交付"，在公司法的视角下，是指被执行人配合将股权过户至申请执行人名下，以便申请执行人取得股权，行使股东权利。

二、"增资""减资"对于"交付股权"执行的影响

（一）生效法律文书关于股权数额的三种表述方式

实践中，生效法律文书确定被告"交付股权"的，对于股权的数额通常有三种表述方式。

一是明确交付股权占公司全部股权的比例。例如"被告于本判决发生法律效力之日起十日内协助原告将第三人×××公司持有的30%股权变更登记至原告名下"，[④] 又如"被告将×××公司15%股权返还原告，并于本判决生效后三十日内协助原告办理股权变更登记

---

① 施天涛：《公司法论》，法律出版社2018年版，第274页。
② 参见浙江省余姚市人民法院（2022）浙0281民初6963号民事判决书。
③ 参见辽宁省沈阳市辽河区人民法院（2022）辽0103民初15280号民事判决书、北京市海淀区人民法院（2000）海经初字第3658号民事判决书。
④ 参见辽宁省沈阳市辽河区人民法院（2022）辽0103民初15280号民事判决书。

手续"。①

二是明确交付股权对应的出资额，例如"被告将判决生效十日内将其持有的×××公司股权（出资额为 10 600 万元）变更登记至王某某名下"，②又如"协助将×××公司的股权（对应出资额为 4 600 000 元）变更登记至被告名下"。③

三是同时明确交付股权的出资额（股数）和占公司全部股权的比例。例如"被告于本判决生效之日起十五日内将原告持有的×××公司 200 万股股份（持股比例 2.8%）变更至被告名下"。④

通常情况下，无论生效法律文书采用何种表述，在执行中均不会产生争议，因为出资额（股数）与其占公司全部出资额（股数）的比例是确定的。但是，一旦公司发生增资或者减资，两者之间的对应关系就可能被打破。

（二）"增资""减资"对不同数额表述方式的影响

1. 增资。增资，即增加公司资本（increase of capital），是指依法增加公司注册资本总额的行为。增加注册资本的方式主要有增加票面价值、增加出资、发行新股或者债转股。⑤

增加票面价值，是指公司在不改变原有股份总数的情况下，通过增加每股金额达到增加注册资本总额的目的。增加出资，是指原有股东或者外部第三人新增对有限责任公司的出资，从而实现注册资本总额的增加。增加出资就股份有限公司而言就是发行新股。债转股，实际上是公司的债权人以其对公司债权出资，从而实现公司的负债消灭，股本增加。

实际上，无论以哪种方式进行增资，最终的效果都是公司的注册

---

① 参见北京市房山区人民法院（2022）京 0111 民初 9887 号民事判决书。

② 参见浙江省杭州市中级人民法院（2018）浙 01 民初 3047 号民事判决书。

③ 参见北京市西城区人民法院（2022）京 0102 民初 4494 号民事判决书。

④ 参见福建省厦门市中级人民法院（2022）闽 02 民初 323 号民事判决书。

⑤ 施天涛：《公司法论》，法律出版社 2018 年版，第 562 页。

资本总额增加。但就特定股东持有的股权而言，则情况并不完全一致。例如，以增加票面价值方式实现增资的，所有股东所持股权占公司注册资本总额的比例不变，但对应的出资额增加。如果是有限责任公司按照原有股东的出资比例增资，则效果与增加票面价值相同。但若是邀请原股东以外的其他人出资，则公司的注册资本总额增加，原股东持有股权占出资总额的比例降低，但对应的出资额不变。

2. 减资。减资，即减少公司资本（reduction of capital），是指公司减少注册资本的行为。减资的方式主要有减少票面价值和减少出资或者股份数额两种方式。

票面价值的减少是指公司在不改变原有股份总数的情况下减少股票的每股金额。例如，将每股金额从 20 元减少至 10 元，即可达到减少股份金额的目的。出资或者股份总额的减少是指直接对出资或者股份总数的减少。例如，公司将此前发行的股份 10 万股，减少至 8 万股。

与增资的情况类似，无论以哪种方式进行减资，最终的效果都是公司注册资本的减少。特定股权占公司注册资本的比例则可能发生变化。

3. 对"交付股权"执行的影响。如前所述，增资、减资将导致公司注册资本的变化，也必然对生效法律文书确定应当交付的股权产生影响。

（1）生效法律文书确定交付一定出资额的股权。

例 1，某公司有甲、乙两个股东，甲占出资额 80 万元，乙占出资额 20 万元。生效法律文书确定甲应当向丙交付占出资额 80 万元的股权。生效法律文书作出后，公司增资 400 万元，甲新出资 320 万元，乙新出资 80 万元。此时，甲的出资额为 400 万元，乙的出资额为 100 万元。根据生效法律文书确定的出资额交付，则法院应当将出资额 80 万元的股权交付给丙。

此时按照出资额交付股权，则丙可以获得出资额 80 万元的股权，但其有可能主张其购买甲的股权是为了获得对公司的控制权，现在虽然法院交付的出资额与生效法律文书确定的数额相同，但实际并未实现丙的诉讼目的。若按照 80% 的比例交付股权，甲有可能主张，其系在法律文书生效后才新增出资，该出资与法律文书确定的交付的股权无关，法院按照比例交付股权，超出执行依据确定的内容。

（2）生效法律文书确定交付一定比例的股权。

例 2，某公司有甲、乙两个股东，甲、乙各出资 100 万元，各持有 50% 的股权，生效法律文书确定甲应当向丙交付其持有的公司 25% 的股权（对应的出资额是 50 万元）。生效法律文书作出后，公司引入第三方股东（出资 200 万元），公司注册资本变为 400 万元。此时虽然甲的出资额仍为 100 万元，但持股比例由 50% 变为 25%。在执行程序中如果仍按照生效法律文书确定的 25% 的比例交付股权，则交付的出资额将为 100 万元（25% 乘以 400 万元）。

例 3，同样是某公司有甲、乙两个股东，甲、乙各出资 100 万元，各持有 50% 的股权，生效法律文书确定甲应当向丙交付其持有的公司 25% 的股权（对应的出资额是 50 万元）。生效法律文书作出后，公司减资 100 万元，公司注册资本变成 100 万元。甲的出资额变为 50 万元，但持股比例仍为 50%。在执行程序中，如果按照生效法律文书确定的 25% 的比例交付股权，则交付的出资额将为 25 万元（25% 乘以 100 万元）。

三、本条确立的规则

为解决可能存在的争议，本条区分两种情形进行了规定：

一是生效法律文书明确要交付一定数量出资额股权的，执行法院应当按照生效法律文书确定的出资额交付。这也是执行机构应当根据执行依据确定的给付内容强制执行的必然要求。二是生效法律文书仅明确要交付一定比例股权的，此时应当按照生效法律文书作出时该比例所对应的出资额，并以该出资额占目前公司注册资本总额的比例交付股权。之所以如此规定，主要有两方面的原因：其一，生效法律文书作出时，作出机构并不会预料后续增资、减资的发生。增资的情况下，往往伴随着额外资产的投入，虽然交付比例有所降低，但实际股权价值未必减少。其二，这样处理可以避免因为生效法律文书表述不同，导致执行结果存在差异。上述例2中，无论生效法律文书表述为交付出资额50万的股权，还是公司25%的股权，应当确保执行结果都一样，即应当交付12.5%股权（50万元除以400万元）。

可能有观点会认为生效法律文书确定交付一定比例的股权，最终执行却按照出资额交付，是否与执行依据确定的内容不符。我们认为恰恰相反。如前所述，生效法律文书作出时，作出机构并不会预料后续增资、减资的发生。因此，生效法律文书作出判决时的本意应当要求债务人交付一定比例对应出资额的股权。因为我们无法假设生效法律文书的本意是无论后续公司注册资本发生何种变化，无论此种变化发生的原因是什么，债务人均应交付一定比例的股权。

当然，上述规则仅是解决生效法律文书如何执行，但这样执行完毕并不意味着申请执行人的权利就没有受到损害。在例1中，若申请执行人取得公司控制权的目的落空而受到损害，可以另行提起诉讼，请求赔偿损失。

四、当事人诉请交付股权，且已经对标的股权采取冻结措施的，公司能否增资、减资

此前实践中对于该问题存在不同观点。

一种观点认为，冻结的标的的是被执行人持有的股权，其目的是限制被执行人转让股权或者以股权设定质押等行为，从而确保申请执行人的债权实现。但冻结措施并不能限制公司的正常经营乃至增资、减资。公司增资、减资确实损害申请执行人合法权益的，股东或者申请执行人可以另行提起诉讼，依法主张增资、减资的决议无效、可撤销以及损害赔偿。例如，原国家工商总局下发的《关于未被冻结股

权的股东能否增加出资额、公司增加注册资本的答复意见》（工商法字〔2011〕188号）即认为："在法无禁止规定的前提下，公司登记机关应当依申请受理并核准未被冻结股权的股东增加出资额、公司增加注册资本的变更登记。"

另一种观点则认为，如果申请执行人和被执行人之间并非金钱债权债务纠纷，争议的标的就是股权，那么冻结股权后，就应当禁止或者限制公司进行增资、减资，避免申请执行人的权利落空。例如，最高人民法院在《关于股权冻结情况下能否办理增资扩股变更登记的答复》（〔2013〕执他字第12号）中提出结论性意见："人民法院对股权予以冻结的情况下，公司登记机关不得为公司或其他股东办理增资扩股变更登记。"

在经过征求立法机关、专家学者以及地方法院意见后，我们最终采纳了第一种观点，即不区分金钱债权执行和交付股权的执行，冻结股权后均不自动产生限制公司增资减资的效力，而是明确申请执行人认为自己权益受损的可以另行提起诉讼（本解释第8条）。

需要注意的是，虽然冻结股权本身并不自动产生限制公司增资减资的效力，但如果根据案件的具体情况，申请执行人或者保全申请人向人民法院提出限制公司增资、减资的申请，人民法院经审查认为确有必要的，即非此不足以保障申请执行人的利益，可以限制被执行人股东在公司增资、减资时表决同意。

【实践中应注意的问题】

本条规定的是"生效法律文书确定被执行人交付股权"。不过实践中很多情况下是股权出让人提起诉讼或者仲裁，要求受让人支付股权转让款，并配合将股权过户至受让人名下。出让人取得生效法律文书后，显然受让人自己并不会去申请强制执行。因此，通常情况下，向法院申请强制执行的是出让人，其核心诉求当然是要求受让人支付价款。若生效法律文书确定的履行顺序是受让人先支付价款，出让人再将股权变更登记到受让人名下，那么出让人仅申请强制执行价款通常没有问题。但如果生效法律文书确定的履行顺序是出让人先将股权过户至受让人名下，受让人再支付价款，出让人向法院申请执行的内容就应该为：（1）受让人配合将股权过户至受让人名下；（2）受让人向出让人支付价款。此种情况下，出让人为申请执行人，受让人为被执行人，生效法律文书确定的并非"被执行人交付股权"而是"被执行人配合受让股权"。本条确立的规则可以适用于"被执行人配合受让股权"的情形，因为该规则的正当性基础在于对生效法律文书内容的解释——推定生效法律文书的本意是交付一定出资额对应的股权。这一点在"交付股权"和"配合受让股权"上没有区别。

【相关案例】

1. 深圳市汇润投资有限公司与隆鑫控股有限公司欠款、担保合同纠纷案 ①

2008 年 6 月 16 日，深圳市汇润投资有限公司（以下简称汇润公司）与隆鑫控股有限公司（以下简称隆鑫公司）签订《还款协议书》，约定汇润公司尚欠隆鑫公司债务本金 1.6 亿元，赔偿款 1.4 亿元，合计 3 亿元。汇润公司将其所持有的深圳航空有限责任公司（以下简称深航公司）8% 的股权质押给隆鑫公司，作为偿还隆鑫公司欠款本金及赔偿款的质押担保。

后经隆鑫公司催款，汇润公司仍未能偿还。2009 年 3 月 16 日，隆鑫公司向重庆市高级人民法院（以下简称重庆高院）起诉，请求汇润公司清偿所欠 3 亿元；对汇润公司持有的深航公司 8% 的股份的拍卖、变卖价款享有优先受偿权。一审重庆高院支持了隆鑫公司的诉讼

---

① 参见最高人民法院（2010）民二终字第 104 号民事判决书。

请求。

汇润公司不服，向最高人民法院上诉，并提交证据：2010 年 3 月，深航公司增资扩股，汇润公司对深航公司的出资比例由原 65% 缩减为 24%，请求对隆鑫公司享有的 8% 质押股权作相应调整。

最高人民法院认为，公司增资扩股后，因有新的出资注入公司，虽然原公司股东的持股比例发生变化，但其所对应的公司资产价值并不减少。因此，对于原以公司部分股权设定质权的权利人而言，公司增资扩股后其对相应缩减股权比例享有优先受偿权，与其当初设定质权时对原出资对应的股权比例享有优先受偿权相比，实质权利并无变化，不存在因增资扩股损害质权人合法权利的可能。本案所涉汇润公司设定质权的原 8% 股权，如确实存在因深航公司增资扩股而缩减的事实，隆鑫公司在实现其本案质权时，应当以增资扩股后原 8% 股权对应出资额相应的缩减后股权份额享有优先受偿的权利。因本案对于深航公司增资扩股的事实未作审查认定，因此，判决中仅对原质押事实及效力进行认定，但此认定，不影响将来质权实现时按照上述原则确定隆鑫公司的权利范畴。

2. 深圳市盛康达投资有限公司等与深圳市利明泰股权投资基金有限公司侵权纠纷上诉案 [①]

天津隆侨商贸有限公司（以下简称隆侨公司）成立于 2001 年 12 月 24 日，注册资本 5.6 亿元，深圳市利明泰股权投资基金有限公司（以下简称利明泰公司）持有隆侨公司 100% 的股权。2011 年 11 月 20 日，利明泰公司与天津九策实业集团有限公司（以下简称九策公司）签订《关于隆侨公司股权转让协议》（编号 LF1109001-2），约定九策公司同意以债务承担及现金支付方式受让隆侨公司 100% 股权，包括：（1）九策公司向利明泰公司支付股权转让款 3.75 亿元；（2）九策公司同意受让隆侨公司后，由隆侨公司承担其之前的或有债务及债

---

① 参见最高人民法院（2018）最高法民终 281 号民事判决书。

务共计 18.584 1 亿元。上述协议签订后，九策公司分别于 2011 年 12 月 15 日、2012 年 1 月 10 日向利明泰公司支付股权转让款 5000 万元和 1.25 亿元。

2012 年 3 月 2 日，利明泰公司与九策公司签订《还款协议》约定，双方确认九策公司应付的股权转让款金额为 2 亿元，九策公司保证在 3 个月内将上述未付股权转让款支付完毕，并承担拖欠期间资金成本，同意将其持有的隆侨公司 100% 股权质押给利明泰公司等。2012 年 3 月 7 日，九策公司与利明泰公司签订《股权质押合同》，约定九策公司将其持有的隆侨公司的 100% 股权出质给利明泰公司，以确保九策公司按照《还款协议》的约定履行还款义务。同日，利明泰公司与九策公司在工商部门办理了股权出质登记手续。

2013 年 1 月 25 日，九策公司向利明泰公司支付股权转让款 4800 万元。因九策公司未依约支付剩余部分股权转让款，利明泰公司提起诉讼。2014 年 7 月 31 日，广东省深圳市中级人民法院（以下简称深圳中院）以（2014）深中法商初字第 10 号民事判决判令九策公司向利明泰公司支付欠付股权转让款 1.52 亿元及相应利息。2015 年 1 月 28 日，广东省高级人民法院（以下简称广东高院）以（2015）粤高法民二终字第 8 号民事判决维持了深圳中院上述判决。

2015 年 2 月 10 日，九策公司作为隆侨公司的唯一股东，以隆侨公司股东会决议的方式将公司注册资本由 5.6 亿元增至 18.68 亿元。其中深圳市盛康达投资有限公司（以下简称盛康达公司）认缴 2.4 亿元，深圳市惠泽津龙投资有限公司（以下简称惠泽津龙公司）认缴 10.68 亿元。隆侨公司股东的持股比例变更为九策公司 29.98%，盛康达公司 12.85%，惠泽津龙公司 57.17%。2015 年 3 月 2 日，隆侨公司向工商部门申请办理变更登记。

工商登记显示盛康达公司的营业期限自 2014 年 7 月 3 日起至 2034 年 7 月 3 日止，认缴注册资本总额为 100 万元。惠泽津龙公司的营业期限自 2002 年 12 月 4 日起至 2032 年 12 月 4 日止，认缴注册资本总额为 300 万元。盛康达公司和惠泽津龙公司认缴隆侨公司出资的日期均为 2022 年 9 月 10 日，隆侨公司营业期限至 2022 年 9 月 12 日止。盛康达公司和惠泽津龙公司称，因公司资本实行认缴制，截至庭审期间两公司对隆侨公司尚未实际出资。两公司的法定代表人均为宋某，惠泽津龙公司系九策公司的控股股东，股权比例为 95%。

利明泰公司称，因九策公司未履行深圳中院（2014）深中法商初字第 10 号民事判决确定的给付义务，已向法院申请强制执行。执行中发现九策公司持有的隆侨公司股权比例从 100% 减至 29.98%，损害了其合法权益，形成本诉。

二审阶段，最高人民法院认为，利明泰公司虽非隆侨公司的股东或债权人，不能依据《公司法》相关规定对案涉增资扩股行为提起诉讼，但在该增资扩股行为损害利明泰公司利益的情况下，利明泰公司作为增资扩股法律关系之外的第三人，有权依据《民法通则》第 58 条第 1 款第 4 项①关于恶意串通，损害国家、集体或者第三人利益的民事行为无效的规定，维护自身利益。

在公司注册资本认缴登记制之下，公司经过增资扩股，如果新股东加入导致原股东持股比例发生变化，则新股东认缴的出资是否到位，直接影响原股东所持股份对应的公司资产价值是否发生改变。如果新股东认缴出资实际到位，因有新的出资注入公司，虽然原股东持股比例发生变化，但其对应的公司资产价值并未变化，进而，以增资扩股前所持股份设定的质押权通过优先受偿所能获得的实际利益亦未发生变化。如果新股东认缴的出资未实际交付，公司的实际资产价值并未改变，则原股东持股比例的减少，必然导致所对应资产价值的减少，以增资扩股前所持原比例股份设定的质押权，在股份比例减少后通过优先受偿所能获得的实际利益亦会减少。本案中，隆侨公司增资扩股后，新股东盛康达公司、惠泽津龙公司未将认缴的出资实际注入

---

① 已废止，对应《民法典》第 154 条。

隆侨公司，隆侨公司的实际资产价值并未增加，原股东九策公司持股比例从 100% 降为 29.98%，其所持股权对应的实际资产价值亦实际降低。根据天津市第一中级人民法院（2017）津 01 破申 3 号民事裁定书认定，本案一审期间，截至 2017 年 11 月 30 日，隆侨公司资产总计为 479 361 239.45 元，到期债务达到 1 090 141 165.4 元，另有尚未计算的利息、罚息、复利等债务。利明泰公司就九策公司所持隆侨公司 29.98% 股权通过优先受偿能够获得的实际利益，相比增资扩股前就九策公司所持隆侨公司 100% 股权通过优先受偿能够获得的实际利益，明显减少。盛康达公司和惠泽津龙公司亦未提供证据证明上述两公司具有将认缴出资实际交付的能力，利明泰公司债权可以得到清偿。同时，九策公司因持股比例降低而失去对隆侨公司的经营决策和控制权，存在致使九策公司所持股份原有的控制权溢价利益受损、实际市场价值降低的可能，进而影响利明泰公司质权的实现。因此，案涉增资扩股行为损害了利明泰公司的利益。

从案涉增资扩股的增资时点来看，相关另案判令九策公司向利明泰公司支付股权转让款 1.52 亿元及利息的生效判决于 2015 年 1 月 28 日作出后，在不足半个月时间内九策公司即于 2015 年 2 月 10 日作为唯一股东通过隆侨公司作出增资扩股的决议；从增资主体来看，新增资本由持有九策公司 95% 股份的惠泽津龙公司和与惠泽津龙公司法定代表人一致的盛康达公司认缴，三方存在紧密关联关系；从增资能力来看，盛康达公司、惠泽津龙公司共同认缴 70.02% 的股份，但二者的注册资本分别为 100 万元和 300 万元，与认缴出资额 2.4 亿元和 10.68 亿元差距明显；从增资期限来看，增资扩股各方将认缴出资的期限设定为隆侨公司营业期限截止的前两日。可见，隆侨公司的实际价值并未因增资扩股而增加，增资扩股并无合理的商业目的和经营目的，新增资本的认缴期限对于增强隆侨公司的资信度、竞争力和经营能力并无实际意义，而与九策公司关联的盛康达公司、惠泽津龙公司在没有实际投入的情况下取得了隆侨公司的控制权。综合以上因素和整体案情，依据《民诉法解释》第 109 条"当事人对欺诈、胁迫、恶意串通事实的证明，以及对口头遗嘱或者赠与事实的证明，人民法院确信该待证事实存在的可能性能够排除合理怀疑的，应当认定该事实存在"的规定，九策公司、盛康达公司、惠泽津龙公司对隆侨公司的增资扩股行为存在恶意串通。

九策公司主张其持有的隆侨公司 29.98% 股权的价值高于 5.6 亿元，能够覆盖被担保的利明泰公司主债权 1.52 亿元及利息，与本案查明事实不符，其主张隆侨公司固定资产中的房地产市值超过 17 亿元，盛康达公司已经完成了注册资本的实缴，并无相应证据足以证明。隆侨公司主张九策公司已支付原股东利明泰公司持股期间的对外债务超过 8 亿元及利明泰公司恶意诉讼，亦无证据证明。

综上，案涉增资扩股行为符合《民法通则》第 58 条第 1 款第 4 项 ① 规定的情形，应当认定为无效。

【相关规定】

《中华人民共和国公司法》（2018 年 10 月 26 日修正）

第七十三条　依照本法第七十一条、第七十二条转让股权后，公司应当注销原股东的出资证明书，向新股东签发出资证明书，并相应修改公司章程和股东名册中有关股东及其出资额的记载。对公司章程的该项修改不需再由股东会表决。

第一百三十九条　记名股票，由股东以背书方式或者法律、行政法规规定的其他方式转让；转让后由公司将受让人的姓名或者名称及住所记载于股东名册。

股东大会召开前二十日内或者公司决定分配股利的基准日前五日内，不得进行前款规定的股东名册的变更登记。但是，法律对上市公

---

① 已废止，对应《民法典》第 154 条。

司股东名册变更登记另有规定的，从其规定。

第一百七十七条 公司需要减少注册资本时，必须编制资产负债表及财产清单。

公司应当自作出减少注册资本决议之日起十日内通知债权人，并于三十日内在报纸上公告。债权人自接到通知书之日起三十日内，未接到通知书的自公告之日起四十五日内，有权要求公司清偿债务或者提供相应的担保。

第一百七十八条 有限责任公司增加注册资本时，股东认缴新增资本的出资，依照本法设立有限责任公司缴纳出资的有关规定执行。

股份有限公司为增加注册资本发行新股时，股东认购新股，依照本法设立股份有限公司缴纳股款的有关规定执行。

> **第十七条**　在审理股东资格确认纠纷案件中，当事人提出要求公司签发出资证明书、记载于股东名册并办理公司登记机关登记的诉讼请求且其主张成立的，人民法院应当予以支持；当事人未提出前述诉讼请求的，可以根据案件具体情况向其释明。
>
> 生效法律文书仅确认股权属于当事人所有，当事人可以持该生效法律文书自行向股权所在公司、公司登记机关申请办理股权变更手续；向人民法院申请强制执行的，不予受理。

【条文主旨】

本条是关于股东资格确认纠纷的生效法律文书是否具有执行力的规定。

【理解与适用】

实践中，经常出现当事人依据确认其为公司股东的判决书，向人民法院申请强制执行，请求公司签发出资证明书、记载股东名册或者协助办理工商变更登记的情况。例如，法院判决"确认登记在被告名下出资额为 1575 万元（对应股权比例为 2.59%）的 ××× 公司的股份属原告所有"[1]。对此，人民法院应否立案执行存在较大争议。

一种观点认为，执行依据必须具有给付内容，缺乏给付内容的生

---

[1]　参见湖北省宜昌市中级人民法院（2014）鄂宜昌中民二初字第 00081 号民事判决书。

效法律文书不具有执行力，人民法院不能据此强制执行。因此，生效法律文书仅确认当事人为公司股东的，该当事人不能申请法院强制执行。另一种观点则认为，出现此种情况往往是由于原告对法律了解不深，在起诉时未准确提出诉讼请求导致的。一律不予执行，要求原告另行起诉，徒增讼累，也容易引发信访。

澄清上述争议，需要依次解决生效法律文书执行力的概念，确认之诉的判决是否有执行力，股东资格确认纠纷的判决是否为确认之诉等问题。

一、生效法律文书的执行力

当事人基于生效法律文书所享有的，可请求执行机关或者其他国家机关实现法律文书确定内容的权利，被称为生效法律文书的执行力。[①]

生效法律文书的执行力可以分为狭义的执行力和广义的执行力。狭义的执行力指当事人请求执行机关——在我国是人民法院，采取强制执行措施，从而确保法律文书确定内容实现的权利。广义的执行力则在狭义的执行力之外，还包括可以请求其他个人或者组织实现法律文书确定内容的权利。由于我们讨论的执行程序，仅指人民法院作为执行机关进行强制执行的程序，因此除非特别说明，否则本文讨论的执行力，仅指狭义的执行力。

生效法律文书具有执行力，是其成为执行依据或者执行根据的必备条件。一方面，要求该法律文书依据法律规定，可以以国家强制力为后盾，由人民法院强制执行。包括人民法院的判决书、调解书或者仲裁机构的仲裁裁决书、公证机关作出的赋予强制执行效力的公证债权文书等。而外国法院的判决，依据我国法律规定，只有经过人

---

① 参见［日］伊藤真：《民事诉讼法》（第四版补订版），曹云吉译，北京大学出版社2019年版，第399页。

民法院承认后才能强制执行，因此未经承认的外国判决不具有执行力。另一方面，要求该法律文书具有可执行性。详言之，该法律文书必须指明当事人以及强制执行的具体内容。《民诉法解释》第461条规定："当事人申请人民法院执行的生效法律文书应当具备下列条件：（一）权利义务主体明确；（二）给付内容明确。法律文书确定继续履行合同的，应当明确继续履行的具体内容。"

缺乏明确给付内容的生效法律文书，并非适格的执行依据或者执行根据。根据《执行工作规定》第16条之规定，人民法院认为当事人据以申请执行的生效法律文书缺乏明确给付内容的，应当裁定不予受理；已经受理的，应当裁定驳回执行申请，不得依据缺乏明确给付内容的生效法律文书强制执行。

二、确认之诉判决并不具有执行力

根据诉讼请求的性质和内容，可以将诉讼分为给付之诉、确认之诉和形成之诉。[①] 确认之诉，是要求法院确认其主张的法律关系或者法律事实存在或者不存在的诉讼；[②] 给付之诉，是要求法院裁判被请求方履行一定义务的诉讼；形成之诉，是要求法院裁判变动既有法律关系的诉讼。

这三类诉讼中，只有给付之诉的判决才有执行力，确认之诉和形成之诉的判决均没有执行力。[③] 形式上，是因为确认之诉和形成之诉的判决都没有给付内容；实质上，是因为确认之诉和形成之诉的判决一经生效，当事人的诉讼目的就已经实现，自然也无须强制执行。

例如，张三起诉李四，要求确认某房屋属于张三所有，法院经审理支持张三的诉讼请求，判决确认房屋属于张三所有。形式上，该判

---

① 张卫平：《民事诉讼法》，法律出版社2019年版，第188页。

② 江伟、肖建国主编：《民事诉讼法》，中国人民大学出版社2018年版，第27页。

③ ［德］奥拉夫·穆托斯特：《德国强制执行法》，马强伟译，中国法制出版社2019年版，第63页。

项并没有指明李四要负担何种义务或者要履行何种给付；实质上，张三诉讼的目的就是确认房屋属于其所有，现在法院已经确认张三对诉争房屋享有所有权，张三的目的已经完全实现。因此，该判决并不具有执行力，张三向人民法院申请强制执行时，人民法院应当不予受理。

正因如此，我国司法解释明确将"生效法律文书具有给付内容"作为受理强制执行申请的条件。根据《执行工作规定》第 16 条第 1 款第 3 项之规定，人民法院受理执行案件的条件包括"申请执行的法律文书有给付内容，且执行标的和被执行人明确"。《民诉法解释》第 461 条第 1 款规定，当事人申请人民法院执行的生效法律文书应当给付内容明确。

综上，没有给付内容的判决不能作为执行依据，债权人依据此类判决申请执行的，人民法院不应受理。同时，鉴于司法实务中有些诉讼并非单纯的确认之诉、给付之诉或者形成之诉，而是两者甚至三者结合，为充分维护当事人的合法权益，节约司法资源，在确定某个判决是否有明确的给付内容时，人民法院除依据裁判主文外，还可以适当结合当事人的诉讼请求、裁判事实及理由。例如，分割共有物诉讼中，原告仅请求分割，未请求交付分割所得财产，人民法院亦未判决交付的，虽然裁判主文未明言给付内容，但亦应认可此类判决具有执行力。又如，原告仅请求确认合同无效，未请求对方为其他给付，人民法院亦未判决给付的，如果裁判事实及理由中已认定对方基于无效合同取得财产，则权利人得基于该判决申请强制执行，请求对方返还相应财产。[①]

可能会有人提出疑问，如果系争房屋登记在李四名下或者由李四占有，张三的利益并没有完全获得实现，此时要求李四配合办理过户登记或者交付房屋是否就需要强制执行呢？

---

① 王赫：《债权人能否依据确认之诉的判决申请强制执行》，载《执行工作指导》（总第 76 辑），人民法院出版社 2021 年版。

对以上问题可以从两个角度回答。一方面，暂且不论房屋登记在李四名下，所有权属于张三的情形实属罕见，即便个案中确实如此，张三本来也应当在确认其对房屋享有所有权的同时对李四提起给付之诉，请求李四配合办理过户登记并交付房屋。另一方面，即便法院确认了张三对房屋享有所有权，但这与其是否有权要求李四协助其办理过户登记或者交付房屋并非同一问题。例如，张三将房屋出售给李四，已经将房屋交付给李四，尚未办理过户登记。此时张三虽然对房屋享有所有权，但并不能要求李四交付房屋。质言之，上述例子并不构成确认之诉判决具有执行力的正当性理由。

三、股东资格确认纠纷的性质

所谓股东资格确认纠纷，是指股东与股东之间或者股东与公司之间就股东资格是否存在，或者具体股权持有数额、比例等发生争议而引起的纠纷。

"股东资格确认纠纷"中有"确认"二字，但此类纠纷引发的诉讼并不一定是确认之诉。例如，"苏州艾森纸业有限公司诉亚太森博（山东）浆纸有限公司股东资格确认纠纷案"[1] 虽然案由为股东资格确认纠纷，但一审法院在判决中依据原告的诉讼请求同时判决了三项内容：第一项为确认原告在被告公司的股东身份，登记在第三人名下的股权为原告所有；第二项为被告公司于判决生效之日起 30 日内向原告签发出资证明书、记载于股东名册、记载于公司章程，将登记在第三人名下的股权变更登记到原告名下；第三项为第三人对第二项确定的内容履行配合办理义务。换言之，"股东资格确认纠纷"中，原告如果需要被告配合签发出资证明书、登记股东名册的，可以提出相应的诉讼请求，此时人民法院就可以作出具有给付内容的判决。

---

① 参见山东省日照市中级人民法院（2019）鲁 11 民初 203 号民事判决书。

四、结论

综上所述，股东资格确认纠纷中，原告可以根据自身利益状态，提出确认其为公司股东的诉讼请求的同时，也可以提出签发出资证明书、记载于股东名册以及配合办理过户登记等请求。原告提出的上述诉讼请求成立的，人民法院应当在判决主文中予以明确。必要时，人民法院也可以根据案件具体情况，向原告释明，其仅提出确认其为公司股东的请求，无法获得强制执行。经释明，原告增加签发出资证明书等诉讼请求的，人民法院应当依法审理并作出判决；原告不增加诉讼请求的，根据处分原则，人民法院应当仅就原告提出的诉讼请求进行审理并作出判决。①

同时，虽然仅确认原告为公司股东的判决因为欠缺给付内容而没有狭义的执行力，但仍具有广义的执行力。因此，本条第2款规定，当事人可以持该生效法律文书自行向股权所在公司、公司登记机关申请办理股权变更手续。

【实践中应注意的问题】

实践中，审判人员应当注意释明权的行使边界。一方面，行使释明权应当以一次性解决纠纷为目的导向。股东资格确认纠纷中，审判人员根据具体案件情况，认为仅仅确认股东资格可能无法保护原告合法权益的，可以向原告释明是否需要增加其他诉讼请求。另一方面，经过释明，原告仍拒绝增加诉讼请求的，审判人员应当尊重原告对自己权利的处分，根据原告提出的诉讼请求作出判决。②

---

① 参见任重：《我国民事诉讼释明边界问题研究》，载《中国法学》2018年第6期。

② 参见最高人民法院（2016）最高法民终744号民事判决书。

【相关案例】

毛某、伊犁哈萨克自治州人民政府台湾事务办公室房地产开发经营合同纠纷执行监督案①

毛某、徐某某与伊犁哈萨克自治州人民政府台湾事务办公室（系原伊犁哈萨克自治州台胞台属联谊会财产监管单位，以下简称伊犁州台办）及第三人张某某、严斯某某、伊宁市直管公房管理中心（以下简称伊宁公房中心）、中国银行股份有限公司伊犁哈萨克自治州分行（以下简称中行伊犁分行）、新疆伊犁农村商业银行股份有限公司（以下简称伊犁农商行）、余某某、新疆宏强房地产开发公司（以下简称宏强公司）联营集资建房合同纠纷一案，新疆维吾尔自治区高级人民法院伊犁哈萨克自治州分院（以下简称伊犁州分院）于2017年3月17日作出（2015）伊州民三初字第47号民事判决：（1）确认毛某与伊犁哈萨克自治州台胞台属联谊会（以下简称伊犁台联会）于1994年9月6日签订的《联营集资兴建伊犁台联大厦合同书》有效；（2）毛某与伊犁台联会兴建的台联大厦的产权。毛某按原合同约定享有一层楼房的80%产权，享有负一层及二、三、四层的61.12%产权，享有第五层的76.4%产权；（3）伊犁州台办在监管资产范围内承担办证费用；（4）伊犁州台办以监管的台联大厦价值130 000元的资产作价抵债偿还毛某借款130 000元；（5）驳回毛某的其他诉讼请求；（6）驳回张某某的诉讼请求。张某某不服该判决，提起上诉，新疆高院于2017年12月11日作出（2017）新民终519号民事裁定，裁定按撤回上诉处理。后经毛某申请执行，该案由伊犁州分院立案执行。

伊犁州分院认为，根据《执行工作规定》第16条及《执行立结案意见》第20条，人民法院受理执行案件的条件之一即为：申请执

---

① 参见最高人民法院（2021）最高法执监411号执行裁定书。

行的法律文书有给付内容，且执行标的和被执行人明确。执行实施案件立案后，经审查发现不符合受理条件的，裁定驳回申请。关于毛某申请执行（2015）伊州民三初字第 47 号民事判决第 2 项的请求，该判项为双方合同权益，并不涉及不动产这一特定物的具体分割。且台联大厦已建成二十余年，房屋均已办理产权登记，在该判决生效之前已经有具体的产权人，故该判项所判毛某对台联大厦所享有的份额与各房屋已有产权存在冲突。在（2015）伊州民三初字第 47 号民事判决生效前登记在张某某名下的房屋实际已全部转让，仅是因为行政管理的缘故未变更产权登记，如按毛某要求仅执行张某某名下的房屋，则存在以下问题：首先，生效判决中未明确张某某名下的房屋归毛某所有，执行申请缺乏执行根据；其次，张某某的继承人未继承相关房产，无符合法律规定的被执行人；最后，因相关房屋数年前已转让给数个自然人，与善意取得的法律规定相悖，善意取得人亦不能作为被执行人。综上所述，申请执行人毛某的该项执行申请的权利义务关系不明确，不符合执行立案条件。2021 年 3 月 2 日，伊犁州分院作出（2020）新 40 执 68 号之二执行裁定，驳回毛某对（2015）伊州民三初字第 47 号民事判决第 2 项、第 3 项的执行申请。

毛某不服伊犁州分院上述裁定，向新疆高院申请复议，请求撤销伊犁州分院（2020）新 40 执 68 号之二执行裁定，继续执行（2015）伊州民三初字第 47 号民事判决第 2 项，将台联大厦拆迁补偿款划转至毛某名下。其主张的主要事实和理由为：（1）本案生效判决具有明确的执行标的和执行内容，不属于不能执行的范畴；（2）本案已经办理产权的主体取得不动产是否系善意取得，并未得到生效判决的确认，执行程序中予以认定不符合法律规定；（3）本案引用《执行工作规定》第 16 条系管辖权相关规定，该法条与本案无关，伊犁州分院适用法律错误；（4）本案涉案标的属于拆迁房屋，可以在继续执行过程中进行协商。

新疆高院认为，本案审查的主要问题是本案执行依据是否具体明确。《民诉法解释》第 463 条第 1 款（现为第 461 条第 1 款）规定："当事人申请人民法院执行的生效法律文书应当具备下列条件：（一）权利义务主体明确；（二）给付内容明确。"本案执行依据（2015）伊州民三初字第 47 号民事判决第 2 项为"毛某与州台联会联营集资兴建的伊犁台联大厦的产权。毛某按原合同约定享有一层楼房的 80% 产权，享有负一层及二、三、四层的 61.12% 产权，享有第五层楼房的 76.4% 产权"，台联大厦每层房产均有独立产权证，从该判决内容上看，该判决未明确涉案房产归毛某所有的具体产权面积及四至，仅凭判决确定的产权比例关系无法与涉案房产台联大厦各层独立房产一一对应，执行部门对该判决判项归毛某所有的产权面积及位置无法通过强制执行程序确定，故该案执行依据不明确，不符合执行立案受理条件。依据《执行立结案意见》第 20 条的规定，伊犁州分院在立案后驳回执行申请并无不当。对伊犁州分院认定涉案登记在张某某名下部分房产已经通过交易行为发生变化，该部分房产是否系善意取得不属执行异议审查的事项，但本案被执行人系伊犁州台办，涉案房产未登记在被执行人名下，除法律规定的特殊情形，执行部门无权查封案外人名下的房产。伊宁市人民政府于 2021 年 1 月 20 日发出《汉人街片区二期改造项目房屋征收公告》，但目前拆迁款尚未到位。毛某称双方可在执行程序中协商，但目前双方未能协商一致，人民法院亦无法通过执行程序强制双方协商，故在判项不明、双方又未能协商一致确定房产面积与位置的情况下，本案尚缺乏明确执行依据。另，毛某提出伊犁州分院适用《执行工作规定》第 16 条系管辖权相关规定与本案无关的问题，因该规定于 2020 年修正，故伊犁州分院适用法律无误。2021 年 6 月 25 日，新疆高院作出（2021）新执复 82 号执行裁定，驳回毛某的复议申请，维持伊犁州分院（2020）新 40 执 68 号之二执行裁定。

毛某不服新疆高院上述裁定，向最高人民法院申诉，请求：（1）撤销新疆高院（2021）新执复 82 号执行裁定；（2）由最高人民法院恢复案件执行并提级执行或指定其他法院执行。其主张的主要事实和理由为：（1）复议裁定事实认定错误。①复议裁定认为本案审查的主要问题是执行依据是否具体明确，并认定判决毛某的产权四至不清，无法与台联大厦各层独立房产对应，故认定执行依据不明确，此为错误。其一，毛某申请执行的内容为生效判决第2项，通过伊宁市人民政府征收办将台联大厦的拆迁补偿款转到毛某名下，这种请求不需要四至；其二，生效判决已经确认毛某在台联大厦享有所有权的比例，房屋补偿款是按照面积计算的；其三，新疆高院没有考虑执行标的物的现实情况，缺失全面性、客观性。②新疆高院认为法院无权查封案外人的房产，这种认定错误。其一，伊犁州台办不是一般的被执行人，目前台联大厦产权人的产权证都是伊犁州台办利用职权办的；其二，台联大厦的产权人目前都是判决的第三人，当时他们都没有对判决上诉，因此都不是案外人。③本案可以执行。其一，伊宁市人民政府已经发布征收决定，台联大厦周边已经开始拆迁，因此拆迁势在必行；其二，新疆高院、伊犁州分院没有组织双方当事人协商的行为，何谈双方没有达成一致；其三，毛某明确表示了如果产权人确实签了合同、支付了对价，毛某可以商量不给法院执行增加困难。（2）复议程序错误。①新疆高院对于案外产权人是否善意取得没有进行审查，只认为不属于执行异议事项；②新疆高院是提前认定不予执行，之后不断找理由，因此逻辑不通。

最高人民法院认为，本案的争议焦点为：伊犁州分院驳回毛某的执行申请是否有事实和法律依据。

《民诉法解释》第463条（现为第461条）规定："当事人申请人民法院执行的生效法律文书应当具备下列条件：（一）权利义务主体明确；（二）给付内容明确。法律文书确定继续履行合同的，应当明确继续履行的具体内容。"《执行工作规定》第16条规定："人民法院受理执行案件应当符合下列条件：……（3）申请执行的法律文书有给付内容，且执行标的和被执行人明确……"本案中，申请执行人毛某申请执行的系执行依据伊犁州分院（2015）伊州民三初字第47号民事判决的主文第2项，即关于毛某与伊犁台联会兴建的伊犁台联大厦的产权，毛某按原合同约定享有一层楼房的80%产权，享有负一层及二、三、四层的61.12%产权，享有第五层的76.4%产权。此判项仅确定毛某对台联大厦享有相应比例的产权，并未直接判令毛某可对台联大厦哪些房屋主张产权并办理过户，该判项属于确认权属的判项，没有可执行的具体内容，故伊犁州分院驳回毛某的执行申请有事实和法律依据。毛某如拟对台联大厦的拆迁补偿款主张权利，可另循其他法定途径解决。此外，如执行标的物台联大厦最终无法执行、申请执行人亦无法拿到补偿款，申请执行人可依法对被执行人提起侵权损害赔偿之诉等。申诉人毛某的申诉请求不能成立，应以驳回。

【相关规定】

1.《最高人民法院关于适用〈中华人民共和国民事诉讼法〉的解释》（2022年4月1日修正，法释〔2022〕11号）

第四百六十一条　当事人申请人民法院执行的生效法律文书应当具备下列条件：

（一）权利义务主体明确；

（二）给付内容明确。

法律文书确定继续履行合同的，应当明确继续履行的具体内容。

2.《最高人民法院关于人民法院执行工作若干问题的规定（试行）》（2020年12月29日修正）

16.人民法院受理执行案件应当符合下列条件：

（1）申请或移送执行的法律文书已经生效；

（2）申请执行人是生效法律文书确定的权利人或其继承人、权利承受人；

（3）申请执行的法律文书有给付内容，且执行标的和被执行人明确；

（4）义务人在生效法律文书确定的期限内未履行义务；

（5）属于受申请执行的人民法院管辖。

人民法院对符合上述条件的申请，应当在七日内予以立案；不符合上述条件之一的，应当在七日内裁定不予受理。

> **第十八条　人民法院对被执行人在其他营利法人享有的投资权益强制执行的，参照适用本规定。**

【条文主旨】

本条是关于执行被执行人在其他营利法人投资权益参照适用的规定。

【理解与适用】

《民法典》将法人分为营利法人、非营利法人和特别法人。营利法人是以取得利润并分配给其股东等出资人为目的成立的法人，包括有限责任公司、股份有限公司和其他企业法人、非企业营利法人等。非营利法人是指为公益目的或者其他非营利目的成立，不向其成员或者设立人分配利润的法人。

根据《民法典》第76条第2款的规定，营利法人主要包括三大类型：一是有限责任公司、股份有限公司。有限责任公司与股份有限公司是指依据《公司法》成立的公司。公司是企业法人，有独立的法人财产，享有法人财产权。股东设立公司的目的是获得回报，股东获取回报的权利体现为股东对公司的利润分配请求权。二是其他企业法人。其他企业法人是指有限责任公司、股份有限责任公司之外的企业法人，包括全民所有制企业、城镇集体所有制企业等。三是其他营利法人。其他营利法人是指非企业营利法人，如营利性民办学校。根据《民办教育促进法》的规定，民办学校举办者可以取得合理回报，民办学校存在营利性民办学校和非营利性民办学校，营利性民办学校属于营利法人。

对于营利法人分类项下的有限责任公司、股份有限公司，《公司法》对股东权利、公司治理、公司资本、公司解散等作了较为完善的规定，确立了相应的法律制度，其中有部分制度是基于公司的营利性特征进行的规定。因各方面原因，现有法律对于公司以外的营利法人缺乏系统性规定，实践中如何处理存在争议。鉴于营利法人在营利性方面具有的共性，《公司法》关于公司营利性的相关规定可以类推适用于其他营利法人。例如，《公司法》对利润分配请求权以及与利润分配请求权密切相关的知情权等相关权利的规定，可类推适用于营利法人。当然，类推适用并非完全适用，《公司法》相关规定能否适用，应根据拟处理事项与《公司法》相关规定处理的事项是否相同或类似、是否需要同等对待进行判断。①

相应地，对被执行人在其他企业法人投资权益的执行，也可以参照适用本解释。另外，虽然营利法人分类项下的非企业营利法人不属于企业法人，但因其属于"以取得利润并分配给其股东等出资人为目的成立的法人"，所以，对于被执行人在该类法人的投资权益，也可以参照适用本解释。

【相关案例】

广东粤财资产管理有限公司、广东省广州番禺石碁经济发展总公司借款合同纠纷执行异议案②

广东省广州市番禺区人民法院（以下简称番禺法院）执行广东粤

---

① 最高人民法院民法典贯彻实施工作领导小组编著：《中国民法典适用大全·总则卷（二）》，人民法院出版社2022年版。

② 参见广东省广州市番禺区人民法院（2022）粤0113执异462、463、464号执行裁定书。

财资产管理有限公司（以下简称粤财公司）与被执行人奔达实业发展公司、广东省广州番禺石碁经济发展总公司（以下简称石碁经济总公司）借款合同纠纷三案〔（2022）粤 0113 执恢 228、229、230 号〕中，异议人广州市番禺区石碁房地产开发公司（以下简称石碁房地产公司）向该院提出书面异议。

异议人石碁房地产公司称，请求停止对石碁房地产公司股权的查封、评估、拍卖等行为，并解除对该股权的查封措施。事实和理由：（1）被执行人石碁经济总公司不是异议人的股东，法院查封异议人的股权错误。异议人是于 1987 年成立的城镇集体所有制企业，是由职工自筹资金和集体积累而设立，股份属于全体职工集体所有，工商档案显示 1999 年至 2000 年期间会计师事务所将异议人所负石碁经济总公司的 180 万元债务转为增加企业注册资本的出资报告，但没有反映完成股权的变更手续。根据当时的《城镇集体所有制企业条例》第 15 条规定，档案资料中并没有显示经原审批部门同意或批准，该股权变更申请不符合法律规定。且该增资没有经企业的股东职工同意或职工代表大会同意，工商登记并没有变更股东信息，由于未经异议人的职工同意及批准机关同意，未完成股东变更手续，石碁经济总公司并不是异议人的股东。（2）异议人是城镇集体所有制企业，其股权的变更、转让、处置并不适用《公司法》等规定，《最高人民法院关于人民法院强制执行股权若干问题的规定》第 1 条写明本解释所指股权，包括有限责任公司股权、股份有限公司股份等，不包括异议人的企业性质。现时的法律没有相关规定，故不应对异议人的股权采取强制措施。（3）对城镇集体所有制企业股份的变更、处置必须获得有权机关的批准，如强行通过执行程序处置，不但违反法律法规规定，而且改变了异议人的企业性质，损害全体职工的合法权益。现时，并未取得有权机关批准，不能进行司法拍卖。综上，请求解除对异议人股权的查封并停止拍卖。

申请执行人粤财公司辩称：（1）石碁经济总公司是异议人石碁

房地产公司之出资人。从工商档案查询得知：1987 年 7 月 16 日，番禺县石碁镇人民政府研究决定成立"石碁房地产开发公司"，隶属于"石碁经济发展总公司"领导，同月 23 日，石碁经济总公司作为石碁房地产公司的主管部门向工商部门申请开业。1988 年 7 月，石碁房地产公司作为企业主管部门向工商部门申请调减石碁房地产公司的注册资本为人民币 500 万元。1989 年 5 月，石碁房地产公司申请开业登记，石碁经济总公司作为主管部门签章，显示出资 90 万元。1999 年 12 月，备案的《验资报告》显示石碁房地产公司经董事会决议及主管部门同意，作出增资决议，同意石碁经济总公司对石碁房地产公司享有的 180 万元债权转为对该司的增资。2000 年 8 月，石碁房地产公司财务人员将 180 万元债转股入账，同月完成验资，9 月工商部门核发了新的营业执照。2013 年 5 月，石碁房地产公司 2012 年度的年检资料显示石碁经济总公司系石碁房地产公司的出资人，占注册资本比例 22.5%。以上资料显示，石碁经济总公司 180 万元的增资程序不仅经过内部董事会和外部主管部门审批，还完成了验资和工商变更登记手续，故石碁房地产公司的主张不能成立。（2）法院对石碁房地产公司的股权采取强制措施合法有据。按照《最高人民法院关于人民法院强制执行股权若干问题的规定》第 18 条的规定，对被执行人在其他营利法人享有的投资权益强制执行的，参照适用本解释。其中应包括全民所有制企业、城镇集体所有制企业等，故异议人的主张不能成立，其属于适用法律错误。综上，请求驳回异议人的异议申请。

番禺法院经审查查明，2022 年 1 月 20 日，根据粤财公司的申请，该院分别立案恢复执行已生效的（2002）穗中法民三初字第 604 号民事判决书、（2002）越法经初字第 1111 号民事判决书、（2002）越法经初字第 1110 号民事判决书，案号分别为（2022）粤 0113 执恢 228、229、230 号。该三案执行中，因被执行人逾期未履行完毕生效法律文书确定的义务，2022 年 3 月 22 日，该院向市场监督管理部门发出（2022）粤 0113 执恢 228、229、230 号执行裁定书和协助公示通知书、协助公示执行信息需求书，轮候冻结被执行人石碁经济总公司持有的石基房地产公司 180 万元股权（占比 22.5%）并已予以公示，冻结期限为 3 年。之后，该院向石基房地产公司及当事人发送通知书，要求提供评估股权所需的相关文件资料，但石基房地产公司未提交，并于 2022 年 9 月 20 日提出执行异议。

该院认为，《民事诉讼法》第 249 条（现为第 253 条）规定"被执行人未按执行通知履行法律文书确定的义务，人民法院有权向有关单位查询被执行人的存款、债券、股票、基金份额等财产情况。人民法院有权根据不同情形扣押、冻结、划拨、变价被执行人的财产。人民法院查询、扣押、冻结、划拨、变价的财产不得超出被执行人应当履行义务的范围。人民法院决定扣押、冻结、划拨、变价财产，应当作出裁定，并发出协助执行通知书，有关单位必须办理"。被执行人逾期未履行法律文书确定的义务，（2022）粤 0113 执恢 228、229、230 号三案依法查封、冻结被执行人名下的财产，并无不当。

《最高人民法院关于人民法院强制执行股权若干问题的规定》第 4 条第 1 款规定："人民法院可以冻结下列资料或者信息之一载明的属于被执行人的股权：（一）股权所在公司的章程、股东名册等资料；（二）公司登记机关的登记、备案信息；（三）国家企业信用信息公示系统的公示信息。"第 18 条规定："人民法院对被执行人在其他营利法人享有的投资权益强制执行的，参照适用本规定。"（2022）粤 0113 执恢 228、229、230 号三执行案向市场监督管理部门发出协助公示通知书、协助公示执行信息需求书和执行裁定书，请求协助冻结被执行人石碁经济总公司持有的石基房地产公司 180 万元股权并公示，市场监督管理部门予以协助办理上述股权的冻结手续并予以公示。该执行措施符合法律规定，并无不当，石基房地产公司主张的事实和理由并不成立，应予以驳回。综上，依照《民事诉讼法》第 157 条第 1 款第 11 项、第 232 条（现为第 236 条）、第 249 条，《最高人民法院关于人民法院强制执行股权若干问题的规定》第 4 条第 1 款、第 18 条的规定，裁定驳回石基房地产公司的全部异议请求。

【相关规定】

1.《中华人民共和国民法典》（2020 年 5 月 28 日）

第七十六条 以取得利润并分配给股东等出资人为目的成立的法人，为营利法人。

营利法人包括有限责任公司、股份有限公司和其他企业法人等。

第八十七条 为公益目的或者其他非营利目的成立，不向出资人、设立人或者会员分配所取得利润的法人，为非营利法人。

非营利法人包括事业单位、社会团体、基金会、社会服务机构等。

第九十六条 本节规定的机关法人、农村集体经济组织法人、城镇农村的合作经济组织法人、基层群众性自治组织法人，为特别法人。

2.《中华人民共和国民办教育促进法》（2018 年 12 月 29 日修正）

第十九条 民办学校的举办者可以自主选择设立非营利性或者营利性民办学校。但是，不得设立实施义务教育的营利性民办学校。

非营利性民办学校的举办者不得取得办学收益，学校的办学结余全部用于办学。

营利性民办学校的举办者可以取得办学收益，学校的办学结余依照公司法等有关法律、行政法规的规定处理。

民办学校取得办学许可证后，进行法人登记，登记机关应当依法予以办理。

3.《最高人民法院关于人民法院执行工作若干问题的规定（试行）》（2020 年 12 月 29 日修正）

38. 对被执行人在有限责任公司、其他法人企业中的投资权益或股权，人民法院可以采取冻结措施。

冻结投资权益或股权的，应当通知有关企业不得办理被冻结投资权益或股权的转移手续，不得向被执行人支付股息或红利。被冻结的投资权益或股权，被执行人不得自行转让。

第十九条　本规定自 2022 年 1 月 1 日起施行。

【条文主旨】

本条是关于本解释施行日期的规定。

【理解与适用】

法律的施行日期，即法律的生效时间，是指法律何时开始生效，以及法律对于其生效前的事件或者行为是否具有溯及力的问题。《立法法》第 61 条规定，法律应当明确规定施行日期。同时，根据《最高人民法院关于司法解释工作的规定》第 25 条第 3 款的规定，司法解释自公告发布之日起施行，但司法解释另有规定的除外。也就是说，如果司法解释没有规定施行日期，司法解释自发布之日起施行；如果司法解释规定了施行日期，则自其规定的日期起施行。为给公众和司法从业人员一个理解和接受的过程，司法解释一般都会明确一个具体的施行日期，而该日期往往在公布日期之后。与法律一样，司法解释的施行日期，不仅涉及司法解释何时开始生效的问题，更为重要的是，其还涉及司法解释的溯及力问题。

一、关于法不溯及既往原则

法不溯及既往是现代社会一个重要的法治原则。根据该原则，新实施的法律不得适用于其实施前已经发生的事实和法律关系，也即昨天的行为不能适用今天的法律。法作为社会的行为规范，它通过对违反者的惩戒来促使人们遵守执行。人们之所以对自己的违法行为承担不利后果，就是因为事先已经知道或者应当知道哪些行为是法律允许的、哪些行为是法律不允许的。不能要求人们遵守还没有制定出来的法律，法只对其生效后的行为有规范作用。

（一）法不溯及既往原则的理论基础

早在 13 世纪，圣托马斯·阿奎那即对法不溯及既往原则在理论上作了阐释，其认为，法律要取得作为法律所具有的拘束力，就必须适用于为它所规范的人，而这种适用必须以法律公布从而使被规范者知晓为前提。既然法律生效以公布为前提，法律自然不应溯及既往。按照阿奎那的理论，法律只能在公布之后才能施行，不得溯及公布之前的事件或行为。该理论并不能对有些法律溯及既往的现象作出满意的说明。所以，进入 19 世纪后，德国历史法学派的领军人物萨维尼提出了既得权理论——新法不应溯及既往，新法不得影响既得权。根据该理论，如果新法溯及既往会侵犯既得权，则不能允许；反之，溯及既往则无妨。进入 20 世纪中后期，既得权理论得到了法的安定性原则和信赖利益保护原则的修正和补强。德国学者舒菲利茨提出，法的安定性原则包括三个子原则：法的明确性原则、法的明白性原则、法的信赖利益保护原则。其中，法的信赖利益保护原则是法的明确性原则、明白性原则的进一步推衍。法律一旦符合明确与明白两项原则，人们就可以预见自己的行为后果，基于此种预见所获取的利益就应当受到保护。要保护信赖利益，法律就不得溯及既往。由此，法的安定性原则和信赖利益保护原则成为法不溯及既往原则新的理论渊源，最直接的是信赖利益保护原则。[①]

（二）我国关于法不溯及既往原则的规定

与有的国家将法不溯及既往原则规定在宪法中不同，我国的法不溯及既往原则规定在《立法法》中。《立法法》第 104 条规定："法

[①]　参见杨登峰：《民事、行政司法解释的溯及力》，载《法学研究》2007 年第 2 期。

律、行政法规、地方性法规、自治条例和单行条例、规章不溯及既往，但为了更好地保护公民、法人和其他组织的权利和利益而作的特别规定除外。"该规定确立了我国以法不溯及既往为原则、以溯及既往为例外的法律适用规则。在各部门法中，关于溯及力问题，除了《刑法》规定了"从旧兼从轻"原则外，包括《民法典》《公司法》《民事诉讼法》等在内的其他法律中鲜有规定，大多是通过最高人民法院司法解释的方式来解决。比如，针对《民法典》，最高人民法院出台了《民法典时间效力司法解释》，并与《民法典》同步施行；针对《公司法》，最高人民法院于2006年出台的《关于适用〈中华人民共和国公司法〉若干问题的规定（一）》第1条对溯及力问题作了相关规定；针对《民事诉讼法》，最高人民法院于2012年出台了《关于修改后的民事诉讼法施行时未结案件适用法律若干问题的规定》。

二、关于法不溯及既往原则的例外情形

有原则即有例外，法律溯及力问题亦是如此。如前所述，法律之所以不能溯及既往，在于法律溯及既往会侵犯当事人的信赖利益。反过来讲，如果法律溯及既往不会侵害当事人的信赖利益，溯及既往就并非不可。法不溯及既往原则的例外情形主要包括以下三种情形：

一是有利溯及。在法不溯及既往的基础上，允许有利法律溯及适用，在世界范围内已基本达成共识。比如，在公法领域，《德国刑法典》《日本刑法典》《意大利刑法典》均规定了诸如"行为终了时有效之法律在判决前变更的，适用处刑最轻之法律"的内容。我国《立法法》《刑法》也分别规定了"从旧兼有利""从旧兼从轻"原则。与刑法相比，由于民事法律通常涉及双方、多方当事人权益，甚至还涉及社会公共利益，哪些情况下可以有利溯及较为复杂。1999年出台的《最高人民法院关于适用〈中华人民共和国合同法〉若干问题的解释（一）》（现已失效）规定："人民法院确认合同效力时，对合同法实施以前成立的合同，适用当时的法律合同无效而适用合同法合同有

效的，则适用合同法。"该规定借鉴刑法的"从旧兼从轻"原则，在合同法领域规定了合同效力溯及适用条款，这在民法溯及适用问题上是一个巨大进步。[①] 最高人民法院在起草《民法典时间效力司法解释》时，对于民事法律有利溯及的标准，起草小组经反复研究论证，最终以不破坏当事人行为预期、不减损当事人既存权利、不冲击既有社会秩序为出发点，将"三个更有利于"作为判断有利溯及的标准，并在第 2 条规定"民法典施行前的法律事实引起的民事纠纷案件，当时的法律、司法解释有规定，适用当时的法律、司法解释的规定，但是适用民法典的规定更有利于保护民事主体合法权益，更有利于维护社会和经济秩序，更有利于弘扬社会主义核心价值观的除外"。这是最高人民法院司法解释第一次明确民事审判有利溯及的标准，具有重大历史意义、实践意义和理论意义，为我国民事法律溯及适用的进一步发展奠定了坚实基础。[②]

二是空白溯及。所谓空白溯及，也称补充例外，是指在旧法没有规定而新法有规定的情形下，新法的规定弥补已有立法空白，使其所规范的法律行为有明确的规范依据，新法的规定可以溯及适用于新法施行之前发生的行为或者事件。对此，1988 年《最高人民法院关于贯彻执行〈中华人民共和国民法通则〉若干问题的意见（试行）》（现已失效）第 196 条规定："1987 年 1 月 1 日以后受理的案件，如果民事行为发生在 1987 年以前，适用民事行为发生时的法律、政策，当时的法律、政策没有规定的，可以比照民法通则处理。"《最高人民法院关于适用〈中华人民共和国合同法〉若干问题的解释（一）》第 1 条规定："合同法实施以后成立的合同发生纠纷起诉到人民法院的，适用合同法的规定；合同法实施以前成立的合同发生纠纷起诉到人

---

① 参见最高人民法院研究室编著：《最高人民法院民法典时间效力司法解释理解与适用》，人民法院出版社 2021 年版，第 35 页。

② 参见最高人民法院研究室编著：《最高人民法院民法典时间效力司法解释理解与适用》，人民法院出版社 2021 年版，第 36 页。

民法院的，除本解释另有规定的以外，适用当时的法律规定，当时没有法律规定的，可以适用合同法的有关规定。"《民法典时间效力司法解释》第 3 条规定："民法典施行前的法律事实引起的民事纠纷案件，当时的法律、司法解释没有规定而民法典有规定的，可以适用民法典的规定，但是明显减损当事人合法权益、增加当事人法定义务或者背离当事人合理预期的除外。"第 4 条规定："民法典施行前的法律事实引起的民事纠纷案件，当时的法律、司法解释仅有原则性规定而民法典有具体规定的，适用当时的法律、司法解释的规定，但是可以依据民法典具体规定进行裁判说理。"

三是持续性法律事实例外。又称跨法行为例外，是指行为开始于新法生效之前，结束于新法施行之后，跨越两部法律时应当适用新法的规定。域外对于持续性行为的法律适用，主要有三种模式：第一种是"维持旧法效力"模式，法律事实持续过程中法律发生变更的，新法对其施行后发生的法律事实不发生影响。第二种是"即行适用"模式，法律事实持续过程中法律发生变更的，新法对其施行前已经发生的法律效果不予改变，但是对施行后发生的法律效果予以改变。第三种是"过渡"模式，法律事实持续过程中法律发生变更的，新法对其施行前已经发生的法律效果不予改变，对施行后未来发生的法律效果予以改变，但是规定一个过渡期。[①]《民法典时间效力司法解释》第 1 条第 3 款规定："民法典施行前的法律事实持续至民法典施行后，该法律事实引起的民事纠纷案件，适用民法典的规定，但是法律、司法解释另有规定的除外。"

三、关于"实体从旧、程序从新"原则

实体法和程序法是法律形式上的一个基本分类。就两类法律的溯

[①] 参见最高人民法院研究室编著：《最高人民法院民法典时间效力司法解释理解与适用》，人民法院出版社 2021 年版，第 24 页。

及力问题，法谚云："实体从旧，程序从新。"所谓"实体从旧"，是指实体法不能溯及既往；所谓"程序从新"，是指新法颁布之后的诉讼法律行为或者事件适用新法，其道理在于程序法旨在提供法律救济和实现权利的方法和途径，新的程序法一般被推定为更有利于保障诉讼的顺利进行而应被"即时适用"。这一原则是大陆法系和普通法系公认的法则。在我国法学理论界，该原则大致可归纳出三种不同的意见：第一，肯定论。"实体法以不溯及既往为原则之一……但程序法无此原则，与此相反的是，在新程序法生效时尚未处理的案件，均应采取程序从新原则，依照新程序法处理。"第二，否定论。"就实体问题而言，从旧体现了不溯及既往原则。就程序问题而言，处理法律问题之时当然适用现行有效的程序规范，不可能适用旧的程序规范，因而仅仅是现行法律的适用问题，不存在是否溯及既往的问题。"第三，折中论。"实体从旧、程序从新原则不是法不溯及既往原则之外的新的原则，更不是对法不溯及既往原则的否定；相反，实体从旧、程序从新原则是法不溯及既往原则适用于实体法和程序法的具体体现，是对法不溯及既往原则的进一步阐释。"[①]

我们认同第三种观点，即无论是实体法还是程序法，原则上均不得溯及既往，只是二者的判断标准或者溯及力对象不同。与实体法的调整对象是民事法律行为（或事件）不同，程序法的调整对象是民事诉讼行为（或事件），讨论其溯及力问题亦应针对诉讼法律行为（或事件）。对于新程序法实施后的诉讼法律行为（或事件），当然应当适用新程序法。正如有论者指出的，对于溯及力问题，之所以出现"实体从旧、程序从新"的分野，根本在于实体法以民事法律行为或者事件发生的时点为判断标准，新法实施之后的民事法律行为或者事件适用新法，之前的适用旧法，即不溯及既往；程序法以诉讼法律行为或

[①] 转引自郭晓明：《关于程序法从新原则的几个问题》，载《重庆大学学报（社会科学版）》2015年第3期。

者事件为判断标准，新法实施之后的诉讼法律行为或者事件适用新法，新法实施之前依照旧法已经完成的诉讼程序依然有效，仍然是不溯及既往。①

与"实体从旧"一样，"程序从新"并非绝对的，而是存在实体性事项的例外。"程序从新"的原因在于程序法旨在提供法律救济和实现权利的方法和途径，不创造新的权利和义务，即时适用新法并不损害当事人的作为实体权利的预期利益。但是，程序法和实体化的划分是相对的，两者之间有时也存在交集，在一些程序法律中也会规定涉及当事人实体权益的内容。此外，程序法中的一些条文虽然属于程序性法律规定，但该规定会直接影响当事人的实体权益。

2012 年最高人民法院制定的《关于修改后的民事诉讼法施行时未结案件适用法律若干问题的规定》明确规定，对于新法施行时未结案件，适用新法，即程序法从新原则；新法施行前依照旧法规定已经完成的程序事项，仍然有效，新法不能溯及既往；涉及当事人实体权利处分的事项，原则上从旧，即新法仍不能溯及既往。该规定是我国第一次针对新旧程序法衔接问题所作出的司法解释，其对民事案件的妥善解决和《民事诉讼法》的统一适用起到了关键性的指导作用，并对《民事诉讼法》之外的其他程序法新旧衔接适用问题提供了有力指引。在此之后，2021 年 12 月，最高人民法院下发《关于认真学习贯彻〈全国人民代表大会常务委员会关于修改《中华人民共和国民事诉讼法》的决定〉的通知》，明确以下规则：2022 年 1 月 1 日之后人民法院受理的民事案件，适用修改后的《民事诉讼法》。2022 年 1 月 1 日之前人民法院未审结的案件，尚未进行的诉讼行为适用修改后的《民事诉讼法》；依照修改前的《民事诉讼法》或者最高人民法院《民事诉讼程序繁简分流改革试点实施办法》的有关规定，已经完成的诉

---

① 参见郭锋、陈龙业、牛晓煜：《〈最高人民法院关于适用《中华人民共和国民事诉讼法》的解释〉修改内容及其理解与适用》，载《法律适用》2022 年第 5 期。

讼行为，仍然有效。中级人民法院、专门人民法院对 2022 年 1 月 1 日之后受理的第二审民事案件，可以依照修改后的《民事诉讼法》的有关规定适用独任制审理。

四、关于民事司法解释的溯及力问题

《立法法》第 104 条未将作为重要法律渊源的司法解释列入其中，司法解释是否应当遵守法不溯及既往原则存在争议。《最高人民法院、最高人民检察院关于适用刑事司法解释时间效力问题的规定》第 1 条明确，"司法解释是最高人民法院对审判工作中具体应用法律问题和最高人民检察院对检察工作中具体应用法律问题所作的具有法律效力的解释，自发布或者规定之日起施行，效力适用于法律的施行期间"。根据该条规定，刑事司法解释具有有限溯及力，即溯及至其所解释的法律开始施行之日。相对而言，由于缺乏专门针对民事司法解释是否具有溯及力的统一规定，导致各单行司法解释就该问题的态度不尽相同：有的司法解释规定有溯及力，有的则规定没有溯及力，有的则对此问题未作回应。在规定溯及力问题的司法解释中，有的以"民事法律行为或事件"作为溯及力的对象；更多的则以"案件"作为溯及力的对象，比如，规定"本解释施行后，人民法院新受理的一审案件，适用本解释"。但新受理的一审案件可能会涉及司法解释生效前甚至其所解释的法律生效前发生的民事法律行为，如司法解释适用于这些案件，就有可能对过去的民事法律行为具有溯及力。正如有学者指出的，"如果以法的溯及力对象是'行为或事件'来评判，就可以发现，司法解释实际上多是有溯及力的"[1]。

司法解释是否有溯及力的问题，在理论上也存在严重分歧。一种观点认为，司法解释具有溯及力，主要理由为司法解释系对法律的解

---

[1] 张新宝、王伟国：《最高人民法院民商事司法解释溯及力问题探讨》，载《法律科学（西北政法大学学报）》2020 年第 6 期。

释，而非创设新的行为规范，该解释并未超出当事人的预期，其本身的性质决定了其可以在法律的时间效力范围内溯及既往。另外一种观点认为，司法解释不应具有溯及力，在我国法治并不完善和立法"宜粗不宜细"的情况下，司法解释往往承担着填补法律漏洞的功能，司法解释溯及既往会侵害当事人的信赖利益。折中观点认为，司法解释应当区分情况，单纯对法律作出应用型解释的可以追溯到法律生效之时，否则不应具有溯及力。

我们认为，法不溯及既往是现代法治国家公认的基本原则，这一原则应该贯穿于立法、司法、执法的全过程。就司法解释是否具有溯及力的争议，本质上是对司法解释到底是解释法律还是填补法律漏洞的争议，因为这直接关系着当事人是否存在需要保护的预期利益。鉴于当前司法解释的类型、内容复杂多样，一概认为司法解释是解释法律并未创设规则而应当溯及至法律施行之日，或者一概认为司法解释是填补法律漏洞而不应具有溯及力，既不恰当也不符合实际情况。所以，就司法解释溯及力问题，应当做好两个区分：

一是区分解释法律类司法解释和填补法律漏洞类司法解释。按照《最高人民法院关于司法解释工作的规定》第 6 条的规定，司法解释的形式分为"解释""规定""规则""批复""决定"五种。其中，比较常见的"解释"是"对在审判工作中如何具体应用某一法律或者对某一类案件、某一类问题如何应用法律制定的司法解释"。理论上，这类司法解释应当属于比较纯粹的解释法律类司法解释，原则上应当溯及至其所解释的法律施行之日。而对于"规定"这一类型的司法解释，因其系"根据立法精神对审判工作中需要制定的规范、意见"，所以在一定程度上发挥着填补法律漏洞的功能。对于该类司法解释，原则上不应具有溯及力，否则便有损害当事人预期利益之虞。比如，由于《民事诉讼法》关于民事执行的条文非常少，实践中，绝大多数执行法律规范，是最高人民法院出台的有关执行程序的各类"规定"。在此情况下，仍然认为这些"规定"系对《民事诉讼法》的解释，显然是非常牵强的。当然，以《最高人民法院关于司法解释工作的规定》中对司法解释的分类来认定某一司法解释系解释法律还是填补法律漏洞，也是过于绝对的，需要司法解释起草者根据具体情况来鉴别。有时，在同一部司法解释中，有的条文应当具有溯及力，有的则不应具有溯及力。这就是史尚宽先生所言的"要以法律之溯及力如何，本无一定原则。当探究各条之性质如何，而为个别之规定，为最得策也"。

二是区分民事法律行为（或事件）和诉讼法律行为（或事件）。也即，应当分别针对解释实体性法律的司法解释和解释程序性法律的司法解释明确不同的判断标准或溯及力对象，对于前者应以民事法律行为（或事件）为标准，对于后者应以诉讼法律行为（或事件）为标准。我国民事司法解释溯及力问题的不统一，其中的主要原因在于有些司法解释并未区分该司法解释属于实体性还是程序性司法解释，而一律以诉讼法律行为发生的时点（如"法院受理之日""未审结前"）作为司法解释溯及力问题的判断标准。

五、关于涉执行司法解释的溯及力问题

如前文所述，我国涉及执行程序的司法解释多以"规定"的形式出台，一般属于填补法律漏洞的司法解释。所以，我们认为，涉执行司法解释原则上不应具有溯及力。除此之外，涉执行司法解释旨在明确人民法院实现执行当事人权利的方法和途径，该"方法和途径"多以人民法院"执行行为"的面貌出现，所以，其是否具有溯及力的判断节点一般应以人民法院执行行为的时点为准——新的司法解释适用于其施行之后的执行行为而对于之前的执行行为不具有溯及力。比如，《最高人民法院关于执行程序中计算迟延履行期间的债务利息适用法律若干问题的解释》第7条第1款规定："本解释施行时尚未执行完毕部分的金钱债务，本解释施行前的迟延履行期间债务利息按照之前的规定计算；施行后的迟延履行期间债务利息按照本解释

计算。"①

在执行异议审查程序中，如果与所审查的执行行为有关的司法解释发生了变化，原则上不应适用新的司法解释审查该执行行为，即新的司法解释对之前的执行行为没有溯及力。比如，在本解释第 6 条出台前，对于何为冻结股权发生法律效力的节点，实践中存在争议。本解释出台后，审查执行异议的法院在处理此类案件时，对于在本解释出台前已经完成的冻结行为，应适用冻结行为发生时的规定进行判断，而不应适用本解释第 6 条进行判断。本解释第 13 条第 1 款规定："人民法院拍卖被执行人的股权，应当采取网络司法拍卖方式。"该条规定没有"但书"条款，实际上改变了《网拍规定》第 2 条原则上应采取网络司法拍卖，例外情形下可以通过其他方式进行拍卖的规定。本解释出台后，对于之前通过其他方式进行拍卖的行为，不应因本解释第 13 条而认为其违法。

在执行异议审查过程中，如果针对执行异议审查程序的规则发生了变化，按照"程序从新"的"即时适用"规则，人民法院应当适用新的规则进行审查。此时，司法解释是否具有溯及力的判断节点一般应以人民法院执行异议审查的时点为准——异议审查尚未终结的应适用新的规则，已经完成的异议审查程序仍然有效。比如，《执行异议和复议规定》第 32 条规定："本规定施行后尚未审查终结的执行异议和复议案件，适用本规定。本规定施行前已经审查终结的执行异议和复议案件，人民法院依法提起执行监督程序的，不适用本规定。"

执行法律规范本就是公法与私法、程序法与实体法相互交织互动的产物。涉执行司法解释中也多有评价和规制当事人民事法律行为并对其实体权益产生重大影响的规则。在此情况下，其溯及力的判断节

---

① 需要注意，法不溯及既往的一个例外是持续性法律行为。虽然迟延履行是一个持续性法律行为，但是利息计算的期间不是一个行为，就其本质属性而言是可以分割并分段计算的，所以，该司法解释认为，对于利息计算不一定要适用该例外规则。参见最高人民法院执行局编著：《最高人民法院关于执行程序中计算迟延履行期间的债务利息司法解释理解与适用》，人民法院出版社 2014 年版，第 169 页。

点一般应以民事法律行为发生的时点为标准。比如，本解释第 8 条第 3 款规定的申请执行人可以对公司或公司董事、高级管理人员依法提起诉讼的规则，即属于此。我们认为，该规则属于明显的填补法律漏洞的规则，原则上不应具有溯及力。所以，如果公司或公司董事、高级管理人员在本解释出台之前为有关不当行为的，申请执行人不应依据该条对其提起诉讼。

需要强调的是，关于涉执行司法解释的溯及力问题，理论研究成果极少，执行实践对此也少有关注。我们的上述分析较为粗浅，目的是为执行理论与实务界提供一些思考。但不管怎样，在评判某一类法律或司法解释，甚至该法律或司法解释的某一具体条文是否具有溯及力时，我们首先需要明确的是，法不溯及既往是法治社会的基本原则，其本质是新的法律不能损害有关主体之前的预期利益。无论是法律还是司法解释，如果溯及既往会损害有关主体的预期利益，则原则上其就不应具有溯及力。

【相关案例】

卿某辉申请执行监督案 [①]

最高人民法院认为，本案中，申诉人卿某辉提出不予执行公证债权文书的主要事由是，认为该公证债权文书载明的债权金额与实际借款金额不符、借款利息超过司法保护上限，以及公证债权文书作出后其已陆续偿还部分借款及利息。根据 2018 年 10 月 1 日起开始施行的《公证债权文书执行规定》第 12 条第 2 款的规定，被执行人以公证债权文书的内容与事实不符或者违反法律强制性规定等实体事由申请不予执行的，应当告知其向执行法院提起诉讼。同时，根据《公证债权文书执行规定》第 22 条第 1 款第 3 项的规定，被执行人认为公证债

[①] 参见最高人民法院（2020）最高法执监 509 号。

权文书载明的债权因清偿等原因全部或者部分消灭的，可以向执行法院提起诉讼，请求不予执行公证债权文书。在本案复议裁定作出前，《公证债权文书执行规定》已经施行。对于申诉人卿某辉提出的上述不予执行事由，依照《公证债权文书执行规定》的规定，通过诉讼程序进行审查能够更好保障各方当事人的实体权利，也能够充分发挥人民法院对公证的监督作用。因此，四川高院在复议审查程序中应当终结审查卿某辉的不予执行申请，由卿某辉向执行法院提起诉讼。四川高院在执行程序中进行审查并作出复议裁定确有不当，依法应予以撤销。另外，由于成都中院在异议审查过程中，《公证债权文书执行规定》尚未实施，其根据之前的法律规定对不予执行申请进行审查，并赋予当事人相应申请复议的权利，在程序上并无不当。

【相关规定】

1.《中华人民共和国立法法》（2023 年 3 月 13 日修正）

第六十一条　法律应当明确规定施行日期。

第一百零四条　法律、行政法规、地方性法规、自治条例和单行条例、规章不溯及既往，但为了更好地保护公民、法人和其他组织的权利和利益而作的特别规定除外。

2.《最高人民法院关于适用〈中华人民共和国民法典〉时间效力的若干规定》（2020 年 12 月 29 日，法释〔2020〕15 号）

第一条　民法典施行后的法律事实引起的民事纠纷案件，适用民法典的规定。

民法典施行前的法律事实引起的民事纠纷案件，适用当时的法律、司法解释的规定，但是法律、司法解释另有规定的除外。

民法典施行前的法律事实持续至民法典施行后，该法律事实引起的民事纠纷案件，适用民法典的规定，但是法律、司法解释另有规定的除外。

第三条　民法典施行前的法律事实引起的民事纠纷案件，当时的法律、司法解释没有规定而民法典有规定的，可以适用民法典的规定，但是明显减损当事人合法权益、增加当事人法定义务或者背离当事人合理预期的除外。

第四条　民法典施行前的法律事实引起的民事纠纷案件，当时的法律、司法解释仅有原则性规定而民法典有具体规定的，适用当时的法律、司法解释的规定，但是可以依据民法典具体规定进行裁判说理。

第五条　民法典施行前已经终审的案件，当事人申请再审或者按照审判监督程序决定再审的，不适用民法典的规定。

3.《最高人民法院关于修改后的民事诉讼法施行时未结案件适用法律若干问题的规定》（2012 年 12 月 28 日，法释〔2012〕23 号）

第一条　2013 年 1 月 1 日未结案件适用修改后的民事诉讼法，但本规定另有规定的除外。

前款规定的案件，2013 年 1 月 1 日前依照修改前的民事诉讼法和有关司法解释的规定已经完成的程序事项，仍然有效。

4.《最高人民法院关于认真学习贯彻〈全国人民代表大会常务委员会关于修改《中华人民共和国民事诉讼法》的决定〉的通知》（2021 年 12 月 28 日，法〔2021〕341 号）

五、做好修改后的民事诉讼法施行后民事案件审理的衔接工作

各级人民法院要做好修改后的民事诉讼法施行后民事案件审理的衔接工作。2022 年 1 月 1 日之后人民法院受理的民事案件，适用修改后的民事诉讼法。2022 年 1 月 1 日之前人民法院未审结的案件，尚未进行的诉讼行为适用修改后的民事诉讼法；依照修改前的民事诉讼法或者最高人民法院《民事诉讼程序繁简分流改革试点实施办法》的有关规定，已经完成的诉讼行为，仍然有效。中级人民法院、专门人民法院对 2022 年 1 月 1 日之后受理的第二审民事案件，可以依照修改后的民事诉讼法的有关规定适用独任制审理。